纵向结构 与 纵向交易合约理论

THE THEORY OF VERTICAL STRUCTURE AND VERTICAL CONTRACT

董烨然 ◎ 著

中国财经出版传媒集团

经济科学出版社

Economic Science Press

图书在版编目（CIP）数据

纵向结构与纵向交易合约理论/董烨然著 . —— 北京：
经济科学出版社，2021.11
ISBN 978 - 7 - 5218 - 3284 - 6

Ⅰ.①纵⋯　Ⅱ.①董⋯　Ⅲ.①产业结构-研究　Ⅳ.
①F264

中国版本图书馆 CIP 数据核字（2021）第 254011 号

责任编辑：孙丽丽　撒晓宇
责任校对：王肖楠
责任印制：范　艳

纵向结构与纵向交易合约理论

董烨然　著

经济科学出版社出版、发行　新华书店经销
社址：北京市海淀区阜成路甲 28 号　邮编：100142
总编部电话：010 - 88191217　发行部电话：010 - 88191522
网址：www. esp. com. cn
电子邮箱：esp@ esp. com. cn
天猫网店：经济科学出版社旗舰店
网址：http：//jjkxcbs. tmall. com
北京密兴印刷有限公司印装
710 × 1000　16 开　14.25 印张　220000 字
2022 年 4 月第 1 版　2022 年 4 月第 1 次印刷
ISBN 978 - 7 - 5218 - 3284 - 6　定价：58.00 元
（图书出现印装问题，本社负责调换。电话：010 - 88191545）
（版权所有　侵权必究　打击盗版　举报热线：010 - 88191661
QQ：2242791300　营销中心电话：010 - 88191537
电子邮箱：dbts@ esp. com. cn）

前　言

　　经济学文献中，把围绕某种（或某类）商品生产或销售的多个企业形成的市场组织形式称为纵向结构（Jean Tirole，1988；Michael L. Katz，1989），纵向结构和建立在交易合约基础上的纵向关系，既是商品交换离不开的客观市场环境，也一直是微观经济理论和产业组织理论研究的核心领域。本书基于理论前沿的新发展和现实生活的新现象展开研究，汇集了作者多年的研究成果。

　　本书从纵向结构角度讨论经济学的核心问题——市场是如何运行的、交换是如何完成的。全书覆盖了当前经济学研究中涉及的 1×2、2×1、2×2、$1\times(1+n)$ 和 $n\times2$（指：上游企业数量×下游企业数量）等非完全垄断的纵向市场结构；包括了线性价格合约、两部费合约（批发价格＋固定费合约）、三部费合约（批发价格＋事前固定费＋事后固定费合约）、排他合约、菜单合约等实践和理论中的大部分合约类型；给出了上下游企业之间使用纵向交易合约动因的新解释和新逻辑；比较了不同纵向结构和纵向交易合约带来的社会福利变化；澄清了实践中竞争政策与反垄断政策的实施条件。

　　本书的特色之一：从经济学的核心问题和研究脉络，定位和讨论纵向结构在经济学研究中的地位，回溯纵向结构与经济学分支的渊源和关系。全书系统地梳理了经济学对纵向结构与纵向交易合约的研究框架，详细分析了纵向市场结构的形成原因、纵向交易合约的动机，以及社会福利评价。

　　本书的特色之二：在纵向结构与纵向关系分析中融入现代微观理论

发展的新前沿——信息问题。21 世纪是信息革命的世纪，以信息技术为代表的新技术革命改变着生活中各市场类参与者之间的交换关系。由此，现代微观经济理论必须回答：私人信息是如何在市场或其他机制中分享和传播的？具有信念更新能力的理性市场主体是如何获取信息以及甄别信息，并作出相应的策略选择的？本书从纵向结构中市场参与者策略互动视角，讨论了纵向交易合约与企业信息分享、竞争对手信息甄别等新现象。

本书的特色之三：围绕纵向结构和纵向合约，讨论了当今经济生活中的新现象。例如，"生产企业自建销售渠道"［如，苹果（Apple）等企业纷纷建设了官网和实体体验店］现象、"商店同品不同价"（例如，京东、天猫上相同商品的价格不同）现象、消费者对商品的评价与口传效应现象、平台对商品推荐与商品排序现象，等等。

本书的主要贡献如下：

（1）融合了产业组织理论与微观经济理论的众多领域。一是信息、交易合约与纵向结构的融合；二是市场搜寻、差别化定价与纵向结构的融合；三是交易合约、讨价还价与纵向结构的融合。

（2）给出了上下游企业使用纵向交易合约动机的更多新解释。例如，纵向结构形式与纵向交易合约的组合可以区分消费者的差别化定价机制，纵向交易合约可以进行信息传递、甄别与分享的机制。

（3）讨论了交易合约、交易行为与社会福利的关系，为竞争与反垄断政策的实施提供了理论支撑。例如，纵向交易合约中的固定费与社会福利的关系、上下游企业的渠道建设和选择、差别化定价与社会福利的关系等。

本书突出现象抽向和典型模型的详细证明，依托逻辑分析，对纵向结构与纵向交易合约进行分析，不仅丰富了国内和世界产业组织理论与微观经济理论的知识存量，还为学术界最终完成各类纵向结构问题的拼图，以及世界微观经济理论和产业组织理论的发展作了一份贡献。本书可以作为微观经济学、产业经济学专业高年级本科生、研究生的教学用书和参考书，也可以作为高校教师、研究人员、竞争政策与反垄断行政工作者和企业经营管理层进一步深入研究和了解市场经济现象的理论参考书。

感谢经济科学出版社对本书出版的支持！

董烨然

2021 年 8 月

目　录

导　　论

商品、企业、纵向结构是本书着重讨论的现象。看待和理解商品和企业的角度，决定着对有关纵向结构经济现象的分析。本部分首先从经济学角度对商品、企业、纵向结构进行抽象和描述，其次给出本书涉及的基本术语，最后简述各章的主要内容。

1. 商品、企业与纵向结构

对商品、企业与纵向结构三个基本现象进行抽象，是分析商品交易的纵向市场结构的基础。

1.1　商品

市场中有成千上万种的商品。日常生活中，商品有着各自的名称，也有着许多分类。例如，按照商品的用途功能，可以分为食品、服饰、家具品等；按照国民经济的统计分类，可以分为农产品、矿产品、工业品等；按照物质形态，可以分为有形商品、无形商品（服务）等。不同专业领域对相同的商品的称呼也不同，例如，生活中人们会根据颜色称呼红宝石、蓝宝石、绿宝石、黄宝石，但在化学领域，只有蓝宝石和红宝石之分①。商品的称呼和分类不同，不仅会引起人们交流中概念的偏差，还会影响人们

① 红宝石是含铬元素的刚玉，而非铬致色的其他颜色的刚玉统称为蓝宝石（中国大百科全书（化学），1989）。

对商品的处置态度，例如，历史上曾有过对西红柿是蔬菜还是水果的争论，西红柿属于水果还是蔬菜的结果，直接决定了按照什么标准对其收税①。

本书是从经济学角度抽象商品的。经济学关注人与人在交互行为下获取利益现象，人与人的互动是经济现象核心本质的特征（Amdreu Mas - Colell，Michael D. Whinston，Jerry R. Green，1995）。如果离开了人与人之间的互动而讨论人的行为，那么涉及的就是在具体自然环境下的自我决策问题。人与人互动的特征是：个人能否实现想要的所得，不仅取决于自己的行为，还取决于与之产生互动关系的其他人的行为。例如，商品买卖中，既需要有卖者，又需要有买者，卖者和买者缺一不可；又如，一个企业的商品销售情况，不仅取决于商品自身的质量和定价，也受其他企业提供的相似商品的质量和价格影响，还受消费者对商品的购买意愿决定；再如，以竞价方式购买商品的买者是能否买到商品，不仅取决于自己的出价，还取决于其他买者的出价。

现代经济学中，作为交易（或交换）的商品（或物品），是从完成交易（或交换）的参与者（尤其是需求者）角度，以及涉及的具体情形下交易（或交换）的特征来刻画的。

（1）消费者的效用。

消费者对商品有需求，原因是在消费商品的过程中，消费者除了满足了基本的生理需求，还实现了精神享受。尽管食物、衣着、住所是人类生存的必需品，但不可否认的是，食物给人带来了饱腹感，衣服给人带来了温暖，住所给人带来了安全感。此外，美味的食物、漂亮的衣着、舒适的家居，更加为消费者带来了精神上的快乐。在现代社会，除了满足人生存的必需品外，音乐、美术、电影等引起人们感官愉悦的商品已经是市场不可或缺的组成部分。

基于所有商品的消费最终都会对消费者的感觉和精神产生作用的特征，现代经济学用商品给人带来快乐的角度——效用，来刻画不同的商品；从愿意为得到商品（物品）付出的代价（货币）大小，以及在众多商

———————————

① 例如，关于西红柿是水果还是蔬菜，在美国的法律历史上曾经历了6年的法庭辩论（奇妙科普，西红柿本柿，究竟是蔬菜还是水果？https://www.sohu.com/a/258562542_100053452）。

品（物品）中的选择次序，来刻画消费者对商品的偏好。经济学经过近200年的发展，完善了效用理论[①]。在经济学中，满足理性定义的消费者，对商品的效用都可以用函数表示[②]。故此，在现代经济学分析中，不再关注商品的物理特征、外观和品名，而是聚焦于有约束的消费者对商品的偏好和效用函数是什么。例如，从商品外观看，新书和二手书、纸质书和电子书是不同的，但只要消费者认为这两种商品是无差异的，那么在这位消费者眼中，新书和二手书、纸质书和电子书是相同的商品。还如，成分相同的饮料在包装上贴上不同颜色，冠以不同商标，只要消费者认为这两种包装的商品是不同的（即消费者更偏好于某种包装的饮料），那么在这位消费者眼中，这两种包装的饮料就是不同的商品。

在经济学中，从消费者以不同商品的需求交叉价格弹性来刻画商品之间关系，例如，两种商品的需求交叉价格弹性大于零，那么这两种商品就是替代品；两种商品的需求交叉价格弹性小于零，那么这两种商品就是互补品；两种商品的需求交叉价格弹性等于零，那么这两种商品在影响消费者决策上就是无关的。

现实生活中，一件商品对消费者效用产生影响的特征会有多个，即消费者对商品的评价往往包含多个维度，例如，对于租房子的人，关注房子的位置、面积、朝向、新旧等多个方面。从消费者以各个维度对商品的排序看，经济学把商品分为水平差异和纵向差异两类。对于两件商品 X 和 Y，如果对消费者而言，商品 X 的一些维度优于商品 Y，但是商品 X 的另一些维度劣于商品 Y，那么商品 X 和商品 Y 是水平差异的。例如，不同颜色、

---

① 区分现代经济学和古典经济学的唯一标准就是价值（效用）理论，同时，基于理性行为的效用理论也使得经济学从社会学中独立出来（Paul Samuelson，1947）。

② 尽管在 19 世纪下半叶，William Stanley Jevons（1871）、Carl Menger（1871）、Léon Walras（1874）、Francis Ysidro Edgeworth（1881）、Vilfredo Pareto（1906）等意识到"效用"是无法用具体的大小或单位来测度的，只有对各项选择的排序是刻画人的行为的好方法，而且这些排序可能可以作为一些函数用，但是没能够给出"效用"的严格定义。20 世纪数学集合论、概率论的发展为经济学提供了基础性的分析方法。直至 20 世纪 40 年代，John von Neumann 和 Oskar Morgenstern（1944）、Gerard Debreu（1954；1959）等才用公理化的方法对"理性"进行了严格定义，完整地建立了从"理性"到"效用"，从"效用"到"效用函数"的公理性分析框架，为现代经济学奠定了分析的基石。

不同质地，但款式相同的衣服。如果对消费者而言，商品 X 的所有维度都优于商品 Y，那么商品 X 和商品 Y 是纵向差异的，例如，宝马汽车的 3 系、5 系、7 系。

（2）消费者拥有的商品信息。

消费者拥有商品信息的程度会影响其购买行为，原因是，只有消费者知道市场中存在着某种功能的商品，了解商品的质量，才能对商品产生评价，进而作出是否购买商品的决策。市场中，一方面，企业会对商品进行宣传和广告，向消费者传递商品的信息；另一方面，消费者也会通过搜寻和学习，了解商品的特征和质量。经济学把经过企业宣传和广告后，消费者才知道存在于市场的商品称为新商品，例如，新上市的药品。

尽管消费者可以通过搜寻和学习，在购买之前去了解商品，但是只有少量商品可以通过视觉、触觉和气味来辨别其质量，例如，衣服的手感、书籍纸张的厚薄，消费者在购买前可以观察到。在许多情形下，人们只有在购买使用商品之后才知道其质量，例如，罐头食品的味道、餐馆饭菜的质量等。还有更多的商品，就连在使用后，也很难了解其质量，如保健品等。由此，根据消费者在购买前、购买后会对商品质量是否了解，可以分为搜寻品（在购买前，通过观察学习，能够了解商品质量）、经验品（只有在购买使用后，才了解商品的质量）、信任品（在购买使用后，仍然不知道商品的质量）。

本书从消费者偏好、效用的角度来刻画商品，且"商品""产品""物品"都是同义语。

1.2 企业

企业作为一种资源配置的组织形式并不是从人类诞生就有的。自罗纳德·科斯（Ronald Coase，1937）提出问题——为什么有些经济活动发生在企业内部，而不是发生在市场中后，经济学对"什么是企业？""怎么用准确的语言来定义企业？""市场参与者的交易关系为什么不能通过签订合约，而要形成一个组织来进行？""什么因素决定了企业与市场的边界？"

"当市场主体之间的合约关系转化为组织内部的关系后，市场主体的行为有哪些变化？""企业这种组织结构的内部关系是什么？"等一系列问题展开了讨论。对企业最直观的解释是挖掘规模经济或范围经济的协同体，例如，亚当·斯密（Adam Simth，1776）给出的生产针的例子。但是，这无法解释为什么市场参与者通过合约无法获取组织效率。罗纳德·科斯（1937）指出企业组织内的交易成本与市场的交易成本决定了企业的边界，当企业内部的交易成本低于市场合约交易的成本，企业内部的长期合约成本低于市场中的重复一次次签合约的成本的时候，市场中出现了企业。本杰明·克莱因（Benjamin Klein）、罗伯特·克劳福德（Robert G. Crawford）、亚曼·阿尔奇安（Armen A. Alchian，1978）和奥利弗·威廉姆森（Oliver E. Williamson，1979）指出市场中的合约关系会被"机会主义"和"敲竹杠"等无效率的行为破坏，参与者之间事后的剩余分配无法在事前很清楚地写进合约，尤其是交易双方必须在事前或事中必须投资一些专用资产的时候，机会主义和无效率的行为会更多，而企业可以很好地避免这些行为。桑福德·格罗斯曼（Sanford J. Grossman）和奥利弗·哈特（Oliver D. Hart，1986）定义企业是有一系列所有者可以控制的资产的组合，所有权（控制权）就是可以对资产进行控制处置的权利，通过对市场参与者在企业内部的交易行为与市场中的交易行为发生变化后的均衡上，阐述了什么时候市场参与者为什么通过企业组织来完成交易或行为是有好处的。继后，经济学围绕合约、产权、企业内部决策、委托代理、激励、组织的能力等角度对企业进行了讨论[①]。

本书不打算考察企业形成的原因，也不讨论与企业内部组织结构相关的决策、委托代理、激励等问题。本书把企业作为通过投入和产出来最大化利润的一个组织，从成本函数（给定其他条件不变时，各个产出水平对应的最小总成本）刻画企业进行投入和产出的代价。由此，本书抽象掉了产品、行业等企业外在的特征，所讨论的企业适用于所有通过投入和产出，获得利润的企业。

---

① 关于企业、组织的文献脉络，可以参阅 Robert Gibbons 和 John Roberts（2013）。

尽管本书会涉及上下游两家企业合并为一家企业、一家企业拆分为上下游两家企业的现象，但是本书不讨论企业内部交易的摩擦问题，只从企业之间通过签订交易合约获取最大化利润的策略动因来进行分析。

1.3　纵向结构

生活中，甚至在一些管理学、营销学的文献中，经常把围绕商品设计、生产、批发、零售的企业，称为某某商品的产业链。而在经济学中，把围绕某种（或某类）商品生产或销售的多个企业形成的市场组织形式称作为纵向结构（Jean Tirole，1988；Michael L. Katz，1989）。原因如下：第一，在经济学中，如果从投入和产出角度来刻画企业，那么商品的设计企业、生产企业、批发企业、零售企业的行为都是相同的，所有企业都在进行投入和产出的获利活动。尽管商品的设计企业、生产企业、批发企业、零售企业所投入的要素和产出的商品在物理形态上各不相同，但是从投入和产出商品的成本关系都可以用成本函数表示。例如，生产企业把各种原材料改变物质形态后转换成新的商品，批发零售企业购入商品，出售商品，并不改变商品的物质形态，如果把世界上所有的原材料、有形商品、无形商品看作是一个集合 Z，那么设计企业、生产企业、批发企业、零售企业所从事的本质是相同的，即，从集合 Z 中选择一些元素，经过一定的关系后，产出一些属于集合 Z 中的元素。第二，市场中，会有许多家企业都对同一类商品进行投入产出，这些企业在销售和购入商品中会产生竞争，经济学把购入和销售同类商品的企业组成的市场称为水平市场结构。

进一步，从商品交易产生的市场关系看，可以发现商品的设计企业、生产企业、批发企业、零售企业的不同之处在于：是否把商品直接销售给消费者。显然，商品的设计企业、生产企业、批发企业、零售企业之间的交易都是企业之间的交易，这些企业交易商品的目的并不是要消费商品，而是要从交易中获取利润，而零售企业与消费者之间的交易能够实现消费者效用。由此，经济学对不把商品出售给消费者的企业称为上游企业，把商品出售给消费者的企业称为下游企业。尽管商品的设计企业、生产企业、批发企业、零售企业之间的交易会有许多层数，但这些企业并不通过购买商品产生效用，而为了获取利润的本质是相同的。所以，在分析纵向结构的时候，1 层上游企业和多层上游企业本质上是相同的。因此，本书仅分析由 1 层上游企业、1 层下游企业和消费者组成的纵向结构市场。

鉴于经济学中的市场结构有 4 类：完全竞争、完全垄断、寡头垄断和垄断竞争。对上游企业的市场结构与下游企业的市场结构相结合后，纵向结构可以有多种组合。本书将在 1×2、2×1、2×2、$1 \times (1 + n)$ 和 $n \times 2$（表示上游企业数量 × 下游企业数量）等非完全垄断的纵向市场结构下，分析上下游企业的交易现象。

2. 市场参与者、市场均衡与社会福利

本书涉及的市场参与者有消费者、企业、政府三类。消费者购买和消费商品获得效用。企业通过投入，向其他市场参与者提供商品，企业不需要消费商品，而是通过把商品出售给其他市场主体来获取利润。政府制定其他市场参与者的市场交易规则。

2.1　市场参与者的特征

消费者、企业、政府三类市场主体均符合理性偏好的行为特征（Amdreu Mas – Colell，Michael D. Whinston and Jerry R. Green，1995），即，给定市场参与者的策略[①]选择集合 X，a，b，$c \in X$，定义 $\succsim$ 是选集合 X 上的一种二元关系，$a \succsim b$ 表示 a 至少和 b 一样好。那么理性偏好符合以下三个特征[②]：

（1）完备性和传递性。即对于 $\forall a$，$b \in X$，有 $a \succsim b$，或 $b \succsim a$，或两

---

① 参与者选择的策略可以是纯策略，也可以是混合策略，即以概率选择某些纯策略，且被选的所有纯策略的概率之和等于 1。
② 关于对市场参与者行为的研究可以参见 Sanjit Dhami（2016）。

者都有；对于 $\forall a$, b, $c \in X$，如果 $a \succsim b$，且 $b \succsim c$，那么有 $a \succsim c$，其中，$\forall$ 表示任意，下同。

（2）连续性。即定义 $\sim$ 是选集合 X 上的一种二元关系，$a \sim b$ 表示 a 和 b 无差异、一样好。那么对于 $\forall x \in X$，$\exists \lambda \in [0, 1]$，使得 $x \sim \lambda a + (1 - \lambda)b$。其中，$\exists$ 表示存在，下同。

（3）独立性。即对于 $\forall a$, b, $c \in X$，以及 $\forall \lambda \in [0, 1]$，当 $a \succsim b$ 时，$\lambda a + (1 - \lambda)c \succsim \lambda b + (1 - \lambda)c$。

符合上述条件的理性偏好可以用 von Neumann – Morgenstern 效用函数（冯·诺依曼—摩根斯坦效用函数）表示。

简单地讲，在本书中，给定具体环境和交易过程，消费者的目的是最大化自己效用；企业的目的是最大化利润，政府的目的是最大化社会福利。

2.2　市场均衡的定义

在特定的市场环境和交易方式下，市场参与者的策略组合会有无数种结果。例如，企业选择生产商品的数量可以从零到无数，价格也可以是任意实数（当企业愿意给消费者补贴时，商品的价格也可能为负值）。本书关注了所有参与者所选择的策略组合的 Nash 均衡（纳什均衡）状态，即在给定其他参与者不改变策略的情形下，所有参与者都不会改变自己策略的状态。由此，本书用到的市场均衡的定义如下[①]：

（1）纯策略 Nash 均衡和混合策略 Nash 均衡。

给定对于一个有 I 个参与者的博弈，纯策略的策略式博弈 Γ_N 表示为 $\Gamma_N = [I, \{S_i\}, \{u_i(\cdot)\}]$，说明了每个参与者 i 的策略集合 $S_i(s_i \in S_i)$，所有参与者的策略构成的策略组合 $(s_1, \cdots, s_I)$ 相联系的结果（可能是随机的，例如有自然参与行动的时候）给参与者 i 带来的支付函数 $u_i(s_1, \cdots,$

---

① 关于均衡的详细描述可以参见 Andreu Mas – Colell，Michael D. Whinston and Jerry R. Green（1995）。

s_I）（von Neumann – Morgenstern 效用函数）。

如果给定参与者 i 的有限纯策略集合 S_i，参与者 i 的混合策略 σ_i：$S_i \to$ [0，1]，表示在每个纯策略 $s_i \in S_i$ 上分配一个概率 $\sigma_i(s_i) \geqslant 0$，其中，$\sigma_i \in \Delta(S_i)$，$\sum\limits_{s_i \in S_i} \sigma_i(s_i) = 1$。给定 $\sigma = (\sigma_1，\sigma_2，\cdots，\sigma_I)$，参与者 i 的 von Neumann – Morgenstern 效用函数为：

$$u_i(\sigma) = E_\sigma[u_i(s)] = E_\sigma[u_i(s_1，s_2，\cdots，s_I)]$$

此时的混合策略式 Γ_N 表示为 $\Gamma_N = [I，\{\Delta(S_i)\}，\{u_i(\cdot)\}]$。

在博弈 $\Gamma_N = [I，\{S_i\}，\{u_i(\cdot)\}]$ 中，$s_i，s_i' \in S_i$，$s_{-i} \in \Pi_{j \neq i} S_j$，如果 $\exists(s_i，s_{-i})$，$\forall i$，$\forall s_i' \neq s_i$，$u_i(s_i，s_{-i}) \geqslant u_i(s_i'，s_{-i})$，那么 $(s_i，s_{-i})$ 是参与者们的是纯策略 Nash 均衡。

在博弈 $\Gamma_N = [I，\{\Delta(S_i)\}，\{u_i(\cdot)\}]$ 中，$\sigma_i，\sigma_i' \in \Delta(S_i)$，$\sigma_{-i} \in \Pi_{j \neq i} \Delta(S_j)$，如果 $\exists(\sigma_i，\sigma_{-i})$，$\forall i$，$\forall \sigma_i' \neq \sigma_i$，$u_i(\sigma_i，\sigma_{-i}) \geqslant u_i(\sigma_i'，\sigma_{-i})$，那么 $(\sigma_i，\sigma_{-i})$ 是参与者们的是混合策略 Nash 均衡。

（2）Bayesian Nash 均衡。

参与者在博弈前不了解彼此类型的博弈称为贝叶斯博弈（Bayesian 博弈）。在 Bayesian 博弈中，每位参与者 i 都会有许多不同类型 θ_i。令 Θ_i 表示参与者 i 的类型集合，$\theta_i \in \Theta_i$。

Bayesian 博弈的一般化过程为：在初始状态，每位参与者 i 都会有许多不同类型，且参与者们都不了解自己具体是哪种类型，仅了解自己以及大家的类型空间为 $\Theta = \Theta_1 \times \Theta_2 \times \cdots \times \Theta_I$。每位参与者 i 对彼此的类型组合 $\theta = (\theta_1，\theta_2，\cdots，\theta_i)$ 有一个先验信念（或先验概率判断）λ_i。在参与者 i 选择策略前，都会观察到一个信号 $\tau_i(\theta)$，该信号是参与者们类型组合 θ 的函数，即 τ_i：$\Theta \to T_i$。令所有信号的集合为 T_i，$t_i \in T_i$。则 $\tau_i(\theta) = t_i$。参与者 i 通过观察到的信号 $\tau_i(\theta)$，更新对于彼此的类型组合 $\theta = (\theta_1，\theta_2，\cdots，\theta_i)$ 的信念（后验概率）：$\lambda_i(\theta \mid t_i) = \dfrac{\lambda_i(\theta)\lambda_i(t_i \mid \theta)}{\lambda_i(t_i)}$。

一个 Bayesian 博弈可以表示为：$[I，\{S_i\}，\{u_i(\cdot)\}，\Theta，F(\cdot)]$。参与者 i 的一个纯策略是一个决策规则函数 $s_i(\theta_i)$：$\theta_i \to s_i$，给出了参与者的每一个类型 θ_i 的策略选择。如果考虑混合策略，那么参与者 i 的混合策略

为决策规则函数 $\sigma_i(\theta_i)$：$\theta_i \to \sigma_i$。给定 I 个参与者的决策规则组合 $(s_1(\cdot)$，$s_2(\cdot)$，$\cdots$，$s_I(\cdot))$，参与者 i 的事前（即参与者 i 了解自己的类型之前）预期支付函数为：

$$\tilde{u}_i(s_1(\cdot)，\cdots，s_I(\cdot)) = E_{\theta \in \Theta}[u_i(s_1(\theta_1)，\cdots，s_I(\theta_I)，\theta_i)]$$

如果参与者的一组决策规则 $(s_1(\cdot)，s_2(\cdot)，\cdots，s_I(\cdot))$ 满足：

$$\forall i = 1，2，\cdots，I，\forall s_i'(\cdot) \neq s_i(\cdot)，\tilde{u}_i(s_i(\cdot)，$$
$$s_{-i}(\cdot)) \geq u_i(s_i'(\cdot)，s_{-i}(\cdot))$$

其中，$s_i(\cdot)$，$s_i'(\cdot) \in \mathcal{J}_i$，$\tilde{u}_i(s_1(\cdot)，s_{-i}(\cdot)) = E_\theta[u_i(s_1(\cdot)，s_{-i}(\cdot)，\theta_i)]$，那么该组决策规则 $(s_1(\cdot)，s_2(\cdot)，\cdots，s_I(\cdot))$ 建立了博弈 $\Gamma_N = [I，\{S_i\}，\{u_i(\cdot)\}，\Theta，F(\cdot)]$ 的一个 Bayesian Nash 均衡。

（3）Subgame Perfect Nash 均衡（子博弈完美纳什均衡）。

参与者之间序贯行动的博弈可以用一个扩展式表示，即 $\Gamma_E = \{\mathcal{X}，\mathcal{A}，I，p(\cdot)，\alpha(\cdot)，\mathcal{H}，H(\cdot)，\iota(\cdot)，\rho(\cdot)，u\}$，其中，$\mathcal{X}$ 是扩展式的节点集合。$\mathcal{A}$ 是参与者的所有可能的行动集合。$I = \{1，2，\cdots，I\}$ 是参与者集合。函数 $p：\mathcal{X} \to \{\mathcal{X} \cup \emptyset\}$ 表明每一个节点 x 的一个唯一的直接前序节，对于所有 $x \in \mathcal{X}$，除了起始节 x_0，$p(x)$ 是非空的。终点节的集合为：$T = \{x \in \mathcal{X}：s(x) = \emptyset\}$。所有的 $X \backslash T$ 都被称为决策节。函数 $\alpha：\mathcal{X} \backslash \{x_0\} \to \mathcal{A}$ 给出了任何非起始节 x 是如何从其前序节 $p(x)$ 指向自己行动的。参与者在决策节 x 的选择（行动）集合为 $c(x) = \{a \in \mathcal{A}：$ 对于一些 $x' \in s(x)$ 的 $a = \alpha(x')\}$。信息集的组合 $\mathcal{H}$ 和函数 $H：\mathcal{X} \to \mathcal{H}$ 表示把每一个决策节 x 是如何分配到信息集 $H(x) \in \mathcal{X}$ 的。函数 $\iota：\mathcal{H} \to \{0，1，\cdots，I\}$ 给出了 $\mathcal{H}$ 中每个信息集对应到参与者（包括自然，自然用参与者 0 表示）。参与者 i 的信息集为 $\mathcal{H}_i = \{H \in \mathcal{H}：i = \iota(H)\}$。函数 $\rho：\mathcal{H}_0 \times \mathcal{A} \to [0，1]$ 给出了自然行动的信息集上的行动概率，对于所有的 $H \in \mathcal{H}_0$，满足：如果 $a \notin C(H)$，那么 $\rho(H，a) = 0$，以及 $\sum_{a \in C(H)} \rho(H，a) = 1$。支付函数集合 $u = \{u_1(\cdot)，\cdots，u_I(\cdot)\}$ 给出了参与者在每个可以达到的终点节上的效用，$u_i：T \to \mathbb{R}$。

博弈 Γ_E 的一个子博弈指拥有如下特征的博弈的子集：一是起始于包含唯一决策节的信息集，且包含该决策节的所有后续节的决策节，且仅包含这些节点。二是如果决策节 x 在某一子博弈中，那么每个 $x' \in H(x)$ 也在该子博弈中。

如果 I 位参与者的策略组合 $\sigma = (\sigma_1, \cdots, \sigma_I)$ 在博弈 $\varGamma_E$ 的每一个子博弈上都是 Nash 均衡，那么该策略组合是博弈 $\varGamma_E$ 的 Subgame Perfect Nash 均衡。

在博弈 $\varGamma_E$ 中，一个信念系统是对每个决策节 x 概率的一个说明 $\mu(x) \in [0, 1]$，使得对于所有的信息集 H，有 $\sum\limits_{x \in H} \mu(x) = 1$。

令 $E[\mu_i | H, \mu, \sigma_i, \sigma_{-i}]$ 表示参与者 i 在信息集 H 开始时的预期效用，其中，参与者 i 对于在信息集 H 上的各个节点的信念为条件概率 μ，参与者 i 的策略为 σ_i，对手的策略为 σ_{-i}。

在一个博弈 $\varGamma_E$ 中，给定信念系统 μ，$\iota(H)$ 表示在信息集 H 上行动的参与者，如果对于所有 $\tilde{\sigma}_{\iota(H)} \in \Delta(S_{\iota(H)})$，有：

$$E[u_{\iota(H)} | H, \mu, \sigma_{\iota(H)}, \sigma_{-\iota(H)}] \geqslant E[u_{\iota(H)} | H, \mu, \tilde{\sigma}_{\iota(H)}, \sigma_{-\iota(H)}]$$

那么策略组合 $\sigma = (\sigma_1, \cdots, \sigma_I)$ 在信息集 H 上是序贯理性的。如果策略组合 σ 满足所有信息集 H 的这些条件，那么我们可以说给定信念系统 μ，策略组合 σ 是序贯理性的。

在一个博弈 $\varGamma_E$ 中，一个策略组合和信念系统（σ, μ）如果满足：一是给定信念系统 μ，策略组合 σ 是序贯理性的；二是当 Bayes 法则（贝叶斯法制）可以使用的时候，信念系统 μ 是由策略组合 σ 使用 Bayes 法则得出的。即，对于任何信息集 H 使得概率 $\mathrm{Prob}(H | \sigma) > 0$，对于所有的 $x \in H$，必然有：$\mu(x) = \dfrac{\mathrm{Prob}(x | \sigma)}{\mathrm{Prob}(H | \sigma)}$，那么这个策略组合和信念系统（$\sigma, \mu$）构成了一个 Weak Perfect Bayesian 均衡（弱完美贝叶斯均衡）。

2.3　社会福利

对经济现象抽象，进行均衡分析后，需要对各种现象和各种均衡结果做出比较和评价。一般而言，在交易中，每个市场参与者的所得和所失是不会同方向变化的。例如，1 个卖者与 1 个买者交易 1 件商品 X，卖者拥有商品 X 的机会成本为 1 元，买者对商品 X 的最高购买意愿为 10 元，商品 X 的成交价格取决于双方的外部机会、讨价还价方式、耐心程度等因素，最

终成交价格 $p \in [1, 10]$。显然，成交价格 p 越高，卖者的利润就越大；成交价格 p 越低，买者的剩余就越大。

经济学的主旨是追求最大化的社会福利（等价语为资源最优配置）。为了客观地分析经济现象中各个参与者的得失，经济学发展了其他学科所没有的术语——消费者剩余，即消费者实际购买商品的支出与最高购买意愿的差值。如果用马歇尔需求曲线（Marshallian 需求曲线），即给定收入水平和其他条件不变时，消费者最大化效用时，商品 X 的消费量与价格的关系的曲线 $q(p)$，其中，q 表示商品 X 的需求量，p 表示商品 X 的价格，$\bar{p}$ 表示消费者愿意接受的品 X 的最高价格。那么消费者剩余 $S(p)$ 为：

$$S(p) = \int_p^{\bar{p}} q(t) \, \mathrm{d}t$$

进一步，经济学定义了社会福利，即所有参与者的剩余之和即为社会福利，包括所有企业剩余（企业利润）和所有消费者剩余。

在社会福利定义下，经济学可以对经济现象作评价，例如，把分析的经济现象与社会福利最大的完全竞争市场情形作比较。同时，经济学还可以分析经济现象的外生变量发生变化时，各种均衡状态的社会福利大小，例如，当政府对企业行为没有任何约束时，参与者的交互行为会产生一个 Nash 均衡，记为 N_0，当政府禁止企业实施某种行为（如合并、差别化定价等）时，参与者的交互行为会重新产生一个新的 Nash 均衡，记为 N_1。有了消费者剩余和社会福利定义后，就可以评价 N_0 状态下的消费者剩余、企业利润、社会福利与完美市场的差距，还可以评价 N_0 状态和 N_1 状态下消费者剩余、企业利润、社会福利的大小关系。如果消费者剩余、企业利润、社会福利在 N_1 状态下均大于 N_0 状态，那么政府对企业的约束行为就是对原有市场的一种帕累托（Prato）改进；如果社会福利在 N_1 状态下大于 N_0 状态，但两种状态下的消费者剩余和企业利润变化方向不一致，那么政府对企业的约束行为对原有市场存在着 Prato 改进的空间。例如，考虑是否通过税收、转移支付等方式能够使得消费者剩余和企业利润在 N_1 状态下都大于 N_0 状态；如果消费者剩余、企业利润、社会福利在 N_1 状态下均小于 N_0 状态，那么政府对企业的约束行为就需要重新考虑。

3. 本书的内容安排

本书共分为 5 章内容："纵向外部性与纵向交易合约""纵向合并与纵向拆分""上游企业的纵向交易合约控制""下游企业的纵向交易合约控制""上下游企业交互交易合约控制"。

第 1 章纵向外部性与纵向交易合约介绍与纵向结构独有的价格与质量的外部性，给出基本的交易合约形式，以及上下游企业选择交易合约的基本动机。上游企业（生产商）通过下游企业（零售商）把商品销售给消费者，下游企业（零售商）也成为商品交易的决策者，上游企业与下游企业对商品的数量、质量、价格等决策行为共同影响着消费者的需求，进而又反过来影响着彼此的利润。作为独立的市场参与者，上游企业与下游企业都会在追求自己利润最大化的情形下，忽视自身决策对对方利润的影响，结果会导致双重边际加价、销售服务质量扭曲等纵向交易结构特有的外部性——纵向外部性。

上游企业与下游企业的商品交易一般不是以简单的线性价格（以同一价格购买任意数量）进行的，而是通过复杂的合约来完成商品交易的。商品的交易单价、商品的交易数量、独立于商品交易数量的交易费用、一方企业对另一方企业在商品定价、商品购买量和销售量、销售区域范围等行为上的限定，都能写进交易合约。21 世纪以来，实践中还出现了大量的菜单式交易合约，即上游企业或下游企业向交易对方提出多个并行的交易条款，允许对方在多个交易条款中选择一个进行交易。

第 2 章纵向合并与纵向拆分给出了上下游企业纵向合并与企业纵向拆分为上下游企业的一般性分析。纵向合并，是指在生产、销售某种商品的纵向市场结构中，相互独立的上下游企业合并成为由同一个企业控制的纵向一体化企业的经济行为。纵向合并后，独立企业之间以合约完成的交换关系，转变为企业内部对商品、资源在各部门统一分配的行为。纵向拆分是与纵向合并相反的行为，指一个企业把自己的一个或数个部门分离出去，成为独立的企业，把原先在企业内部的由企业统一安排的商品分配关系，转换为在独立市场主体之间以合约形式完成的交换关系。

本书对于纵向合并与纵向拆分考察的问题主要集中在：为什么会上下游企业会发生纵向合并或纵向拆分，实施纵向合并或纵向拆分的动因和激励是什么？纵向合并与纵向拆分是否会导致市场排他、产生阻碍竞争的效应？纵向合并或纵向拆分是否是有效率的？是否会有损于社会福利？

第3章上游企业的纵向交易合约控制分析了拥有市场力量的上游企业设计纵向交易合约，通过对批发价格、固定费（特许费）、零售价格限制（转卖价格控制）、区域排他等交易条款进行组合，控制下游企业行为的策略动机。该章在完全信息、公开交易合约、不存在市场不确定性的背景下，解释纵向交易合约是怎样用来解决由生产商与零售商之间的交互行为所引起的纵向和水平外部性的。基本的结论为：当垄断的上游生产商面对下游垄断的零售商时，从纵向结构效率看，线性价格合约是无效率的，生产商使用"批发价格＋固定费合约"（两部费合约）就可以恢复纵向一体化效率；当垄断的上游生产商面对下游寡头垄断的零售商时，两部费、转卖价格控制、区域排他可以起到相同的效果，对于生产商的利润和社会福利是等价的；当上下游都是寡头垄断的市场结构时，单独的固定费条款、转卖价格控制条款或区域排他条款无法实现上下游的纵向一体化效率，而"批发价格＋固定费＋转卖价格控制"的条款组合可以使上下游企业的利润之和纵向一体化效率。接下来，该章讨论了当市场存在成本和需求不确定性时，上游企业对交易合约设计的问题。当生产企业只拥有下游零售市场不完全信息时，生产企业在制定合约条款时，取决于可以获取的信息程度、零售业企业的偏好，以及消费者的需求曲线等因素，即使生产企业拥有选择使用各种控制条款的权力，也会因市场的具体情况而不使用某些条款。在水平差异的消费者市场中，解释了当零售商存在需求不确定性和成本不确定性时，上游生产商是如何使用纵向交易合约，通过利用零售商之间的竞争作为激励机制来提高利润和影响消费者福利的。基于董烨然（2019）的研究，该章还分析了在1个上游企业和2个下游企业的市场结构中，当下游企业拥有关于不确定消费者需求的私人信息时，上游企业是否有动机通过交易合约影响下游企业之间信息分享决策的问题。结论是：当上游企业仅使用"批发价格"合约时，无法影响下游企业的信息分享决策，市场均衡时，下游企业彼此分享信息往往是一种"囚徒困境"，并不总能给彼此带来好处。但是，上游企业可以使用"批发价格＋固定费"合约，促使下游企业做出对自己有利的信息分享或不分享决策。与"批发价格"合约相比，"批发价格＋固定费"合约不仅提高了上下游企业的联合利润，还增加了消费者剩余，增进了社会福利。

第4章下游企业的纵向交易合约控制考察下游企业使用纵向交易合约控制上游企业行为，分别讨论下游企业使用纵向交易合约来控制上游企业的商品质量、商品种类，对上游企业和竞争对手进行排他，以及促进价格合谋等问题。

下游企业使用纵向交易合约控制上游企业行为，是与上游企业使用交易合约控制下游企业行为相对应的经济行为。在涉及上下游企业交易的合约设计过程中，无论合约是由上游企业（生产商），还是下游企业（零售商）提出的，只要下游企业拥有讨价还价的力量，在市场剩余分配中起着决定地位，那么由此形成的交易都是下游企业主导型交易。此时，下游企业与上游企业之间所涉及的合约称为"逆纵向控制"交易合约。在上游企业主导型交易中，生产商用来控制下游零售商的交易条款，也可以被下游零售商用来控制上游生产商。例如，固定费、批发价格限定、排他供货（或区域排他、市场圈定）等。其中，当下游零售商使用固定费控制上游生产商行为时，由于该费用由生产商向零售商支付，所以也被称之为预付费、进场费或通道费。在各种下游企业控制上游企业的合约条款中，以固定费出现的预付费、进场费、通道费，是生活中和理论中关注的焦点，第4章将着重对固定费（预付费、进场费、通道费）进行讨论。

第5章上下游企业交互交易合约控制分析上下游企业都存在市场力量的纵向市场结构。在上游生产企业与下游商业企业间的市场交易过程中，如果既存在"正纵向控制"合约安排，又有"逆纵向控制"合约安排，那么，可将此类交易称为生产企业与商业企业交互主导型交易。相对于单一的上游企业或下游企业主导型交易，生产企业与商业企业交互主导型交易是市场中更为复杂和普遍存在的一种经济行为。

本章首先介绍了董烨然（2012）的模型，分析比较了大零售商市场主导下的有关进场费的四组纵向合约的市场均衡和社会福利，证明了在 1 个供应商（或生产商）、1 个大零售商和 n 个小零售商的市场中：一是大零售商在批发价格、两部费、三部费和排他等四组合约选择次序中，严格偏好于包含预付费（即进场费）的三部费合约，并且均衡时，三部费可以实现上下游纵向一体化利润；二是与供应商对下游完全拥有市场力量的情形相比，消费者剩余不会降低，市场价格不会上升，供应商获得的利润也不会减少；三是社会福利与大零售商选择的合约，与小零售商的数量有关。市场中存在着一个小零售商数量的值，当超过这一数量值时，社会福利会高于上下游一体化时的情形。

接下来，基于董烨然（2019）的模型，考察 1 个拥有完全买方力量的占优零售商、n 个无买方力量的小零售商和 1 个上游生产商构成的纵向市场结构。占优零售商和 n 个小零售商都从生产商采购商品，在把商品转售给消费者的过程中，占优零售商是零售市场的价格领导者。初始时（上下游企业之间签约前），小零售商的数量是生产商的私人信息，由此，占优零售商不了解零售市场中小零售商的数量，也不了解零售市场的剩余需求。占优零售商的买方力量体现在能够在生产商与 n 个小零售商签约之前，向生产商提出"要么接受—要么拒绝"的合约。尽管占优零售商不了解零售市场中小零售商的数量 n，但是如果与自己交易的上游生产商了解小零售商的数量 n，当下游占优零售商有能力向上游生产商提出交易合约的时候，可以利用生产商为了最大利润而选择是否接受合约，以及选择哪一项交易条款的行为，来甄别小零售商的数量 n 和零售市场剩余需求。结论表明，小零售商的数量 n 是生产商和占优零售商之间的非对称信息时，无论小零售商数量 n 的分布是离散的还是连续的，当占优零售商和 n 个小零售商同时销售商品比 n 个小零售商独自销售商品更有效率时，占优零售商可以通过向上游生产商提出"通道费＋批发价格"的菜单合约来甄别生产商所拥有的小零售商数量信息。由此，给出了下游企业向上游企业提出菜单合约的动机是获取市场剩余需求信息的解释。

第 1 章

纵向外部性与纵向交易合约

上游企业（生产商）通过下游企业（零售商）把商品销售给消费者，下游企业（零售商）成为下游市场商品交易的决策者。上游企业与下游企业都会从自己利润的角度对商品的数量、质量、价格做出决策，双方的决策行为共同影响着消费者的需求，进而也影响着彼此的利润。作为独立的市场参与者，上游企业与下游企业在追求各自利润最大化的情形下，都会忽视自身决策对对方利润的影响，结果会导致双重边际加价、销售服务质量扭曲等纵向交易结构特有的外部性——纵向外部性。

生活中，上游企业与下游企业之间的商品交易一般是通过签订复杂的合约进行的。交易合约中不仅会涉及商品的交易单价和交易数量，还会包含独立于商品交易数量的交易费用、一方企业对另一方企业在商品定价范围、商品购买量和销售量、销售区域范围等行为的限定。尤其是，21 世纪以来，上下游企业的交易实践中还出现了大量菜单式交易条款的合约，即上游企业或下游企业向对方提出多个并行的交易条款，允许对方在众多条款中选择一项进行交易。

本章将介绍与纵向结构相关的价格与质量的外部性、基本的交易合约形式，以及上下游企业选择交易合约的基本动机。

1.1 纵向外部性

上游生产商通过下游零售商把商品销售给消费者，一方面，上游生产商对商品的决策（批发价格、质量、服务等）会影响到下游零售商的边际收益；另一方面，下游零售商对商品的决策（包括定价、质量、服务等）也会影响生产商的产量，进而影响生产商的利润。上游生产商、下游零售商都以自己利润最大化为目标，而不会考虑对方的利润，这就产生了纵向外部性，使得至少有一方的利润小于以最大化共同联合利润时的利润。纵向外部性的存在不仅使得上下游企业的利润之和小于纵向一体化时的利润，还提高了消费者购买商品的价格，降低了商品的质量。下面先给出商品质量给定情况下，上下游企业交易过程中对商品定价上纵向外部性，再考虑上下游企业同时决定商品质量和价格上的纵向外部性。

1.1.1 商品价格的纵向外部性

约瑟夫·斯宾格勒（Joseph J. Spengler，1950）最先给出了上下游企业在商品交易过程中因定价而产生的纵向外部性。基于约瑟夫·斯宾格勒（1950）的分析，下面给上下游企业交易过程中对商品定价的纵向外部性。

1. 例子：线性需求

上游垄断的生产商 U 生产一种商品 X，通过下游垄断的零售商 D 销售给消费者。消费者对商品 X 的需求为 $q(p) = a - p$，其中，$a > 0$，表示市场容量，q 表示商品 X 的数量，p 表示商品 X 的价格。假设生产商 U 生产商品 X 只承担固定的边际成本 $c > 0$，且 $c < a$；零售商 D 销售商品 X 的成本为零。生产商 U 以批发价格 w 向零售商 D 出售商品 X，零售商 D 以零售价格 p 把商品 X 出售给消费者。

用企业 UD 表示上下游纵向一体化后的企业。上下游纵向一体化后，企业 UD 销售商品 X 的数量为 q_{UD}，定价为 p_{UD}，一体化企业 UD 的利润为 Π_{UD}。一体化企业 UD 选择 p_{UD} 最大化利润 $\Pi_{UD} = (p - c)(a - p)$。计算可得，一体化企业 UD 对商品 X 的定价为 $p_{UD} = \frac{1}{2}(a + c)$，销量为 $q_{UD} = \frac{1}{2}(a - c)$，一体化企业 UD 的利润为 $\Pi_{UD} = \frac{1}{4}(a - c)^2$。

上下游企业是分离的独立企业时，生产商 U 先选择批发价格 w_U 最大化利润：

$$\pi_U = (w - c)(a - p)$$

然后零售商 D 选择 p_D 最大化利润：

$$\pi_D = (p - c)(a - p)$$

用逆向归纳法可得：

$$w_U = \frac{1}{2}(a + c), \ p_D = \frac{3a + c}{4}, \ q_D = \frac{1}{4}(a - c)$$

$$\pi_U = \frac{1}{8}(a - c)^2, \ \pi_D = \frac{1}{16}(a - c)^2, \ \Pi_{U-D} = \frac{3}{16}(1 - c)^2$$

显然，生产商 U 与零售商 D 的联合利润为 $\Pi_{U-D} < \Pi_{UD}$，即，一体化企业 UD 比分离的生产商 U 与零售商 D 获得了更高的利润，商品的销售价格也更低，销量也更多。同时，上下游企业完全分离仅用批发价格交易时时，社会福利也小于上下游一体化的情形，原因是上下游企业各自的最优化行为忽视了对彼此利润的影响，这就是双重边际加价的纵向外部性。

2. 一般化情形

上游垄断的生产商 U 生产一种商品 X，通过下游垄断的零售商 D 销售给消费者。消费者对商品 X 的需求为 $q(p)$，$q'(p) < 0$，其中，q 表示商品 X 的数量，p 表示商品 X 的价格。假设生产商 U 生产商品 X 只承担固定的边际成本 $c_u > 0$，零售商 D 销售商品 X 只承担固定的边际成本 $c_d > 0$。生产商 U 以批发价格 w 向零售商 D 出售商品 X，零售商 D 以零售价格 p 把商品 X 出售给消费者。

如果生产商 U 和零售商 D 纵向合并为一体化企业 UD。企业 UD 的利润为：

$$\Pi_{UD} = (p - c_u - c_d)q(p)$$

p 的一阶条件为：

$$\frac{p_{UD} - c_u - c_d}{p_{UD}} = \frac{1}{\varepsilon}, \ \varepsilon = -\frac{\mathrm{d}q(p)}{\mathrm{d}p}\frac{p}{q(p)}$$

其中，p_{UD} 为企业 UD 最大化利润的价格，ε 是商品 X 的需求价格弹性。

如果上下游企业是分离的独立企业时，生产商 U 的利润为：

$$\pi_U = (w - c_u)q(p)$$

w 的一阶条件为：

$$w = c_u - \frac{q(p)}{\frac{\partial q(p)}{\partial p}\frac{dp}{dw}}$$

零售商 D 的利润为：

$$\pi_D = (p - w - c_d)q(p)$$

p 的一阶条件为：

$$q(p) + (p - w - c_d)\frac{\partial q(p)}{\partial p} = 0$$

代入生产商 U 先选择批发价格 w 的一阶条件，可得：

$$\frac{p_D - c_u - c_d}{p_D} = \frac{1}{\varepsilon}\left(1 + \frac{1}{dp/dw}\right)$$

其中，p_D 为市场均衡时零售商 D 最大化利润的价格。由于，零售商 D 对商品 X 的定价随着批发价格上升而上升，即 $\frac{dp}{dw} > 0$，比较一体化企业 UD 利润最大化时零售价格的一阶条件与上下游企业分离时市场均衡的零售价格的一阶条件，可以发现 $p_D > p_{UD}$。显然，与上下游企业合并为一家企业情形相比，上下游企业是分离的独立企业时，产生了纵向外部性，商品 X 市场价格提高了，上下游企业的联合利润下降了，社会福利降低了。

1.1.2 商品质量的纵向外部性

上下游企业交易过程中除了对商品定价的纵向外部性，还会对商品的服务、商品的质量产生纵向外部性（Nicholas Economides，1999）。

1. 上下游企业都决定商品质量

上游企业 U 生产一种中间商品 A，销售给下游企业 D 后，下游企业 D 再投入自己拥有的原料 B，加工成为最终商品 X 销售给消费者。此处，上游企业 U 生产的中间商品 A 和下游企业 D 投入的原料 B 可以是有形产品，也可以是无形服务。例如，下游企业 D 可以是零售商，零售商提供商品咨询、送货、维修等服务，消费者不仅购买的是商品本身，还有零售商在商品售前、售中和售后的服务。

假设最终商品 X 由中间商品 A 和原料 B 按 $1:1$ 的组成，同时也假设最终商品 X 的质量 s 取决于中间商品 A 和原料 B 的最低质量，即，$s = \min \{s_A, s_B\}$，其中，s_i 表示中间商品 A 和原料 B 的质量，$i = A, B$。假设上游企业 U 生产中间商品 A 和下游企业 D 投入原料 B 的成本都只与质量相关，与数量无关，即上游企业 U 生产中间商品 A 的成本为 $C_A(s_A)$，下游企业 D 投入原料 B 的成本为 $C_B(s_B)$。由此，质量为 s 的商品 X 的成本为 $C_A(s_A) + C_B(s_B)$，假设 $\dfrac{dC_A(s_A)}{ds_A}$，$\dfrac{dC_B(s_B)}{ds_B} > 0$；$\dfrac{d^2 C_A(s_A)}{ds_A^2}$，$\dfrac{d^2 C_B(s_B)}{ds_B^2} > 0$。

市场中有 1 单位数量的纵向差异消费者。每位消费者都需要 1 单位商品 X，且对商品 X 的边际效用为 θ，θ 在 $[0, 1]$ 上分布，分布函数为 $F(\theta)$，分布密度为 $f(\theta)$。边际效用为 θ 的消费者的净效用为：$U(\theta; s, p) = \theta s - p$，其中，$p$ 表示商品 X 的价格。同时，假设企业不能对消费者差别化定价。

市场交易过程为：第一阶段，上游企业 U 与下游企业 D 同时选择中间商品 A 和原料 B 的质量；第二阶段，上游企业 U 与下游企业 D 同时选择中间商品 A 的批发价格 w 和最终商品 X 的边际价格加成 c，完成中间商品 A 和最终商品 X 的买卖。

先考虑上游企业 U 与下游企业 D 合并为纵向一体化企业 UD 的情形。显然，企业 UD 会选择中间商品 A 与原料 B 的质量相同，即最终商品 X 的质量 $s = s_A = s_B$。给定最终商品 X 的质量 s，购买与不购买商品 X 无差异的消费者 $\theta_X = \dfrac{p}{s}$。$\theta \in [\theta_X, 1]$ 的消费者会购买商品 X。

企业 UD 的利润为：

$$\Pi_{UD} = (1 - F(\theta_X))p - C_A(s_A) - C_B(s_B)$$

在给定商品 X 质量时，企业 UD 选择价格 p 的一阶条件为：

$$\frac{\partial \Pi_{UD}}{\partial p} = 1 - F\left(\frac{p}{s}\right) - \frac{p}{s}f\left(\frac{p}{s}\right) = 0$$

用 p_{UD} 表示均衡时企业 UD 对商品 X 的定价，θ_X^{UD} 表示均衡时的购买与不购买商品 X 无差异的消费者，s_{UD} 表示均衡时商品 X 的质量，由此，企业 UD 的利润可以表示为 $\Pi_{UD} = \Pi_{UD}(p_{UD}(s_{UD})，s_{UD})$。

上下游企业是分离的独立企业时，最终商品 X 的质量 $s = \min\{s_A，s_B\}$，价格 $p = w + c$。上游企业 U 的利润 π_U 与下游企业 D 的利润 π_D 分别为：

$$\pi_U(w，p，s_A，s_B) = (1 - F(\theta_X))w - C_A(s_A)$$
$$\pi_D(w，p，s_A，s_B) = (1 - F(\theta_X))c - C_B(s_B)$$

在给定商品 X 质量时，第二阶段，企业 U 选择价格 w 与企业 D 选择价格加成 c 的一阶条件为：

$$\frac{\partial \pi_U}{\partial w} = \frac{\partial \pi_U}{\partial c} = 1 - F\left(\frac{p}{s}\right) - \frac{p}{2s}f\left(\frac{p}{s}\right) = 0$$

企业 U 选择价格 w 与企业 D 选择价格加成 c 相同，都为 $\frac{p}{2}$。用 p_D 表示均衡时消费者购买到商品 X 的价格，用 θ_X^D 表示均衡时的购买与不购买商品 X 无差异的消费者，s_D 表示均衡时商品 X 的质量。显然，$\theta^U D_X < \theta_X^D$，表明当上下游企业是分离的独立企业时，购买商品的消费者数量少于一体化企业 UD 情形下购买商品的消费者数量。

预期到第二阶段的价格选择后，上游企业 U 选择中间商品 A 与下游企业 D 选择原料 B 的质量会相同，即 $s = s_A = s_B$，由此，上游企业 U 与下游企业 D 利润为：

$$\pi_U = \pi_D = \pi_U\left(\frac{1}{2}p_D(s_D)，\frac{1}{2}p_D(s_D)，s_D\right) = \pi_D\left(\frac{1}{2}p_D(s_D)，\frac{1}{2}p_D(s_D)，s_D\right)$$

由企业 UD、上游企业 U 与下游企业 D 选择价格的一阶条件可得 $\frac{\mathrm{d}p}{\mathrm{d}s} = -\frac{\partial \theta_X}{\partial s} \Big/ \frac{\partial \theta_X}{\partial p} = \theta_X$，进一步可得：

$$\frac{\mathrm{d}\Pi_{UD}}{\mathrm{d}s} = \frac{1}{s}(\Pi_{UD} + C_A(s_A) + C_B(s_B)) - \frac{\mathrm{d}C_A(s_A)}{\mathrm{d}s_A} - \frac{\mathrm{d}C_B(s_B)}{\mathrm{d}s_B}$$

$$\frac{\mathrm{d}(\pi_U + \pi_D)}{\mathrm{d}s} = \frac{1}{s}(\pi_U + \pi_D + C_A(s_A) + C_B(s_B)) - \frac{\mathrm{d}C_A(s_A)}{\mathrm{d}s_A} - \frac{\mathrm{d}C_B(s_B)}{\mathrm{d}s_B}$$

从上面两式可知，均衡时，$\Pi_{UD} > \pi_U + \pi_D$，且 $\dfrac{d\Pi_{UD}}{ds} > \dfrac{d(\pi_U + \pi_D)}{ds}$。这表示市场均衡时，一体化企业 UD 选择的商品 X 的质量高于上游企业 U 与下游企业 D 分离时选择的商品 X 的质量，即 $s_{UD} > s_D$。由 $s_{UD} > s_D$ 可得出 $\dfrac{p_D}{s_D} > \dfrac{p_{UD} - p_D}{s_{UD} - s_D}$，这表明在上游企业 U 与下游企业 D 分离时购买商品的消费者，在上下游企业一体化为企业 UD 时购买商品能获得更多的剩余，于是上游企业 U 与下游企业 D 分离也降低了消费者剩余和社会福利。

上述分析再次表明，在上下游企业同时决定商品质量和价格时，由于上下游企业各自的最优化行为忽视了对彼此利润的影响，会产生双重商品边际质量降低的纵向外部性。

2. 下游企业提供销售商品服务

上游垄断的生产商 U 生产一种商品 X，通过 n 家下游零售商 D_i 销售给消费者，$i = 1$，$\cdots$，n。消费者对商品 X 的需求为 $q(p, s)$，$q'(p) < 0$，$q'(s) > 0$，其中 q 表示商品 X 的数量，p 表示商品 X 的价格，s 表示零售商在出售商品过程中提供的服务。假设生产商 U 生产商品 X 只承担固定的边际成本 $c_u > 0$，零售商 D_i 销售商品 X 都需付出相同的服务成本 $c_d(s)$，$c'_d(s) > 0$，同时假设所有零售商 D_i 为消费者提供的服务是同质的。生产商 U 以批发价格 w 向零售商 D 出售商品 X，零售商 D_i 选择服务水平 s，竞争地把商品 X 以零售价格 p 出售给消费者。

如果生产商 U 与 n 家下游垄断的零售商 D_i 纵向合并为一体化企业 UD。企业 UD 的利润为：

$$\Pi_{UD} = (p - c_u - c_d(s))q(p, s)$$

s 的一阶条件为：

$$(p_{UD} - c_u - c_d(s_{UD}))\frac{\partial q(p, s)}{\partial s} = \frac{dc_d(s)}{ds}q(p, s)$$

其中，p_{UD} 为企业 UD 最大化利润的价格，s_{UD} 企业 UD 最大化利润的服务水平。

当零售商 D_i 选择服务水平 s，竞争地把商品 X 以零售价格 p 出售给消费者时，$p = w + c_d(s)$。

消费者剩余为：$CS(p, s) = \int_p^{\bar{p}} q(t, s)\mathrm{d}t$，其中 $\bar{p}$ 表示商品 X 的最高定价，即当商品 X 的价格高于 $\bar{p}$ 时，所有消费者都不会购买商品。

$$\frac{\partial CS(p, s)}{\partial s} = \frac{\partial CS(w + c_d(s), s)}{\partial s} = \frac{\partial CS(p, s)}{\partial p}\frac{\mathrm{d}c_d(s)}{\mathrm{d}s} + \frac{\partial CS(p, s)}{\partial s} = 0$$

由于 $\frac{\partial CS(p, s)}{\partial p} = -q(p, s)$，所以可以得到：

$$\frac{\partial CS(p, s)}{\partial s} = \frac{\mathrm{d}c_d(s)}{\mathrm{d}s}q(p, s)$$

与纵向一体化企业 UD 最大化利润的服务水平的一阶条件相比，可以发现上下游企业分离时，下游企业之间存在竞争时，提供了不同的商品服务水平。

下面用具体例子来进行说明。假设下游有 2 家零售商 D_1 和 D_2。消费者对商品 X 的需求为 $q(p, s_1, s_2) = (a + s_1 + s_2) - bp$，$s_1$ 和 s_2 分别表示零售商 D_1 和 D_2 的销售服务给市场需求带来的增加。零售商 D_1 和 D_2 提供销售服务的成本为：$c_d(s_i) = \frac{d}{2}s_i^2$，$i = 1, 2$。生产商 U 以批发价格 w 向零售商 D 出售商品 X 后，零售商 D_1 和 D_2 同时选择服务水平 s_i 和商品 X 的价格 p。显然，当零售商 D_1 和 D_2 展开商品 X 的价格竞争时，都会把销售服务水平选择为 $s_i = 0$，原因是：零售商 D_i 的任何销售努力都会增加自己的成本，但提高了竞争对手的需求。此时零售商 D_1 和 D_2 的销售服务水平显然低于一体化企业 UD 提供的销售服务。同时，可以验证由于生产商 U、零售商 D_1 和 D_2 都只考虑自己的利润，不仅使得 3 个企业的利润之和小于一体化的时候，而且还造成了消费者剩余和社会福利的降低。

1.2　纵向交易合约

尽管纵向合并是消除外部性、不确定性、信息不对称、机会主义，恢复纵向一体化效率的一种办法，但企业合并需要付出成本，也会产生委托代理、激励等效率损失的问题。现实生活中，上下游企业会采用各种形式的交易合约来替代纵向合并，实现提高利润的目的（董烨然，2013）。

经济生活中，对上下游企业交易合约中相同作用的内容（条款）有多种称谓，例如，同样是上游企业与下游企业之间的一次性费用支出，在不同情形下有许多名称：当下游企业向上游企业支付时，生活中通常称为特许费、加盟费等；当上游企业向下游企业支付时，则通常称作进场费、通道费等。但从合约条款涉及的对象和性质看，主要分为两类。一是与上下游企业交易商品有关的条款，主要有：商品的单价（如"批发价格"）、商品的数量（以下简称"购买数量"）、独立于商品数量的一次性费用（如"固定费"或"非线性费用"）、下游企业购买某一上游企业的商品数量与其所有商品购买数量的比例（以下简称"购买数量比例"）。二是一方企业对另一方企业与其他市场主体的行为限定条款，主要有：下游企业把商品销售给消费者的零售价格限定（以下简称"转售价格控制"或"转卖价格控制"）、下游企业销售商品的地区范围限定（以下简称"销售区域排他"）。同时，上下游企业签订交易合约和进行商品交易往往会发生在不同的时间阶段，从分析角度看，交易条款的执行就有了在商品交易的事前、事中和事后发生三种情形。最后，从上下游企业签订合约的实践看，目前已从简单交易条款进展到了同时涉及交易商品和交易双方行为的混合条款，以及复杂交易的条款组合。21 世纪以来，经济学对合约形式的研究也由起初的非菜单式转向菜单式合约。下面给出实践和理论中常见的合约工具和内容。

1.2.1　合约的基本条款

上游企业与下游企业的商品交易一般不是以简单的线性价格（以同一价格购买任意数量）进行的，而是通过复杂的合约来完成商品交易的。基本的合约条款有：与商品交易数量无关的非线性费用，即固定费；关于零售价格范围的条款，即转售价格控制；限定双方与第三方市场主体行为的条款。

1. 固定费（与商品交易数量无关的非线性费用）

固定费是上下游企业之间为交易商品而发生的一次性费用转移，也是上下游企业间最基本的交易合约形式。固定费通常与批发价格一起出现在合约中。常见的"批发价格＋固定费"合约也被称为两部费合约或非线性价格合约（Michael L. Katz，1989）。固定费合约的特点是交易商品的平均单价会随着商品数量的增加而降低。在实践中，固定费的称谓变化很大。20世纪90年代之前，固定费经常被称为特许费（Michael L. Katz，1989），是由下游企业为了获得商品销售许可而向上游企业支付的费用。90年代之后，随着下游企业市场力量的增强，上游企业开始经常向下游企业支付的一次性的固定费，并称作为通道费（进场费）（Shaffer Greg，1991；Martin A. Lariviere and V. Padmanabhan，1997）。除此之外，上下游交易合约中一般也会对固定费支付的时间进行限定。如果固定费与商品交易同时发生，则可以称为事中固定费用；如果固定费支出发生在签约后，但在商品交易之前，则被称为预付费（Leslie M. Marx and Greg Shaffer，2007）。近年来，固定费也经常发生在上下游企业商品交易之后（Can Erutku，2006），例如，销售返利。在有些情况下，上下游企业的交易合约中会存在多种固定费。例如，近年来，上下游企业之间还会经常使用"批发价格＋事前固定费（预付费）＋事中固定费"的三部费形式（Jeanine Miklós-Thal，Patrick Rey and Thibaud Vergé，2011；董烨然，2012）。

2. 零售价格范围

当上游企业可以观察到下游企业零售价格的时候，交易合约中常会出现关于零售价格范围的条款，该条款通常被称为转卖价格控制（Patrick Rey and Jean Tirole，1986；Patrick Rey and Thibaud Vergé，2008）。根据实际情况，零售价格范围可以仅限定一个价格的区间范围（如建议零售价），也可以是规定价格的下限或规定价格的上限，还可以是直接给出具体零售价格。实践中，零售价格范围经常与批发价格、固定费条款或其他条款同时使用

（Patrick Rey and Jean Tirole，1986；Patrick Rey and Thibaud Vergé，2010）。

3. 销售或购买行为限定条款

当上下游企业能够完全观察彼此行为的时候，交易合约中还会出现一些限定双方与第三方市场主体行为的条款。例如，当上游企业可以对最终需求市场进行分割，或者能够确保下游企业在不同的最终需求市场无法倒卖商品时，销售区域限制会出现在交易合约中，即常见的"排他代理""区域代理"等条款。目前，销售区域有着更广泛的含义，并不一定特指地理上的不同区域，网络销售与实体店销售、大客户和中小客户市场都可以是不同的"销售区域"。此外，限定性条款还可能给出对上游企业向不同下游企业出售商品的限定，或是下游企业购买不同上游企业商品的限定，如"捆绑""搭售"等条款。实践中，限定性条款经常与固定费、零售价格范围一起组合使用（Patrick Rey and Joseph Stiglitz，1995）。

1.2.2　菜单式合约

在实践上，最初的上下游企业交易合约形式通常是非菜单式的，即下游企业必须按照合约执行所有的条款。21世纪以来，实践中出现了大量的菜单式交易合约，即上游企业或下游企业向交易对方提出多个并行的条款，允许对方在多个条款中选择一个进行交易。

由于菜单型合约允许交易对方自己选择日后所要执行的交易条款，从机制设计的角度看，该类型合约在一定程度上可以很好地解决上下游企业之间激励、非对称信息等问题。从目前存在的菜单式合约形式看，最常用的有两部费的菜单合约、"批发价格＋商品数量"的菜单合约、"批发价格＋商品数量比例"的菜单合约三种。

1. 两部费的菜单合约

该合约通常包括"批发价格＋固定费的菜单合约和商品数量＋固定费"的菜单合约两类。众多学者（Bernheim Douglas and Michael Whinston，

1998；Jeanine Miklós – Thal，Patrick Rey and Thibaud Vergé，2010；2011；Leslie M. Marx and Greg Shaffer，2007）对上下游企业间"批发价格＋固定费"的菜单合约进行了研究。"批发价格＋固定费"菜单合约的特点是给出上下游企业一方只与另一方交易和同时与另一方和另一方的竞争对手交易时不同的交易待遇。例如，合约中有两组"批发价格＋固定费"组合，一组批发价格和固定费都较低，但限定对方必须只与自己交易；另一组批发价格和固定费都较高，但不限定对方是否只与自己交易。"商品数量＋固定费"菜单合约的特点是合约中给出下游企业一次性购买商品的多组数量，以及与这些数量匹配的价格，由下游企业选择。上下游企业在交易合约中可能不设定批发价格，而是直接对交易的商品数量和总价进行设定，这也被称作为"商品数量＋总价"的两部费合约。还有学者（Patrick Rey and Jean Tirole，1986；Roman Inderst and Greg Shaffer，2010；Adrian Majumdar and Greg Shaffer，2009）考察了上下游企业间"商品数量＋固定费"的菜单合约。

2. "批发价格＋商品数量"的菜单合约

"批发价格＋商品数量"的菜单合约也被称为批发价格折扣合约（Sreya Kolay，Greg Shaffer and Janusz A. Ordover，2004），特点是合约中给出若干组商品数量，每组数量对应着相应的批发价格。一般而言，下游企业购买合约中越多的商品数量，每件商品都可以享受较低的批发价格。

3. "批发价格＋商品数量比例"的菜单合约

"批发价格＋商品数量比例"的菜单合约也被称为市场份额折扣合约，其特点是上游企业给出下游企业购买自己的商品数量和购买竞争对手商品数量的比例与批发价格的组合，当下游企业购买自己的商品数量和购买竞争对手商品数量的比例高于某一数值时，就给予下游企业较低的批发价格（Leslie M. Marx and Greg Shaffer，2004；Adrian Majumdar and Greg Shaffer，2009；Roman Inderst and Greg Shaffer，2010；David Mills，2010）。

1.2.3 合约的策略作用

上下游企业之间的交易效率除了受商品价格和质量的纵向外部性影响之外，还受市场不确定性、信息不对称性、合约不完全性影响。例如，上下游企业之间的合约是否能被第三方观察和证实等问题，会使得一些对上下游企业双方有利的交易合约无法签订（Oliver E. Williamson，1971；1983；Sanford J. Grossman and Oliver D. Hart，1986；Patrick Bolton and Michael D. Whinston，1993；David Besanko and Martin K. Perry，1993）。还比如，上下游市场存在不确定性时，纵向交易合约需要解决交易双方风险分担问题，上下游企业的风险态度、不确定因素的来源（需求、成本等）都会影响合约的事后效率（G. Frank Mathewson and Ralph A. Winter，1984；Patrick Rey and Jean Tirole，1986）。再比如，从委托代理视角看，上下游企业的纵向结构实质上可理解为是一个多重共同委托代理结构（Michael L. Katz，1989）。如果上下游企业中一方比另一方拥有更多的市场信息，信息的不对称会造成上下游企业的逆向选择和道德风险。

由此，上游或下游企业可以通过选择各种形式的交易合约，消除或降低纵向外部性、不确定性、信息不对称性和合约不完全性带来的效率损失，甚至通过攫取交易对方的利润空间来提高自己的利润，谋求更多利润来源。从企业为获取利润最大化的目标出发，可以把上游企业或下游企业设计纵向交易合约的动机归结为以下三方面：拥有市场力量（或讨价还价力量）的上游企业或下游企业通过消除外部性来恢复一体化利润、通过设计合约机制获取交易对方的信息租金、通过降低市场的竞争程度获取高额利润。

1. 消除外部性、恢复一体化利润

由于纵向一体化利润是上下游企业可以获得的最大利润，所以拥有市场势力的上游或下游企业有动力通过消除外部性来增加利润。这些企业为了尽可能多地获得一体化利润，通常会使用各种纵向合约工具，来最小化由各种外部性所产生的影响。斯里达尔·穆尔西（K. Sridhar Moorthy，1987）、让·梯若尔（Jean Tirole，1988）、迈克尔·卡茨（Michael L. Katz，1989）最早注意到了"批发价格+固定费费"可以作为消除上下游双重边际加价问题的一种解决方法。继后，帕特里克·博尔顿（Patrick Bolton）和贾科莫·博南诺（Giacomo Bonanno，1988）、珍妮·米克洛斯-塔尔、帕特里克·雷和蒂博德·韦尔盖（Jeanine Miklós-Thal，Patrick Rey，Thibaud Vergé，2011）、霍华德·史密斯和约翰·塔纳苏利斯（Howard Smith，John Thanassoulis，2012）等在不同的纵向结构下，对批发价格与固定费组合的合约与纵向效率的关系进行了讨论。弗兰克·马修森和拉尔夫·温特（G. Frank Mathewson，Ralph A. Winter，1984）、帕特里克·雷和约瑟夫斯·蒂格利茨（Patrick Rey，Joseph Stiglitz，1995）、保罗·多布森和迈克尔·沃特森（Paul W. Dobson，Michael Waterson，2007）、帕特里克·雷和蒂博德·韦尔盖（Patrick Rey，Thibaud Vergé，2010）等对批发价格与区域排他、零售价格限制组合的合约下的纵向结构效率进行了研究。伯恩海姆·道格拉斯和迈克尔·温斯顿（Bernheim Douglas，Michael Whinston，1998）、罗曼·因德斯特和格雷格·谢弗（Roman Inderst，Greg Shaffer，2010）等对批发价格与区域排他、零售价格限制组合的合约下的纵向结构效率进行了研究。学者（Bernheim Douglas and Michael Whinston，1998；Roman Inderst and Greg Shaffer，2010）等对各种菜单式合约与纵向结构效率的关系进行了分析。归纳述文献，拥有市场势力的上游或下游企业获得利润的来源主要有两个方面：一是效率增加效应，即通过设计交易合约来增加上下游企业的联合利润；二是利润转移效应，即来自交易对方的利润转移。如果拥有市场势力的企业仅通过效率增加效应，在不影响交易对方所得和市场价格的情形下，实现了利润增加，那么此时是一种帕累托改进。当然，拥有市场势力的企业也可以通过交易合约使得效率增加效应和利润转移效应同时出现。当纵向结构中上游和下游的一些企业都拥有一定市场势力时，那么还可能出现一部分拥有市场势力的企业联合对其他不拥有市场势力企业的利润攫取（Zhiqi Chen，2003；Leslie M. Marx and Greg Shaffer，2004，2007；Yeran Dong，2010；董烨然，2012；Ö. Bedre-Defolie，2012）。

2. 获取交易对方的信息租金

针对纵向结构中交易合约的不完全性、市场的不确定性和上下游企业间的信息不对称性产生的效率损失，拥有市场力量的一方往往会对交易合约进行机制设计，或者通过限制自己或交易对方的行为，或者甄别对方信息，尽可能地消除上述原因的影响，进而获取更多的利润。帕特里克·雷和让·梯若尔（Patrick Rey, Jean Tirole, 1986），以及大卫·马蒂莫特（David Matimort）（1996）给出了"交易商品数量＋商品总价"的菜单合约在上游企业获取下游企业私人信息时的最大效率范围。马丁·拉里维埃和维·帕德马纳班（Martin A. Lariviere, V. Padmanabhan, 1997）分析了上游企业通过"事前固定费（预付费）＋批发价格合约"向下游企业传递商品质量信号的问题。斯雷亚·科拉伊、格雷格·谢弗和亚努什·奥多弗（Sreya Kolay, Greg Shaffer, Janusz A. Ordover, 2004）讨论了上游企业通过菜单合约获取下游企业需求信息租金的问题。一般而言，当存在交易合约的不完全性、市场的不确定性或上下游企业间的信息不对称性时，尽管拥有市场力量的企业有着获取交易对方的信息以谋求更多利润的冲动，但此时的纵向交易合约不可能完全实现纵向一体化效率。阿德里安·马丘姆达尔和格雷格·谢弗（Adrian Majumdar, Greg Shaffer, 2009）考察并证明了 $(1+n) \times 1$ 的纵向结构下，占优上游企业尽管可以使用两部费菜单合约来甄别下游企业拥有的市场信息，但是市场份额合约可以在甄别下游企业拥有的市场信息的基础上进一步攫取下游企业拥有的信息租金。董烨然（2019）在 $1 \times (1+n)$ 的纵向结构下，给出了下游企业向上游企业提出菜单合约的动机是获取市场剩余需求信息的解释。

3. 降低市场竞争程度

纵向结构中的上下游层面一般不会具有完全垄断地位或不会长期保持完全垄断的状态，拥有市场量的企业就可以通过合约来限制已有企业的行为，或限制潜在企业进入市场来降低或消除市场竞争程度。菲利普·阿吉翁和帕特里克·博尔顿（Philippe Aghion, Patrick Bolton, 1987）分析了在位上游企业使用合约与下游企业建立长期交易关系来降低潜在企业进入上游市场的问题。埃里克·拉斯穆森、马克·拉姆赛耶和小约翰·威利（Eric B. Rasmusen, J. Mark Ramseyer, John S. Wiley, Jr., 1991）证明了甚至在没有"租金抽取"的情形下，在位的上游企业也可以排除更有效率的潜在上游企业进入市场。原因是如果潜在上游企业存在着最小的获利销售量，那么在位的上游企业可以与一些下游企业签订合约来获得并分享另一些没有签约的下游企业未来获得的利润，使得在均衡时未与在位上游企业签约的下游企业和潜在上游企业进入市场时是无利可图的。伯恩海姆·道格拉斯和迈克尔·温斯顿（Bernheim Douglas, Michael Whinston, 1998）的结论为，上游企业通过交易合约排除竞争对手的现象是否会成为市场均衡，取决于上下游企业分别在排他代理和共同代理两种情况下联合利润的大小。伊利亚·西格尔和迈克尔·温斯顿（Ilya R. Segal, Michael D. Whinston, 2000）指出上游企业可以向下游企业提出差别化合约是排他的关键原因是，上游企业与签约的下游企业对未签约的下游企业造成了外部性。威廉姆斯·科马诺和帕特里克·雷（Williams Comanor, Patrick Rey, 2000）考察了上游市场和下游市场同时存在潜在进入者的情形，如果潜在进入企业进入市场不仅导致水平层次竞争加剧，还会产生了不同纵向销售渠道的竞争，那么在位的上游和下游企业会发现签订排他性合约降低市场竞争对彼此都是有利的。基亚拉·富马加利和马西莫·莫塔（Chiara Fumagalli and Massimo Motta, 2006）在纵向结构中引入了下游企业的竞争，证明了品牌内竞争的强度如果很高，那么在位上游企业无法使用合约排除潜在的下游企业进入市场。坎·埃鲁特库（Can Erutku, 2006）的结论是在位企业可以使用事后固定费（销售返利）对潜在进入企业进行排他。莱斯利·马克思和格雷格·谢弗（Leslie M. Marx, Greg Shaffe, 2004；2007）指出与上游企业联合利润较高的下游企业可以对另外一家下游企业进行排他。罗曼·因德斯特和格雷格·谢弗（Roman Inderst, Greg Shaffer, 2010）认为，通过市场份额合约会降低下游竞争。塞尔瓦托·皮科洛和珍妮·米克洛斯－塔尔（Salvatore Piccolo, Jeanine Miklós – Thal, 2012）则证明了上下游企业在无限期交易商品的情形中，下游企业向上游企业收取预付费可以成为下游市场零售价格合谋的工具。董烨然（2019）分析了在 1 个上游企业和 2 个下游企业的市场结构中，当下游企业拥有关于不确定消费者需求的私人信息时，上游企业可以使用"批发价格 + 固定费"合约，促使下游企业做出对自己有利的信息分享或不分享决策。与批发价格合约相比，"批发价格 + 固定费"合约不仅提高了上下游企业的联合利润，还增加了消费者剩余，增进了社会福利。

第 2 章

纵向合并与纵向拆分

直观地讲，企业作为一种组织形式，通过内部的集体行动获取通过市场交易无法实现的利益（Kenneth J. Arrow，1974）。但是，商品的生产、采购、销售关系是如何通过企业内部与市场交换的关系组织在一起的？企业的纵向边界在哪里？这些问题一直是现代经济学的核心议题（Robrert Gibbons and John Roberts，2013）。本章将给出企业纵向合并和纵向拆分的一般性分析。

纵向合并，指在生产、销售某种商品的纵向市场结构中，相互独立的上下游企业合并成为由同一个企业控制的纵向一体化的经济行为。纵向合并后，独立企业之间以合约完成的交换关系，转变为企业内部对商品、资源在各部门统一分配的行为。纵向拆分是与纵向合并相反的行为，指一个企业把自己的一个或数个部门分离出去，成立为独立的企业，把原先在企业内部的由企业统一安排的商品分配关系，转换为在独立市场主体之间以合约形式完成的交换关系。

对于纵向合并与纵向拆分研究的脉络有两个：一个是组织经济学；另一个是产业组织理论。组织经济学认为企业的纵向合并或拆分是对交易合约摩擦的有效应对；而产业组织关注企业纵向合并或拆分形产生的的规模和范围经济，以及上下游企业对加固和延伸市场力量的策略动机。归纳起来，对 2 家上下游企业纵向合并成 1 个企业和 1 个企业纵向拆分为 2 家上下游企业考察的问题主要集中在：为什么会上下游企业会发生纵向合并或纵向拆分，实施纵向合并或纵向拆分的动因和激励是什么？纵向合并与纵向拆分是否会导致市场排他、产生阻碍竞争的效应？纵向合并或纵向拆分是否是有效率的？是否会有损于社会福利？

本章共分两节，2.1 节主要讨论纵向合并的动因有哪些，它是如何影响竞争的，会不会引起排他，是否具有阻碍竞争的效应，合约的不可观察性和不完全性是否会带来纵向合并，下游企业对上游企业的纵向合并会产生什么效应等问题。本节同时对纵向合并的排他效应和福利效应进行了分析。在许多情形下，纵向合并可以增进市场竞争和社会福利，不会必然产生对其他上游或下游企业的排他，也不会有害于竞争；在某些情形，即使纵向合并产生了市场排他，或造成了一定的阻碍竞争效应，但消费者购买商品的价格也不一定上涨。只有对纵向合并产生的多种效应进行权衡和比较之后，才能做出是否禁止纵向合并的反垄断和竞争政策。

对于上下游企业而言，纵向合并不一定总是能够增进所有企业的利润之和的。在一些情形下，企业反而会通过纵向拆分，以获得更高的利润。2.2 节讨论企业会进行纵向拆分的一些情形。当多家企业向消费者销售替代品时，纵向拆分可以形成企业之间提高零售价格的合谋（Giacomo Bonanno and John Vickers，1988），尤其在上下游企业之间的合约是非公开时，纵向拆分还可以通过企业对彼此的信念，提高商品的市场价格（Marco Pagnozzi and Salvatore Piccolo，2011）。进一步，当多个企业向消费者提供替代商品时，且消费者对商品的需求是不确定的，那么商品之间的替代程度会决定着企业是否进行纵向拆分（Esther Gal - Or，1999）。上下游企业既需要进行专用性投资，又需要与其他企业进行讨价还价时，企业的纵向拆分可能会是增进企业专用性投资和利润的一种方式（Bruce R. Lyons and Khalid Sekkat，1991）。当市场中有一家上游企业对商品生产拥有专有技术时，该企业可以通过纵向拆分控下游市场的竞争程度（Yongmin Chen，2005）。

2.1 纵 向 合 并

2.1.1 纵向合并的动因

显然，上下游企业只有对纵向合并后的利润预期高于合并前时，才会产生纵向合并的冲动。一般而言，上下游企业通过纵向合并获得利润增长的途径主要有：避免或减轻纵向和水平外部性、增强市场势力或修复垄断效率、降低交易成本、获得规模经济、实行差别定价、获得稳定的商品购买和销售渠道，等等。

1. 消除或减轻纵向和水平外部性

消除双重边际加价的纵向外部性和经营相同品牌零售商在提供服务方面的水平外部性，是上下游企业纵向合并的直观动因。

（1）消除纵向外部性。

当市场中上下游企业都存在垄断力量或存在一定程度的市场势力时，会出现商品交易过程中的双重边际加价问题，双重边际加价的纵向外部性会导致最终消费之购买商品价格高于纵向合并后一体化结构下的价格水平，同时上游企业和下游企业的利润之和也低于纵向合并后企业的利润。由此，上下游企业纵向合并的好处就是消除纵向外部性。

（2）消除或减轻水平外部性。

下游企业争夺最终消费者的竞争会产生过低的商品价格，以及彼此在商品服务上的"搭便车"问题。以下游零售商所提供的销售服务水平（和质量）为例，如果某个零售商提供的销售服务所带来的好处不能完全由自己独享，那么这种服务所产生的溢出效应就会成为经销同一商品的其他零售商免费享用的一种公共物品，结果导致提供销售服务的零售商在竞争中处于劣势，致使市场中该商品的销售服务供给不足，上游生产企业的利润减少。上下游企业合并可避免或减轻"搭便车"问题，增进生产商和消费者的剩余。同时，与以上介绍的"搭便车"结论类似，在下游零售商不能独享自己向消费者提供的服务时，纵向合并能防止上游企业商品质量投资的溢出，保护自己的商品形象，产生有利于上游企业提高商品质量的激励。

（3）消除或减轻多重外部性。

现实生活中，更多的情形是，多家上游生产商通过多家下游零售商销售产品。整个纵向结构中，上游企业为了争夺零售商、零售商为了争夺最终消费者而展开竞争。此时，存在着双重边际加价、品牌间水平竞争、品牌内水平竞争等多种不同的外部性。一些上游企业和下游企业的合并可以降低一定程度的多重外部性。

2. 获取其他效率

除了能消除或减轻纵向和水平外部性外，上下游企业的纵向合并还存在着诸多方面的效率动机。

（1）消除企业的机会主义行为、促进专用性投资。

经济生活中，存在着诸多专为某个合作伙伴"量身定制"的投资，由于这些投资是专用性的，当企业无法确定地获得这些投资的收益时，通常会导致专用性投资不足。如果一个下游零售商担心自己为树立一个品牌的形象而作出的促销努力，以后可能被上游生产商用来压低自己利润的工具，那么必然会在对大规模投资于这种业务之前进行反复思考。同样，如果下游零售商有可能改换经营其他上游生产商的商品，那么上游的生产商也不敢投资于可能改善零售商业绩的资产。通过纵向合并，可以避免上下游企业这样的机会主义行为，把上游生产商和下游零售商的利益捆在一起，为实现共同的目标而协调行动，来减缓或消除为了大家利润共同努力的专用性投资不足问题。

类似地，如果生产或销售的商品存在着替代品，那么企业提高价格就会引发对自己产品的替代。而通过与上游企业的合并，下游企业就可以保证根据最终商品需求水平的相对边际成本确定产量，从而提高效率和利润。

（2）减少交易成本。

当重复交易包含了下游企业对沉没资产的投资时，那么下游企业在最初与众多潜在上游生产企业中的一个交易时，就转化为了双边垄断的情形。当下游企业预期到上游企业的机会主义行为时，会期望上游生产企业出于对自身利益的考虑而对协议条款进行重新讨价还价。为了避免沉淀投资的潜在损失，下游企业就存在与上游中间产品供应企业合并的动机。

（3）改善信息质量和需求不确定性。

肯尼斯·阿罗（Kenneth J. Arrow，1975）的研究表明，如果投入的中间产品供应是随机的，并且上游生产企业对于实际供应拥有更多的信息，那么下游的零售商会产生后向一体化的动机，以改善其有关投入产品市场信息的质量。丹尼斯·卡尔顿（Dennis W. Carlton，1979）提出了一个最终商品需求不确定的模型。不确定的最终商品需求可转化为不确定的中间产品投入需求，存在要么生产企业的产品生产过多，以致部分投入品被迫丢弃或转为库存；要么是产品的生产不足，造成投入品供给的短缺和对最终产品产量的限制等问题。投入品供求之间的潜在不同步会促使生产企业产生纵向一体化的动机。

（4）增强市场势力，建立可置信的承诺。

奥利弗·哈特和让·梯若尔（Oliver Hart and Jean Tirole，1990）在芝加哥学派观点（对通过一体化，垄断者会排挤下游竞争者观点提出质疑的观点）的基础上提出了一个模型，其主要观点是：与其说上下游合并是为了扩大垄断势力，提高垄断利润，不如说是为了修复垄断势力，即，一体化的目的就是要使上游垄断的生产企业尽可能地拿回由于种种原因而丧失的利润。假设一个上游生产商 U 以不变的平均成本和边际成本（假设为零）生产一种中间投入产品，每单位中间产品都可由下游零售商 D_1 和 D_2 无成本地转换成一单位同质的最终商品，下游零售商 D_1 和 D_2 进行产品数量竞争，最终商品按递减的反需求函数 $p(q)$ 出售给消费者，其中 $q = q_1 + q_2$，q_1 和 q_2 分别是零售商 D_1 和 D_2 选择的产量。

如果合约是公开的，那么上游生产商 U 可以以金额为 $\frac{1}{2}\Pi^m$ 向零售商 D_1 和 D_2 分别销售数量为 $\frac{1}{2}q^m$ 的商品，其中 q^m 和 Π^m 分别代表所有企业合并为一家企业后的垄断产量和利润。

如果合约是秘密的，那么上游制造商就得不到垄断利润。原因是如果 U 先向 D_1 以金额 $\frac{1}{2}\Pi^m$ 向零售商 D_1 销售数量为 $\frac{1}{2}q^m$ 的商品，且 D_1 接受了合约，那么 U 就会有动机向 D_2 出售超过的 $\frac{1}{2}q^m$ 数量的商品以获得更大的利润。而一旦 D_1 认识到 U 会偏离的行为，就不会首先接受 U 的合约。因此，在秘密合约的条件下，下游零售商接以价格 $\frac{1}{2}\Pi^m$ 购买 $\frac{1}{2}q^m$ 的商品并不能达成均衡。可见，上游垄断的生产企业会因不能就某项行动作出承诺而无法动用其市场势力并遭受损失。换句话说，上游企业必须寻找一种可信的承诺方式来恢复自己的市场势力。作出这种承诺的一种方式就是使用公开合约，另一种承诺机制是与单个的下游企业采用排他的交易安排，还有一种途径就是纵向合并。纵向合并能使制造商增强自己运用市场权利的能力，通过合并，上游企业就能够内化自己下游子公司的利润，不会再有动机向其他下游零售商提供比较优惠的条件，因为这样做会减少其子公司的利润，进而又减少自己的利润。

（5）有利于对消费者进行差别化定价。

差别化定价行为的一个必要条件是获得较低价格的顾客不能在市场上套利，即他们不能将购买的产品转手卖给弹性更低的顾客。如果一个企业拥有市场势力，那么它就能在具有不同需求价格弹性的顾客群中实行差别定价。如一家生产中间产品的上游企业向具有不同弹性的下游企业出售产品，那么它就能通过与最终商品市场上具有高中间投入产品需求弹性的企业进行前向一体化，同时以一个使其利润最大化的较高价格向低弹性的下游企业供货，来实行有效的差别定价。如果向不同弹性的下游企业供应中间投入产品的比例是可变的，那么对上下游纵向合并的解释就与以避免中间产品投入选择变形为基础的解释相类似。

2.1.2　纵向合并与市场排他

纵向合并是如何影响竞争的？是否会阻碍竞争？以上问题一直是学术界关心的问题。20 世纪 50 年代到 70 年代被普遍接受的观点是中间产品生产企业通过与下游企业一体化，会形成掌控下游市场的市场势力，因此纵向合并有害于竞争。之后，该观点受到了芝加哥学派学者的强烈批评，认为纵向合并是有效率的。芝加哥学派的支持者们指出，即使一体化企业减少或者停止向下游竞争对手提供中间产品，不一定就会导致中间产品供应的实际终止。随着研究的深入，经济学家已经证明，在某些场合，纵向合并不一定导致排他或阻碍竞争结局。主要观点如下：一是纵向合并不会必然导致中间产品的排他供应。二是即使下游竞争的企业真的遭到了排他，消费者购买最终商品的价格也未必上涨。三是即便纵向合并在某些场合会产生一定的阻碍竞争效应，采用"一刀切"——完全禁止是不恰当的。必须考虑多种效应，特别需要对效率效应和阻碍竞争效应进行比较权衡。四是一般而言，只有在牵涉到拥有显著市场势力的上下游企业纵向合并时才会产生阻碍竞争效应。因此，没有必要对涉及只有微弱市场势力的企业的纵向约束和合并进行监控。下面分别在垄断的上游与寡头垄断的下游、寡头垄断的上游与寡头垄断的下游的纵向结构下考察纵向合并的排他效应。

1. 垄断的上游与寡头垄断的下游

由 1 家上游垄断生产商 U 通过 2 家下游零售商 D_1 和 D_1 向消费者提供一种商品 X，生产商 U 生产商品只承担固定的边际成本 c，$c < 1$。假设下游零售商 D_1 和 D_1 无须承担销售成本。消费者对商品 X 的市场需求为 $q = a - p$，市场容量 $a > 0$，$c < a$。上游生产商 U 向零售商 D_1 和 D_1 提出相同的公开的批发价格交易合约 $\{w\}$ 销售商品 X。

考虑下游零售商 D_1 和 D_2 展开 Bertrand 价格竞争（伯川德竞争）的情形。下游零售商之间价格竞争会使得商品的市场价格 $p_1 = p_1 = w$，总销量是 $q = a - w$。由此，上游生产生产商 U 会选择批发价格 w 使自己利润 $\pi_U = (w - c)(a - w)$ 最大化，市场均衡时，批发价格为 $w = \frac{1}{2}(a + c)$，商品 X 的零售价为 $p_1 = p_1 = \frac{1}{2}(a - c)$，生产商 U 的利润为 $\pi_U = \frac{1}{2}(a - c)^2$。该利润正好等于其自己直接把产品销售给消费者所能获得的利润。所以，当下游无差异的零售商进行的是价格竞争时，上游垄断的生产商不会有进行纵向合并的动机，原因是无须与下游零售商纵向合并为一家企业就能获得纵向一体化利润。显然，如果发生纵向合并，必须纵向合并后的企业能够改进某些方面的效率。

如果改变上述假设条件，假设下游零售商 D_1 和 D_2 拥有一定市场势力。简单起见，假设下游零售商 D_1 和 D_1 之间展开的是 Cournot 数量竞争（古诺竞争），而不是 Bertrand 价格竞争，此时，商品 X 的市场逆需求曲线为 $p = a - q_1 - q_2$，q_1 和 q_2 分别表示零售商 D_1 和 D_2 销售商品 X 的数量。上游生产商 U 仍然向零售商 D_1 和 D_1 提出相同的公开的批发价格交易合约 $\{w\}$ 销售商品 X。

给定批发价格 w，零售商 D_i 选择商品 X 的数量 q_i，最大化自己利润 $\pi_{D_i} = (a - q_1 - q_2) q_i$。零售商 D_1 和 D_2 均衡的商品销量为 $q_1 = q_2 = \frac{1}{3}(a - w)$，商品 X 的价格为 $p = \frac{1}{3}(a + 2w)$。

预期到零售商 D_1 和 D_2 的均衡商品销量，生产商 U 的利润为 $\pi_U = \frac{2}{3}(w - c)(a - w)$。所以市场均衡时，生产商 U 选择的批发价格为 $w = \frac{1}{2}(a + c)$，商品 X 的零售价格 $p = \frac{1}{3}(2a + c)$，生产商 U 的利润为 $\pi_U = \frac{1}{6}(a - c)^2$，零售商 D_1 和 D_2 的利润为 $\pi_{D_1} = \pi_{D_2} = \frac{1}{36}(a - c)^2$。显然，生产商 U、零售商 D_1 和 D_2 的联合利润小于纵向一体化利润。

鉴于下游零售商 D_1 和 D_2 是对称的，假设生产商 U 与下游零售商 D_1 纵向合并为企业 UD。对于企业 UD，最大化利润的方式是停止向下游零售商 D_2 销售商品 X。集生产与销售一体的企业 UD 可以制定零售价格 $p = \frac{1}{2}(a - c)$，实现纵向一体化利润 $\frac{1}{2}(a - c)^2$。可以发现，生产商 U 与下游零售商 D_1 纵向合并是有利可图的，而且合并也是有效率的，原因是解决了双重边际加价问题。但是，纵向合并排斥下游市场的竞争效应，伤害了下游没有合并的零售商 D_2。

由此，如果上游生产商向下游零售商提出的合约是不可观察的，生产商又没有能力解决合约的承诺问题，那么，上游生产商业有动机与下游零售商进行排斥竞争对手的合并，既解决以后不会改变合约的承诺问题，也实现纵向一体化利润。

2. 寡头垄断的上游与寡头垄断的下游

考察 2 家上游生产商 U_1 和 U_2 都生产一种同质商品 X，通过 2 家下游零售商 D_1 和 D_2 销售给消费者的情形。假设上游生产商 U_1、U_2 的边际成本分别为 $c_1 = 0$ 和 $c_2 \in \left(0, \dfrac{a}{2}\right)$，下游零售商 D_1、D_2 销售商品无须付出成本。市场交易过程如下：上游生产商 U_1 和 U_2 同时确定销售给下游零售商的批发价格 w_1 和 w_2，然后下游零售商 D_1 和 D_2 展开数量竞争，同时决定出售给消费者的商品数量 q_1 和 q_2，假设消费者认为从零售商 D_1 和 D_2 购买的商品 X 是无差异的，对商品 X 的逆需求曲线为 $p = a - q_1 - q_2$。企业的成本、市场需求、交易过程都是共同知识（common knowledge）[①]。

生产商 U_1 和 U_2 进行非对称成本的 Bertrand 价格竞争，生产商 U_1 的成本低于生产商 U_2 的成本，所以生产商 U_1 只要把批发价格定为 $w_1 = c_2 - \varepsilon$，零售商 D_1 和 D_2 都会从生产商 U_1 购买商品 X，其中 ε 是一个正的无穷小量。简单起见，假设当生产商 U_1 和 U_2 的批发价格相同时，零售商 D_1 和 D_2 都从生产商 U_1 购买商品 X。由此，生产商 U_1 和 U_2 的均衡批发价格 $w_1 = w_2 = c_2$，零售商 D_1 和 D_2 从生产商 U_1 购买商品 X 的数量为 $q_1 = q_2 = \dfrac{1}{3}(a - c_2)$。生产商 U_1 的利润为 $\pi_{U_1} = \dfrac{2}{3}c_2(a - c_2)$；生产商 U_2 的利润为 $\pi_{U_2} = 0$；零售商 D_1 和 D_2 利润为 $\pi_{D_1} = \pi_{D_2} = \dfrac{1}{9}(a - c_2)^2$；商品 X 市场价格为 $p = \dfrac{2}{3}(a + 2c_2)$。

如果生产商 U_1 与零售商 D_1 合并为企业 UD，生产商 U_2 与零售商 D_2 仍为两个独立的企业。假设合并后的企业 UD 不再把商品 X 出售给零售商 D_2，那么成本较高的生产商 U_2 就会成为零售商 D_2 的独家供应商。第二阶段，生产商品 X 成本为 0 的企业 UD 与成本为 w_2 的零售商 D_2 博展开数量

---

① 共同知识，指所有参与者都了解博弈结构、都了解其他参与者了解博弈结构、都了解其他参与者了解其他参与者了解博弈结构……

竞争，企业 UD 的销售量为 $q_1 = \frac{1}{3}(a + w_2)$，零售商 D_2 的销售量为 $q_2 = \frac{1}{3}(a - 2w_2)$。给定零售商 D_2 销售量，第一阶段生产商 U_2 的利润为：$\pi_{U_2} = \frac{1}{3}(a - 2w_2)(w_2 - c_2)$，可得生产商 U_2 会把批发价格定为 $w_2 = \frac{1}{4}(a + 2c_2)$。

由此，市场均衡时，企业 UD 销售商品 X 的数量为 $q_1 = \frac{1}{12}(5a + 2c_2)$，利润为 $\pi_{UD} = \frac{1}{144}(5a + 2c_2)^2$；生产商 U_2 通过零售商 D_2 出售商品 X 的数量为 $q_2 = \frac{1}{6}(a - 2c_2)$，利润为 $\pi_{U_2} = \frac{1}{24}(a - 2c_2)^2$；零售商 D_2 的利润为 $\pi_{U_2} = \frac{1}{36}(a - 2c_2)^2$；商品 X 的市场价格为 $p = \frac{1}{12}(5a + 2c_2)$。

可以发现，企业 UD 的利润高于未合并时生产商 U_1 与零售商 D_1 的利润之和，但是只有当 $c_2 > \frac{a}{6}$ 时，生产商 U_1 与零售商 D_1 合并后的商品 X 的市场价格才会降低，如果 $c_2 < \frac{a}{6}$，那么生产商 U_1 与零售商 D_1 会产生阻碍竞争的效果，导致社会福利降低。

如果生产商 U_1 与零售商 D_1 合并后的企业 UD 还把商品 X 出售给零售商 D_2，那么企业 UD 会把出售给零售商 D_2 批发价格定为 $w_1 = c_2$，零售商 D_2 从企业 UD 购买所有商品 X。市场均衡时，企业 UD 销售商品 X 的数量为 $q_1 = \frac{1}{3}(a + c_2)$，利润为 $\pi_{UD} = \frac{1}{9}[a^2 + 5(a - c_2)c_2]$；零售商 D_2 出售商品 X 的数量为 $q_2 = \frac{1}{3}(a - 2c_2)$，利润为 $\pi_{D_2} = \frac{1}{9}(a - 2c_2)^2$；商品 X 市场价格为 $p = \frac{1}{3}(a + c_2)$。

比较合并后的企业 UD 是否把商品 X 出售给零售商 D_2 两种情况，可以发现：生产商 U_1 与零售商 D_1 纵向合并后的利润会提高，所以总有纵向合并的动机。当 $c_2 < \frac{3}{14}a$ 时，如果企业 UD 可以做可置信承诺的话，不会把

商品 X 出售给零售商 D_2，产生对生产商 U_2 的市场排他；且在 $c_2 < \dfrac{a}{6}$ 时，那么生产商 U_1 与零售商 D_1 的合并会产生阻碍竞争的效果，导致社会福利降低；当 $c_2 \in \left(\dfrac{a}{6}, \dfrac{a}{2} \right)$，生产商 U_1 与零售商 D_1 的合并不会产生阻碍竞争的效果，此时商品 X 的市场价格会降低。特别地，当 $c_2 \in \left(\dfrac{a}{6}, \dfrac{3}{14}a \right)$，生产商 U_1 与零售商 D_1 的合并尽管会对生产商 U_2 产生市场排他，但不会产生阻碍竞争的效果。

直觉上看，如果上游除了生产商 U_1 之外，至少还有一个成本稍高的生产商 U_2，那么由于上游生产商之间的竞争，在生产商 U_1 与零售商 D_1 纵向合并后，一方面，竞争的下游零售商始终能够购入商品 X，另一方面，合并后的企业 UD 也会觉得向竞争的下游零售商出售商品 X 更加有利可图。此时，生产商 U_1 与零售商 D_1 的纵向合并始终有利于竞争，因为它减轻了合并企业内部的双重边际加价的问题。

2.1.3　纵向合并与商品质量

纵向合并通常可以使处于上下游不同阶段的企业对外部性进行控制，进而增进上下游企业内部价值链的协调。对不利于企业利润的外部性进行控制，结果往往对企业和消费者都有利，具有增进福利的效应。但在某些情况下，也会对消费者剩余和总福利产生负面影响。以下在企业需要通过努力增进消费者效用的情形下，对纵向合并对福利的影响进行分析。

考察由 1 家垄断上游生产商 U、2 家下游零售商 D_1 和 D_2 构成的市场。生产商 U 以固定边际成本 c 生产商品 X，以批发价格 w 出售给零售商 D_1 和 D_2 后，再由零售商 D_1 和 D_2 出售给消费者。零售商 D_1 和 D_2 的销售服务的成本为：$c_d(s_i) = \dfrac{d}{2} s_i^2$，$i = 1$，2。

假设市场中有两类消费者：一类是对商品 X 高评价的消费者，该类消费者占总消费者的比例为 α；另一类是对商品 X 低评价的消费者，该类消费者占总消费者的比例为 $1-\alpha$。高评价的消费者只注重商品 X，不关心零售商的服务，这类消费者愿意为商品 X 的最高支付为 v_H。低评价的消费者除了关心商品 X，还在意零售商的服务，这类消费者愿意为商品 X 的最高支付为 $v_L+s_1+s_2$，其中，$v_L<v_H$ 是这类消费者愿意为商品 X 支付的价格，s_1+s_2 是这类消费者愿意为零售商 D_1 和 D_2 销售服务支付的价格。

生产商 U 以批发价格 w 向零售商 D_1 和 D_2 出售商品 X 后，零售商 D_1 和 D_2 同时选择服务水平 s_i 和商品 X 的价格 p。显然，当零售商 D_1 和 D_2 展开商品 X 的价格竞争时，都会把销售服务水平选择为 $s_i=0$ 和 $p=w$，原因是：零售商 D_i 的任何销售努力都会增加自己的成本，提高竞争对手的需求。生产商 U 预期到零售商 D_1 和 D_2 的选择，会权衡是否定价 $w=v_H$ 把商品 X 只销售给高评价的消费者，还是定价 $w=v_L$ 把商品 X 销售给所有消费者。如果生产商 U 定价 $w=v_H$ 把商品 X 只销售给高评价的消费者，那么利润为 $\pi_U=\alpha(v_H-c)$。如果生产商 U 定价 $w=v_L$ 把商品 X 销售给所有消费者，那么利润为 $\pi_U=v_L-c$。

如果生产商 U_1 与零售商 D_1、D_2 合并为企业 UD，那么企业 UD 的利润为：

$$\pi_{UD}=v_L+s_1+s_2-\frac{d}{2}s_1^2-\frac{d}{2}s_2^2-c$$

企业 UD 会选择消费服务 $s_1=s_2=\dfrac{d}{2}$。尽管上下游企业纵向合并后增加了销售服务，但由此而增加的消费者剩余被合并后的企业获取了，消费者得到的剩余反而减少了。为提高边际消费者的支付意愿，一体化企业付出了努力，边际消费者的剩余全部被一体化企业独占；一体化企业增加了自己的利润，而减少了边际以下消费者的剩余。如果边际以下消费者为数众多，那么他们的剩余损失会大于一体化企业利润的增加，因此总社会福利会有所减少。上述社会福利减少的情况在 $\alpha\leqslant\dfrac{v_L-c}{v_H-c}$ 和 $v_L\geqslant\dfrac{1}{2}(v_H+c)$ 得到满足时会发生。

2.1.4 纵向合并与不可观察合约

当上下游企业之间的交易合约无法区别第三方观察或证实的情形下，上下游企业可能有着纵向合并的动机，如果市场还存在着不确定性，那么只要上下游企业的合并成本不是很高，纵向合并会是有效率的（Oliver Hart and Jean Tirole，1990）。

考察由 2 家上游生产商 U_1 和 U_2、2 家下游零售商 D_1 和 D_2 构成的市场。上游生产商 U_1 和 U_2 生产一种同质商品 X，通过下游零售商 D_1 和 D_2 销售给消费者。假设上游生产商 U_1、U_2 的边际成本分别为 c_1 和 c_2，不失一般性，假设 $c_1 \leqslant c_2$，即假设上游生产商 U_1 生产商品 X 的边际成本低于生产商 U_2，生产商 U_1 是更加有效率的企业。下游零售商 D_1、D_2 销售商品无须付出成本。下游零售商 D_1 和 D_2 通过 Cournot 数量竞争把商品 X 销售给消费者。

假设消费者认为从零售商 D_1 和 D_2 购买的商品 X 是无差异的。消费者对商品 X 的市场需求为 $p = p(q)$，其中，q 表示商品 X 的总需求，$q = q_1 + q_2$，q_1 和 q_2 分别是零售商 D_1 和 D_2 销售给消费者的商品 X 的数量。

下面先考察所有企业的成本、消费者的需求都是市场的共同知识且是确定的时，上下游企业纵向合并的条件，再分析当企业成本存在不确定性时上下游企业纵向合并的问题。

1. 不存在不确定性情形

假设所有上下游企业的成本、消费者的需求都是市场的共同知识，且是确定的。但合约内容是签约双方的私人信息，不可被第三方观察到。

市场交易过程为：第一阶段，2 家上游生产商 U_1 和 U_2、2 家下游零售商 D_1 和 D_2 决定是否纵向合并，假设纵向合并只发生在生产商 U_1 和零售商 D_1、生产商 U_2 和零售商 D_2 之间。此时，有三种情形：NI（所有企业都不合并）、PI_i（生产商 U_i 和零售商 D_i 合并为企业 UD_i，生产商 U_j 和零售商 D_j 不合并，i，$j = 1$，2，$i \neq j$）、FI（生产商 U_i 和零售商 D_i 合并为企业

UD_i，生产商 U_j 和零售商 D_j 合并为企业 UD_j）。且假设合并的企业会产生大小为 E 的损失。第二阶段，上下游企业签订商品 X 的交易合约。不失一般性，用 $T_{ij}(q_{ij})$ 表示下游零售商 D_j 购买了上游生产商 U_i 商品 X 数量为 q_{ij} 后向生产商 U_i 的支付，$i,j=1,2$，$i \neq j$。第三阶段，所有企业完成商品的交易和销售。

为便于分析，下面先给出边际成本分别为 c_a 和 c_b 两家企业 a 和 b 进行 Cournot 竞争的一般性表示。对于任意边际成本 c_i，企业 i 的销售收入为：$R_i(q_i, q_j)=p(q_i+q_j)q_i$；利润为：$\pi_{D_i}(q_i, q_j)=[p(q_i+q_j)-c_i]q_i$，反应函数为：$q_i(q_j)=\mathrm{argmax}_{q_i}\pi_{D_i}(q_i, q_j)$。假设 $\pi_{D_i}(q_i, q_j)$ 对于 q_i 是严格凹的，两阶连续可导的，那么 $q_i(q_j)$ 是唯一的和可导的，且假设反应函数的斜率 $-1 < \dfrac{dq_i(q_j)}{dq_j} < 0$。假设对于任何成本 (c_1, c_2)，反应曲线 $q_i(q_j)$ 和 $q_j(q_i)$ 有唯一的交点 $(q_i^*(c_i, c_j), q_j^*(c_i, c_j))$。由此，两个企业 a 和 b 的 Cournot 均衡是唯一的。同时，给定成本 c，如果商品 X 由垄断企业生产和销售，那么，垄断销量为 $q^m(c)$，垄断利润为：$\pi^m(c)=\max_q(p(q)-c)q=(p(q^m(c))-c)q^m(c)$。由此，下面的分析中，企业 a 和 b 可以是零售商 D_1 和 D_2，也可以是生产商 U_i 和零售商 D_i 合并后的企业 UD_i，$i,j=1,2$。

（1）生产商 U_1 与零售商 D_1 不合并，生产商 U_2 与零售商 D_2 不合并。

当上下游企业都不合并时，尽管零售商 D_1 和零售商 D_2 彼此都观察不到对方的合约内容，但都知道生产商 U_1 的边际成本低于生产商 U_2 的边际成本，即 $c_1 \leqslant c_2$。在第二阶段均衡时，上游生产商 U_1 向零售商 D_1 和零售商 D_2 分别提出合约：

$$T_{1j}(q_{1j})=R_i(q_i^*(c_1, c_1), q_j^*(c_1, c_1))-(R_i(q_i(q_j^*(c_1, c_1)),$$
$$q_j^*(c_1, c_1))-c_2 q_i(q_j^*(c_1, c_1)))$$

上游生产商 U_2 向零售商 D_1 和零售商 D_2 分别提出合约 $T_{2j}(q_{2j})=c_2 q_{2j}$，$j=1,2$。此时，零售商 D_1 和零售商 D_2 都会从生产商 U_1 购买商品 X。市场均衡时，生产商 U_1 的利润为：

$$\pi_{U_1}=2(R_i(q_i^*(c_1, c_1), q_j^*(c_1, c_1))-c_1 q_i^*(c_1, c_1))$$
$$-2(R_i(q_i(q_j^*(c_1, c_1)), q_j^*(c_1, c_1))-c_2 q_i(q_j^*(c_1, c_1)))$$

生产商 U_2 的利润为：$\pi_{U_2}=0$；零售商 D_1 和零售商 D_2 相同，分别为：

$$\pi_{D_1}=\pi_{D_2}=R_i(q_i(q_j^*(c_1,c_1)),q_j^*(c_1,c_1))-c_2q_i(q_j^*(c_1,c_1)),$$
$$i,j=1,2$$

（2）生产商 U_1 与零售商 D_1 纵向合并，生产商 U_2 与零售商 D_2 不合并。

生产商 U_1 与零售商 D_1 纵向合并后形成企业 UD_1，企业 UD_1 与生产商 U_2 在出售商品 X 上进行 Bertrand 竞争。由于零售商 D_2 总能生产商 U_2 购买商品 X，所以企业 UD_1 只要把批发价格定为 $c_2-\varepsilon$，零售商 D_2 会从企业 UD_1 购买商品 X，其中 ε 是一个正的无穷小量。简单起见，假设当 UD_1 和生产商 U_2 的合约给零售商 D_2 带来的利润相同时，零售商 D_2 会从 UD_1 购买商品 X。由此，在第二阶段均衡时，企业 UD_1 和生产商 U_2 都向零售商 D_2 提出合约：

$$T_{12}(q_{12})=c_2q_2^*(c_1,c_2)$$

此时，零售商 D_2 都会从企业 UD_1 购买商品 X。市场均衡时，企业 UD_1 的利润为：

$$\pi_{UD_1}=R_1(q_1^*(c_1,c_2),q_2^*(c_1,c_2))-c_1q_1^*(c_1,c_2)+(c_2-c_1)q_2^*(c_1,c_2)-E$$

生产商 U_2 的利润为：$\pi_{U_2}=0$；零售商 D_2 的利润为：

$$\pi_{D_2}=R_2(q_1^*(c_1,c_2),q_2^*(c_1,c_2))-c_2q_2^*(c_1,c_2)$$

（3）生产商 U_1 与零售商 D_1 不合并，生产商 U_2 与零售商 D_2 纵向合并。

生产商 U_2 与零售商 D_2 纵向合并后形成企业 UD_2，这不改变企业 UD_2 生产商品 X 的边际成本 c_2，还需付出合并成本 E。由于企业 UD_2 仍然可以从生产商 U_1 购买商品 X，所以均衡时生产商 U_1 向零售商 D_1 和企业 UD_2 提出的合约与生产商 U_1 与零售商 D_1 不合并，生产商 U_2 与零售商 D_2 不合并的情形相同，即

$$T_{1j}(q_{1j})=R_i(q_i^*(c_1,c_1),q_j^*(c_1,c_1))-(R_i(q_i(q_j^*(c_1,c_1)),$$
$$q_j^*(c_1,c_1))-c_2q_i(q_j^*(c_1,c_1)))$$

企业 UD_2 不会生产商品 X，而是从生产商 U_1 购买。此时，零售商 D_1 和企业 UD_2 都会从生产商 U_1 购买商品 X。市场均衡时，生产商 U_1 的利润为：

$$\pi_{U_1}=2(R_i(q_i^*(c_1,c_1),q_j^*(c_1,c_1))-c_1q_i^*(c_1,c_1))$$
$$-2(R_i(q_i(q_j^*(c_1,c_1)),q_j^*(c_1,c_1))-c_2q_i(q_j^*(c_1,c_1)))$$

零售商 D_1 的利润为：

$$\pi_{D_1} = R_1(q_1(q_1^*(c_1, c_1)), q_2^*(c_1, c_1)) - c_2 q_1(q_2^*(c_1, c_1))$$

企业 UD_2 的利润为：

$$\pi_{UD_2} = R_2(q_1(q_1^*(c_1, c_1)), q_2^*(c_1, c_1)) - c_2 q_2(q_2^*(c_1, c_1))$$

（4）生产商 U_1 与零售商 D_1 纵向合并，生产商 U_2 与零售商 D_2 纵向合并。

生产商 U_1 与零售商 D_1 纵向合并后形成企业 UD_1，生产商 U_2 与零售商 D_2 纵向合并后形成企业 UD_2，都需要付出合并成本 E，但企业 UD_1 生产商品 X 的边际成本仍为 c_1，企业 UD_2 生产商品 X 的边际成本仍为 c_2。此时企业 UD_1 向企业 UD_2 提出的合约，以及企业 UD_2 向企业 UD_1 提出的合约与生产商 U_1 与零售商 D_1 纵向合并，生产商 U_2 与零售商 D_2 不合并的情形相同。企业 UD_1 的利润为：

$$\pi_{UD_1} = R_1(q_1^*(c_1, c_2), q_2^*(c_1, c_2)) - c_1 q_1^*(c_1, c_2) + (c_2 - c_1) q_2^*(c_1, c_2) - E$$

企业 UD_2 的利润为：

$$\pi_{UD_2} = R_2(q_1^*(c_1, c_2), q_2^*(c_1, c_2)) - c_2 q_2^*(c_1, c_2) - E$$

比较上面 4 种情形，可以发现当 $c_1 \leqslant c_2$，生产商 U_2 与零售商 D_2 不会进行纵向合并，生产商 U_1 与零售商 D_1 合并的必要条件是合并成本不能很高，即要满足如下条件：

$$R_1(q_1^*(c_1, c_2), q_2^*(c_1, c_2)) - c_1 q_1^*(c_1, c_2) + (c_2 - c_1) q_2^*(c_1, c_2) - E$$
$$\geqslant 2(R_1(q_1^*(c_1, c_1), q_2^*(c_1, c_1)) - c_1 q_1^*(c_1, c_1))$$

2. 成本不确定性情形

假设上游生产商 U_1 和 U_2 的边际成本 c_1 和 c_2 在企业决策合并之前时不确定的，但在合并之后上下游企业签订之前不确定性会消除。同时假设 c_1 和 c_2 在 $[\underline{c}, \overline{c}]$ 上分布，分布函数分别 $F(c_1)$ 和 $F(c_2)$，$F(c) \geqslant F(c)$。

用 Δ_1 表示生产商 U_1 与零售商 D_1 合并的预期收益，用 Δ_2 表示生产商 U_2 与零售商 D_2 合并的预期收益，则有 $\Delta_1 \geqslant \Delta_2$，且，

$$\Delta_1 = R_1(q_1^*(c_1, c_2), q_2^*(c_1, c_2)) - c_1 q_1^*(c_1, c_2) + (c_2 - c_1) q_2^*$$
$$(c_1, c_2) 2(R_1(q_1^*(c_1, c_1), q_2^*(c_1, c_1)) - c_1 q_1^*(c_1, c_1))$$

显然，当 $\Delta_1 < E$ 时，所有企业都不会有合并的动机。当 $\Delta_1 > E$ 时，生产商 U_1 与零售商 D_1 的占优策略是纵向合并。但是会存在两种情形。如果 $\Delta_2 < E$，市场均衡的结果为：生产商 U_1 与零售商 D_1 合并，生产商 U_2 与零售商 D_2 不合并。如果 $\Delta_2 > E$，结果为生产商 U_1 与零售商 D_1 合并，生产商 U_2 与零售商 D_2 也合并。

2.1.5 纵向合并与不完全合约

当上游生产商的产出存在不确定性，无法把产出写入合约，同时，下游企业的努力也无法写入合约时，上下游企业的纵向合并可以消除这些不确定性和合约的不完全性，提高企业的投资，增加企业的联合利润（Patrick Bolton and Michael D. Whinston，1993）。

考察由 1 家上游企业 U 和 2 家下游企业 D_1、D_2 组成的纵向结构。上游企业 U 可以无成本生产一种商品 X，但是商品 X 的产量是不确定的，有概率 λ 生产 1 个，有概率 $1 - \lambda$ 生产 2 个。

下游企业 D_1 和 D_2 都最多需要购买 1 单位商品 X。下游企业 D_i 可以通过投入努力 I_i 把 1 单位商品 X 转化为 1 单位商品 Y_i，大小为 I_i 的努力的成本为 $c_i(I_i)$，$c_i'(I_i) \geqslant 0$，$c_i''(I_i) > 0$，$i = 1$，2。同时假设 Y_i 的质量均受到一个共同的不确定因素 τ 影响，用 $T(\tau)$ 表示 τ 的概率测度。

下游企业 D_1 和 D_2 分别有一位消费者，即企业 D_1 拥有消费者 B_1，企业 D_2 拥有消费者 B_2。企业 D_i 生产商品 Y_i 后，销售给自己的消费者 B_i。假设使用 1 单位商品 X、大小为 I_i 的努力生产的 Y_i 能够给消费者 B_i 带来效用 $v_i(I_i, \tau)$，$i = 1$，2。假设 B_1 和 B_2 的需求是非竞争的，且企业 D_i 对消费者 B_i 是完全垄断的，即消费者 B_i 的效用能够完全被企业 D_i 以货币方式攫取，$i = 1$，2。

假设下游企业 D_i 投入的努力 I_i 是不可观测的，无法写进合约。消费者 B_i 的效用 v_i 是可以观测的。

市场交易过程为：第一阶段：上游企业 U 与下游企业 D_1、D_2 签约决定上下游结构。有四种情形：上下游完全合并形成企业 UD（情形 1），上下游完全分离（情形 2），D_1 和 D_2 水平合并形成企业 D（情形 3），上游企业 U 与 1 家下游企业 D_i 纵向合并形成企业 UD_i（情形 4），$i=1$，2。第二阶段：U 生产商品 X、D_1 和 D_2 选择努力水平 I_1 和 I_2。第三阶段：U 生产商品 X 的产量被观测到，D_i 生产的 Y_i 给消费者 B_i 带来效用 v_i 被观测到。第四阶段：没有合并的企业以平分剩余的方式讨价还价完成交易。

　　首先考察第四阶段各种市场结构下企业的收入。如果上下游完全合并形成企业 UD（情形 1），那么企业 UD 可以选择最优的努力水平 I_1 和 I_2，实现纵向一体化利润。如果上下游完全分离（情形 2），那么当商品 X 只有 1 单位产出时，企业 U 可以得到 $\min\{v_1, v_2\}$，企业 D_1 可以得到 $\max\{v_1, v_2\}-v_2$，企业 D_2 可以得到 $\max\{v_1, v_2\}-v_1$，当商品 X 有 2 单位产出时，企业 U 可以得到 $\frac{1}{2}(v_1+v_2)$，企业 D_1 可以得到 $\frac{1}{2}v_1$，企业 D_2 可以得到 $\frac{1}{2}v_2$。如果 D_1 和 D_2 水平合并形成企业 D（情形 3），那么当商品 X 只有 1 单位产出时，企业 U 可以得到 $\frac{1}{2}(\max\{v_1, v_2\})$，企业 D 可以得到 $\frac{1}{2}(\max\{v_1, v_2\})$，当商品 X 有 2 单位产出时，企业 U 可以得到 $\frac{1}{2}(v_1+v_2)$，企业 D 可以得到 $\frac{1}{2}(v_1+v_2)$。如果上游企业 U 与下游企业 D_1 纵向合并形成企业 UD_1（上游企业 U 与下游企业 D_1 纵向合并形成企业 UD_2 是相同的，仅下标不同），那么当商品 X 只有 1 单位产出时，企业 UD_1 可以得到 v_1，企业 D_2 可以得到 $\max\{v_1, v_2\}-v_1$，当商品 X 有 2 单位产出时，企业 UD_1 可以得到 $v_1+\frac{1}{2}v_2$，企业 D_2 可以得到 $\frac{1}{2}v_2$。

　　接下来，可以比较纵向分离、纵向合并的情形。令 $T_i(I_1, I_2)\equiv\{(I_1, I_2)\mid v_i(I_1, I_2)\geqslant v_j(I_1, I_2)\}$ 表示 D_i 比 D_j 更有效率时的投资状态。

　　上下游完全分离（情形 2）时，下游企业 D_i 的预期收入：

$$\lambda\int_{T_i}(v_i(I_i, \tau)-v_j(I_j, \tau))\mathrm{d}T(\tau)+(1-\lambda)\int_{T}\frac{v_i(I_i, \tau)}{2}\mathrm{d}T(\tau)$$

I_i 的一阶条件为：

$$\lambda \int_{T_i} \left(\frac{\partial v_i(I_i, \tau)}{\partial I_i} \right) dT(\tau) + (1 - \lambda) \frac{1}{2} \int_T \left(\frac{\partial v_i(I_i, \tau)}{\partial I_i} \right) dT(\tau) = c_i'(I_i)$$

上游企业 U 与 1 家下游企业 D_i 纵向合并形成企业 UD_i，$i = 1, 2$。企业 UD_i 预期收入为：

$$\lambda \int_T v_i(I_i, \tau) dT(\tau) + (1 - \lambda) \int_T \left(v_i(I_i, \tau) + \frac{v_j(I_j, \tau)}{2} \right) dT(\tau)$$

I_i 的一阶条件：

$$\lambda \int_T \left(\frac{\partial v_i(I_i, \tau)}{\partial I_i} \right) dT(\tau) + (1 - \lambda) \int_T \left(\frac{\partial v_i(I_i, \tau)}{\partial I_i} \right) dT(\tau) = c_i'(I_i)$$

上下游完全合并形成企业 UD，企业 UD 的预期收入为：

$$\lambda \left(\int_{T_1} v_1(I_1, \tau) dT(\tau) + \int_{T_2} v_2(I_2, \tau) dT(\tau) \right)$$
$$+ (1 - \lambda) \int_T (v_1(I_1, \tau) + v_2(I_2, \tau)) dT(\tau)$$

I_1 的一阶条件为：

$$\lambda \int_{T_1} \frac{\partial v_1(I_1, \tau)}{\partial I_1} dT(\tau) + (1 - \lambda) \int_T \frac{\partial v_1(I_1, \tau)}{\partial I_1} dT(\tau) = c_1'(I_1)$$

I_2 的一阶条件为：

$$\lambda \int_{T_2} \frac{\partial v_2(I_2, \tau)}{\partial I_2} dT(\tau) + (1 - \lambda) \int_T \frac{\partial v_2(I_2, \tau)}{\partial I_2} dT(\tau) = c_2'(I_2)$$

如果 $[I_1^*(NI), I_2^*(NI)]$ 和 $[I_1^*(VI_j), I_2^*(VI_j)]$ 是 NI 和 VI_j 各自均衡时的投资水平，那么会产生：一是 D_j 在 VI_j 下的均衡投资水平高于非合并情形下的投资水平，而 D_i 在 VI_j 下的均衡投资水平低于非合并情形下的投资水平；二是相对于非合并均衡时的供给模式，D_j 纵向合并会导致内部供给，即 $S_j(I_1^*(NI), I_2^*(NI)) \subseteq S_j(I_1^*(VI_j), I_2^*(VI_j))$；三是 D_j 的纵向合并会导致 D_i 的收入低于非合并情形。

给定 I_j 的大小，与非合并下的社会最优投资情形 $I_i^o(I_j)$ 相比，D_i 的投资偏低，即 $\max\{I_i^*(I_j \mid NI)\} \leqslant I_i^o(I_j)$；与 D_j 纵向合并下的社会最优情形相比，D_i 的投资偏低，即 $I_i^*(I_j \mid VI_j) \leqslant I_i^o(I_j)$；（3）与 D_i 纵向合并下的社会最优情形相比，D_i 的投资偏高，即 $I_i^*(I_j \mid VI_i) \geqslant I_i^o(I_j)$。

2.1.6　下游对上游的纵向合并

当下游企业拥有市场力量可以对上游企业进行纵向合并时，占优的下游企业可以同低成本获取上游企业商品和排除竞争对手的作用（Michael H. Riordan，1998）。

考察上游为完全竞争市场、下游由 1 家占优企业 D_0 和 n 家可以自由进入退出市场的小企业（边缘企业）D_i 构成的纵向结构，$i=1,\cdots,n$。上游有 k 家相同的企业 U_i，$i=1,\cdots,k$，每家企业 U_i 都以相同成本提供 1 单位相同的商品 X，商品 X 的逆供给曲线为 $s(k)$，$s'(k)>0$，s 和 k 分别表示上游供给商品 X 的价格和数量，下游对商品 X 的购买决定了 k 的数量。

下游企业购买商品 X 后，把商品 X 转化为商品 Y 销售给消费者，假设商品 X 转化为商品 Y 的数量并不是一一对应的。可以想象上游企业是生产商，下游企业是零售商，零售商采购生产商的商品后需要重新包装销售给消费者，例如上游是生产的是蔬菜、水果的企业，零售商需要把购进的蔬菜、水果进行清洗、包装后才能摆放于货架，在此过程中，零售商采购的蔬菜、水果的数量与出售的数量并不是一一对应的。还可以想象上游企业是原料等中间品生产企业，下游企业是最终商品生产企业，下游企业需要采购原料、设备等中间品进行最终商品的生产，例如钢铁、机器设备等生产商向下游手机、汽车企业提供各种原材料中间品，此时原材料与最终产品的数量也不是一一对应的。

占优企业 D_0 和小企业 D_i 的区别有两方面。一是成本不同。假设每个小企业 D_i 只购买 1 单位商品 X，把 1 单位商品 X 转化为 q_i 单位商品 Y 的成本函数是相同的 $C(q_i)$，$C'(q_i)\geqslant 0$，$C''(q_i)>0$。假设占优企业 D_0 的成本函数为 $k_0 C\left(\dfrac{q_0}{k_0}\right)-\lambda q_0$，$k_0$ 表示占优企业 D_0 购买商品 X 的数量，$k_0 C\left(\dfrac{q_0}{k_0}\right)$ 表示占优企业 D_0 大规模购买商品 X 带来的规模经济，λ 表示占优企业 D_0 的成本优势，即与小企业 D_i 购买相同的商品 X，在把 1 单位商品 X 转化为相同数量商品 Y 少付出的成本。均衡时，商品 X 的供给量为 $k=k_0+n$。二是

占优企业 D_0 可以决定是否与上游企业合并，以及购买商品 X、商品 Y 的价格，而小企业 D_i 是商品 Y 的接受者。

假设消费者对商品 Y 的逆需求曲线为：$p(q)$，$p'(q)<0$，p 和 q 分别表示商品 Y 的价格和数量，均衡时，商品 Y 的需求为 $q=q_0+nq_i$。

市场交易的过程为：第一阶段，下游占优企业 D_0 选择合并 K 个上游企业 U_i，不失一般性，假设上游被合并的企业是 U_1、U_2、$\cdots$、U_K。假设合并无须付出成本；第二阶段，占优企业 D_0 决定购买 k_0 单位商品 X；第三阶段，商品 X 的价格 s 由供给与需求决定，同时小企业 D_i 的数量 n 决定；第四阶段，占优企业 D_0 决定出售商品 Y 的数量 q_0，然后 n 家小企业 D_i 同时决定出售商品 Y 的数量 q_i。

下面用逆向归纳法进行分析。先考虑第四阶段。首先，n 家小企业 D_i 是相同的，所以均衡时，每家小企业 D_i 销售商品 Y 的数量是相同的。其次，小企业 D_i 是商品 Y 的接受者，给定占优企业 D_0 出售商品 Y 的数量 q_0，小企业 D_i 销售商品 Y 的数量 q_i 由下式决定：

$$C'(q_i)=p(q_0+nq_i)$$

由于小企业 D_i 可以自由进入和退出市场，所有，小企业 D_i 的利润等于零，进而可得到商品 X 的供给与需求相同时：$C'(q_i)q_i-C(q_i)=s(k_0+n)$，该式与上式共同决定了小企业 D_i 的数量和每个小企业销售商品 Y 的数量 q_i。可以发现，占优企业 D_0 选择销售商品 Y 的数量 q_0 决定了商品 Y 的价格 p，换言之，占优企业 D_0 可以用 q_0 实现想要的商品 Y 的价格 p。

在不合并上游生产商的情形下，占优企业 D_0 决策购买商品 X 的数量 k_0 和销售商品 Y 的数量 q_0（或商品 Y 的价格 p）后，利润为：

$$\pi_{D_0}=p(q_0+nq_i)q-\left(k_0C\left(\frac{q_0}{k_0}\right)-\lambda q_0\right)-s(k_0+n)k_0$$

如果占优企业 D_0 决定与上游企业是 U_1、U_2、$\cdots$、U_K 合并，那么除了决策购买商品 X 的数量 k_0 和销售商品 Y 的数量 q_0（或商品 Y 的价格 p），还需要考虑合并上游企业的数量 K。此时，占优企业 D_0 利润为：

$$\pi_{D_0}=p(q_0+nq_i)q-\left(k_0C\left(\frac{q_0}{k_0}\right)-\lambda q_0\right)-s(k_0+n)(k_0-K)$$

接下来，分析小企业 D_i 销售商品 Y 的数量。由小企业 D_i 选择商品 Y 的数量的约束条件可得：$\dfrac{\partial q_i(k_0,\ n)}{\partial n}<0$ 和 $\dfrac{\partial q_i(k_0,\ n)}{\partial k_0}<0$，表明均衡时每个小企业 D_i 提供商品 Y 的数量随着小企业 D_i 的增多而减少，随着占优企业 D_0 购买商品 X 的数量的增加而减少。结合占优企业 D_0 的行为，同时，可以得到 $\dfrac{\partial k(k_0)}{\partial k_0}>0$，即市场均衡时上游商品 X 的数量随着占优企业 D_0 购买商品 X 的数量的增加而增加。进一步可以证明随着占优企业 D_0 纵向合并上游企业的数量增加，商品 X 和商品 Y 的价格都上升。

直观的解释是：占优企业 D_0 在上游和下游市场中都有垄断力量。一方面，占优企业 D_0 纵向合并一些上游企业，通过提高商品 X 的价格，会对下游小企业 D_i 产生市场圈定效应，把更多的下游小企业 D_i 排除市场。另一方面，尽管占优企业 D_0 把商品 X 转化为商品 Y 的效率高于小企业 D_i，但是占优企业 D_0 在下游的垄断力量使得这些生产效率并不会充分使用。最终，占优企业 D_0 向上游的纵向合并会产生商品 X 和商品 Y 的价格都上升。

最后，分析占优企业 D_0 纵向合并上游企业产生的社会福利变化可以发现：当占优企业 D_0 纵向合并上游企业的数量不是很多时，会增进社会福利，但当占优企业 D_0 纵向合并上游企业的数量超过一定数量后，社会福利会随着上游企业被合并的数量增多而降低，并且只有在占优企业 D_0 的成本优势足够大时，纵向合并才是增进社会福利的。

2.2　纵向拆分

对于上下游企业而言，纵向合并不一定总是能够增进所有企业的利润之和的。在一些情形下，企业反而会进行纵向拆分，以获得更高的利润。例如，当多家企业向消费者销售替代品时，纵向拆分可以形成企业之间提高零售价格的合谋（Giacomo Bonanno and John Vickers，1988），尤其在上下游企业之间的合约是非公开时，纵向拆分还可以通过企业对彼此的信念，提高商品的市场价格（Marco Pagnozzi and Salvatore Piccolo，2011）。进一步，当多个企业向消费者提供替代商品时，且消费者对商品的需求是不确定的，那么商品之间的替代程度会决定企业是否进行纵向拆分（Esther Gal – Or，1999）。还比如，上下游企业既需要进行专用性投资，又需要与其他企业进行讨价还价时，企业的纵向拆分可能会是增进企业专用性投资和利润的一种方式（Bruce R. Lyons and Khalid Sekkat，1991）。此外，当市场中有一家上游企业对商品生产拥有专有技术时，该企业可以通过纵向拆分控下游市场的竞争程度（Yongmin Chen，2005）。

2.2.1 纵向拆分的阻碍竞争的合谋效应

与直接向消费者出售商品相比，生产商通过独立的零售商向消费者出售商品能够与竞争对手产生一定程度的合谋（Giacomo Bonanno and John Vickers，1988）。

1. 上下游的交易合约是公开的

市场上，有两个生产差异化商品的企业 UD_1 和 UD_2，分别生产商品 X_1 和商品 X_2。假设企业 UD_i 生产商品只承担固定边际成本 c_i，销售商品的成本为 0。简单起见，假设 $c_i = 0$。

消费者对商品 X_i 的需求为 $q_i(p_i, p_j)$，假设 $\dfrac{\partial q_i}{\partial p_i} < 0$，$\dfrac{\partial q_i}{\partial p_j} > 0$，$\dfrac{\partial^2 q_i}{\partial p_i^2} < 0$，$i = 1$，2。

企业 UD_i 可以自己销售商品，也可以无成本地把自己的销售部门分离成为独立的零售商销售自己的商品。企业 UD_i 把自己的销售部门分拆成为独立企业后，形成了上游企业生产商 U_i 和下游零售商 D_i，且生产商 U_i 按 $\{w_i, F_i\}$ 合约只通过零售商 D_i 销售商品 X_i，其中，w_i 是批发价格，F_i 是许可费（固定费），$i = 1$，2。假设所有企业销售商品的成本均为 0。

假设企业是否分拆是公共信息，如果企业 UD_i 分拆了，生产商 U_i 与零售商 D_i 的交易合约 $\{w_i, F_i\}$ 也是公开的。

下面比较企业 UD_i 自己销售商品和同时通过零售商销售商品的情形。

（1）企业 UD_i 都自己销售商品。

如果企业 UD_i 都自己销售商品，那么利润为：

$$\pi_{UD_i} = p_i q_i(p_i,\ p_j),\ i,\ j = 1,\ 2,\ i \neq j$$

根据对需求函数的假设，显然存在企业 UD_1 和 UD_2 同时选择零售价格的唯一纳什均衡。令 $p^* = (p_1^*,\ p_2^*)$ 表示企业 UD_1 和 UD_2 都自己销售商品均衡时的零售价格。

（2）企业 UD_i 把自己的销售部门独立为零售商，通过零售商销售商品。

企业 UD_i 拆分后，U_i 先通过合约 $\{w_i,\ F_i\}$ 把商品销售给零售商 $D_i(i = 1,\ 2)$，然后零售商 D_i 和竞争对手（如果企业 UD_j 没有把销售部门独立为零售商，那么竞争对手为企业 UD_j）进行价格竞争把商品销售给消费者。

分拆后，生产商 U_i 的利润为：$\pi_{U_i} = w_i q_i(p_i(w_i,\ w_j),\ p_j(w_i,\ w_j)) + F_i,\ i,\ j = 1,\ 2,\ i \neq j$。如果企业 UD_j 没有分拆，那么 $w_j = 0$。

零售商 D_i 的利润为：$\pi_{D_i} = (p_i - w_i) q_i(p_i,\ p_j),\ i,\ j = 1,\ 2,\ i \neq j$。

先分析零售商的选择，由于两个零售商是对称的，所以下面仅分析零售商 D_i。零售商 D_i 选择价格 p_i 的一阶条件和二阶条件分别为：

$$\frac{\partial \pi_{D_i}}{\partial p_i} = q_i(p_i,\ p_j) + (p_i - w_i) \frac{\partial q_i(p_i,\ p_j)}{\partial p_i} = 0$$

$$\frac{\partial^2 \pi_{D_i}}{\partial p_i^2} = 2 \frac{\partial q_i(p_i,\ p_j)}{\partial p_i} + (p_i - w_i) \frac{\partial^2 q_i(p_i,\ p_j)}{\partial p_i^2} < 0$$

零售价格竞争是策略互补的，即 $\dfrac{\partial^2 \pi_{D_i}}{\partial p_i \partial p_j} = \dfrac{\partial q_i(p_i,\ p_j)}{\partial p_j} + (p_i - w_i) \dfrac{\partial^2 q_i(p_i,\ p_j)}{\partial p_i \partial p_j} > 0$。假设竞争的均衡是稳定的，即 $\left| \dfrac{\partial^2 \pi_{D_i}}{\partial p_i^2} \right| > \left| \dfrac{\partial^2 \pi_{D_i}}{\partial p_i \partial p_j} \right|$。进而，由零售商 D_i 与竞争对手的一阶条件，可得批发价格 w_i 对均衡时的商品 X_2 的价格 p_j^* 和生产商 U_i 的利润的影响为：

$$\frac{\partial p_j^*}{\partial w_i} = \frac{\dfrac{\partial^2 \pi_{D_j}}{\partial p_i \partial p_j} \left(-\dfrac{\partial q_i}{\partial p_i} \right)}{\dfrac{\partial^2 \pi_{D_i}}{\partial p_i^2} \dfrac{\partial^2 \pi_{D_j}}{\partial p_j^2} - \dfrac{\partial^2 \pi_{D_i}}{\partial p_i \partial p_j} \dfrac{\partial^2 \pi_{D_j}}{\partial p_i \partial p_j}} > 0$$

$$\frac{\partial \pi_{U_i}^*(p_i^*(w_i,\ w_j),\ p_j^*(w_i,\ w_j))}{\partial w_i} = \frac{\partial \pi_{U_i}^*}{\partial p_i^*}\frac{\partial p_i^*}{\partial w_i} + \frac{\partial \pi_{U_i}^*}{\partial p_j^*}\frac{\partial p_j^*}{\partial w_i} = \frac{\partial \pi_{U_i}^*}{\partial p_j^*}\frac{\partial p_j^*}{\partial w_i} > 0$$

可以看出，无论对方是否把销售部门分离成为独立的零售商，企业 UD_i 把自己的销售部门分离成为独立的零售商 D_i 后，U_i 向自己零售商 D_i 收取的批发价格高于生产商品的边际成本，U_i 对零售商 D_i 收取的批发价格上升，不仅会提高自己利润，而且会提高竞争对手的零售价格。由于商品 X_1 和商品 X_2 零售价格是策略互补的，每个生产商都有动力把自己销售部门分离为独立的零售商，所有纵向分拆会成为一个子博弈纳什均衡。

2. 上下游企业之间的合约是非公开的

仍然考察两个生产差异化商品的企业 UD_1 和 UD_2，分别生产商品 X_1 与商品 X_2。假设企业 UD_i 生产商品只承担固定边际成本 c_i，销售商品的成本为 0。简单起见，假设 $c_i = 0$。

消费者对商品 X_i 的需求为 $q_i(p_i,\ p_j)$，假设 $\frac{\partial q_i}{\partial p_i} < 0$，$\frac{\partial q_i}{\partial p_j} > 0$，$\frac{\partial^2 q_i}{\partial p_i^2} < 0$，$i = 1,\ 2$。

企业 UD_i 可以自己销售商品，也可以无成本地把自己的销售部门分离成为独立的零售商销售自己的商品。企业 UD_i 把自己的销售部门分拆成为独立企业后，形成了上游生产商 U_i 和下游零售商 D_i，且生产商 U_i 按 $\{w_i, F_i\}$ 合约只通过零售商 D_i 销售商品，其中，w_i 是批发价格，F_i 是许可费（固定费），$i = 1,\ 2$。假设所有企业销售商品的成本均为 0。

市场交易过程为：第一阶段，企业 UD_1 和 UD_2 同时决定是否把企业分拆为生产商 U_i 和下游零售商 D_i，$i = 1,\ 2$；第二阶段，分拆后的生产商 U_i 向下游零售商 D_i 提出排他合约 $\{w_i, F_i\}$ 合约，如果零售商 D_i 接受合约，那么立即支付许可费（固定费）F_i；第三阶段，未分拆的企业或分拆后的零售企业完成商品生产、交易和出售，同时选择商品的零售价格。

与 "1. 上下游的交易合约是公开的" 小节不同的是，尽管企业 UD_i 是否分拆是公共信息，但企业 UD_i 分拆后形成的生产商 U_i 与零售商 D_i 的交易合约 $\{w_i, F_i\}$ 不是公开的。由此，零售商对于非均衡路径的信念会影响到市场均衡结果。令（w_1^*，w_2^*）表示均衡时的批发价格组合，零售商对非均衡路径的信念可能有三种情形：被动信念、对称信念和混合信念。

被动信念（Passive Beliefs）：如果零售商 D_i 观察到生产商 U_i 给自己的批发价格 $w_i \neq w_i^*$，依然相信生产商 U_j 向零售商 D_j 出售商品的批发价格仍然为 w_j^*。

对称信念（Symmetric Beliefs）：零售商 D_i 观察到生产商 U_i 给自己的批发价格 w_i，相信生产商 U_j 向零售商 D_j 出售商品的批发价格也是 $w_j = w_i$。

混合信念（Mixed Beliefs）：如果零售商 D_i 观察到生产商 U_i 给自己的批发价格 $w_i \neq w_i^*$，那么觉得生产商 U_j 向零售商 D_j 出售商品的批发价格也是 $w_j = w_i$ 的概率为 α，觉得生产商 U_j 向零售商 D_j 出售商品的批发价格仍然为 w_j^* 的概率为 $1 - \alpha$。

（1）被动信念（Passive Beliefs）。

考虑企业 UD_1 和 UD_2 都决定分拆的情形。如果零售商 D_i 选择的是被动信念，那么无论生产商 U_i 给自己的批发价格是否为 w_i^*，都不会更新对生产商 U_j 向零售商 D_j 出售商品的批发价格是 w_j^* 的信念。此时，零售商 D_i 的利润为：

$$\pi_{D_i} = q_i(p_i, p_j)(p_i - w_i) - F_i$$

零售商 D_i 选择 p_i 满足：

$$\frac{\partial q_i(p_i, p_j)}{\partial p_i}(p_i - w_i) + q_i(p_i, p_j) = 0$$

生产商 U_i 选择许可费（固定费）F_i 的大小为：

$$F_i = q_i(p_i(p_j, w_i), p_j)p_i(p_j, w_i)$$

由 $\dfrac{\partial p_i}{\partial w_i}\left(\dfrac{\partial q_i(p_i, p_j)}{\partial p_i}p_i + q_i(p_i, p_j)\right) = \dfrac{\partial p_i}{\partial w_i}\dfrac{\partial q_i(p_i, p_j)}{\partial p_i}w_i \leqslant 0$，可知生厂商 U_i 会使得 $w_i = 0$。此时企业纵向分拆不会产生贾科莫·博南诺和约翰·维克斯（Giacomo Bonanno and John Vickers，1988）所指出的分拆带来的策略效应，由此企业不会纵向分拆。

（2）对称信念（Symmetric Beliefs）。

首先，考虑企业 UD_1 和 UD_2 都决定分拆的情形。在对称信念的情形下，零售商 D_i 观察到生产商 U_i 给自己的批发价格 w_i 后，推测生产商 U_j 给零售商 D_j 的批发价格 $w_j = w_i$，进而零售商 D_i 会推测零售商 D_j 选择相同的零售价格与自己的零售价格。令 $\hat{p}_i(w_i)$ 表示零售商 D_i 在对称信念下选择的零售价格。

在对称信念的情形下，零售商 D_i 愿意支付给生产商 U_i 的固定费最多为 $F_i = q_i(\hat{p}_i(w_i),\ \hat{p}_j(w_i))(\hat{p}_i(w_i) - w_i)$。

生产商 U_i 的利润为：

$$\pi_{U_i} = q_i(\hat{p}_i(w_i),\ \hat{p}_j(w_i))w_i + q_i(\hat{p}_i(w_i),\ \hat{p}_j(w_i))(\hat{p}_i(w_i) - w_i)$$

由包罗定理，可得：

$$\frac{\partial \pi_{U_i}}{\partial w_i} = \frac{\partial q_i}{\partial p_i}w_i + \frac{\partial q_i}{\partial p_j}(\hat{p}_i(w_i) - w_i) = 0$$

可以发现，当 $w_j = 0$ 时，生产商 U_i 选择 $w_i = 0$ 的一阶条件为 $\frac{\partial q_i}{\partial p_j}\frac{\partial p_j}{\partial w_i}\hat{p}_i(0) > 0$，显然给定生产商 U_j 选择 $w_j = 0$，生产商 U_i 有选择 $w_i > 0$ 的动机。所以 $w_i = w_j = 0$ 不会是一个完美贝叶斯均衡。

当零售商的信念是对称的时候，零售商 D_i 观察到生产商 U_i 给自己较高的批发价格 w_i，会猜想生产商 U_j 也给零售商 D_j 较高的批发价格，进而生产商都可以提高批发价格降低零售商之间的竞争程度。

其次，考虑企业 UD_1 和 UD_2 中只有 1 家企业分拆的情形，假设企业 UD_i 分拆为生产商 U_i 和零售商 D_i，而 UD_j 没有分拆。显然，零售商 D_i 知道企业 UD_j 的成本为 0，此时生产商 U_i 只能是把批发价格定为 $w_i = 0$。进而，当企业 UD_1 和 UD_2 中只有 1 家企业分拆时商品 X_1 和商品 X_2 的价格要低于两家企业都分拆时的情形。由于分拆的生产商 U_i 和零售商 D_i 之间存在着合约的签订，尽管分拆后生产商 U_i 仍可以获得所有零售商 D_i 的利润，但是低于未分拆的企业 UD_j 的利润。

比较企业 UD_1 和 UD_2 都不分拆、都决定分拆，以及仅有一家企业分拆的情形，可以发现存在着两个纳什均衡（Nash Equilibrium）：两个企业都分拆、两个企业都不分拆，但在这两个纳什均衡中，两个企业都分拆的纳什均衡帕累托（Pareto）占优于都不分拆的纳什均衡。

（3）混合信念（Mixed Beliefs）。

混合信念可以看作是被动信念和对称信念的中间状态。当零售商 D_i 持有的是混合信念时，零售商 D_i 观察到生产商 U_i 给自己的批发价格 $w_i \neq w_i^*$，那么觉得生产商 U_j 向零售商 D_j 出售商品的批发价格也是 $w_j = w_i$ 的概率 α 趋近于 1 时，混合信念就趋近于对称信念；当觉得生产商 U_j 向零售商 D_j 出售商品的批发价格也是 $w_j = w_i$ 的概率 α 趋近于 0 时，混合信念就趋近于被动信念。

令对称信念时的均衡批发价格为 w_α^*，零售价格为 p_α^*。在零售商持有的是混合信念时，当零售商 D_i 看到生产商 U_i 向自己提出的批发价格为 $w_i \neq w_\alpha^*$，那么判断生产商 U_j 向零售商 D_j 提出的批发价格 $w_j = w_i$ 的概率是 α，生产商 U_j 向零售商 D_j 提出的批发价格 $w_j = w_j^*$ 的概率是 $1 - \alpha$。此时，零售商 D_i 的利润为：

$$\pi_{D_i} = (p_i - w_i)((1 - \alpha)q_i(p_i, p_\alpha^*) + \alpha q_i(p_i, \widetilde{p}_j(w_i)))$$

其中，$\widetilde{p}_j(w_i)$ 是零售商 D_i 预期零售商 D_j 会选择的商品 X_j 的价格。令 $\hat{p}_\alpha(w_i)$ 表示零售商 D_i 在混合信念下选择的零售价格，令 $p_\alpha^* = \hat{p}_\alpha(w_\alpha^*)$。

在混合信念的情形下，零售商 D_i 愿意支付给生产商 D_i 的固定费最多为：

$$F_i = (\hat{p}_\alpha(w_i) - w_i)((1 - \alpha)q_i(\hat{p}_\alpha(w_i), p_\alpha^*) + \alpha q_i(\hat{p}_\alpha(w_i), \hat{p}_\alpha(w_i)))$$

生产商 U_i 的利润为：

$$\pi_{U_i} = q_i(\hat{p}_i(w_i), p_\alpha^*)w_i + (\hat{p}_\alpha(w_i) - w_i)((1 - \alpha)$$
$$q_i(\hat{p}_\alpha(w_i), p_\alpha^*) + \alpha q_i(\hat{p}_\alpha(w_i), \hat{p}_\alpha(w_i)))$$

由包罗定理，可得：

$$\frac{\partial \pi_{U_i}}{\partial w_i} = \frac{\partial q_i}{\partial p_i}w_\alpha^* + \alpha \frac{\partial q_i}{\partial p_j}(p_\alpha^* - w_\alpha^*) = 0$$

将上式与零售商持有对称信念时生产商 U_i 的一阶条件比较，可以发现：当 $\alpha = 0$，$w_\alpha^* = 0$；$\alpha = 1$，$w_\alpha^* = w^*$；$\alpha \neq 0$，$w_\alpha^* > 0$。由此，当零售商持有混合信念时，纵向拆分后的生产商在均衡时向零售商收取的批发价格严格大于零，利润也高于零售商持有被动信念时的利润，但会低于零售商持有对称信念时的利润。可以验证，当不确定性足够低时，企业纵向拆分会是市场结构的均衡。

2.2.2 纵向拆分与专用化资产投资

单纯的市场交易往往无法协调参与者的机会主义行为。由此，一个正式的合约是有好处的，原因是：合约可以描述交易中产生的各种潜在可能发生的事情，而且许多行为在可以在法律上证实。但是，当参与者的行为是无法在法律上证实，或交易中潜在可能发生的情况非常复杂，那么法律就会显得无效率。此时，企业组织会成为一种替代制度来控制无法清晰用合约完成的交易。但是，上下游企业既需要进行专用性投资，又需要与其他企业进行讨价还价时，企业的纵向拆分可能会是增进企业专用性投资和利润的一种方式（Bruce R. Lyons and Khalid Sekkat，1991）。

假设一个最终产品 X 的生产该需要两个步骤：U 和 D，且 U 步骤完成后才能进行 D 步骤。在生产过程中，U 和 D 两个步骤都需要用到各自的专用性资产 u 和 d，用 k_u 和 k_d 分别表示 U 和 D 两个步骤专用性投资数量，k_u 和 k_d 的大小影响会产品 X 的价值。此外，U 和 D 两个步骤还都需要用到相同的资源 G，资源 G 不可或缺，但不影响产品价值，例如，土地、电力等。产品 X 的价值可以表示为 $\pi = \pi(k_u, k_d)$，假设 $\pi = \pi(k_u, k_d)$ 是凹函数，$\dfrac{\partial \pi(k_u, k_d)}{\partial k_u}\bigg|_{k_u=0} > 1$，$\dfrac{\partial \pi(k_u, k_d)}{\partial k_d}\bigg|_{k_d=0} > 1$。

专用性资产 u、专用性资产 d、资源 G 分别被企业 U、企业 D 和企业 G 拥有。假设只有专用性资产 d 的企业 D 拥有生产产品 X 的技术，即只有企业 D 知道产品 X 的价值与专用性资产 u、d 数量的函数关系 $\pi(k_u, k_d)$，且这种函数关系是不可被第三方观测的。

简单起见，假设无论企业 U，还是企业 D，投资每单位专用性资产 u 和 d 的成本均为 1，资源 G 的成本为 0。

如果企业 D 不准备投资专用性资产 u，那么市场交易过程为：企业 D 和企业 U 首先同时决定投资专用性资产 d 和专用性资产 u 的数量 k_u 和 k_d，然后企业 D 和企业 U 讨价还价决定专用性资产 u 的价格 p_u，与企业 G 讨价

还价决定资源 G 的价格 p_g。简单起见，假设企业 D 可以得到产品 X 价值的 α_S 比例，企业 U 可以得到产品 X 价值的 β 比例，企业 G 可以得到产品 X 价值的剩余比例。

如果企业 D 准备投资专用性资产 u，决定成立 UD 企业，那么市场交易过程为：企业 D 决定投资专用性资产 u、专用性资产 d 的数量 k_u 和 k_d 后，与企业 G 讨价还价决定资源 G 的价格 p_g。简单起见，假设 UD 企业可以得到未来产品 X 价值的 α_I 比例，企业 G 可以得到产品 X 价值的剩余比例。

1. 社会最优的专用资产投资水平

商品 X 生产的社会的最优问题为：

$$\underset{k_u,k_d}{\text{Max}}\pi\left(k_u,\ k_d\right)-k_u-k_d$$

显然，存在 k_u^* 和 k_d^* 满足 $\dfrac{\partial\pi(k_u,\ k_d)}{\partial k_u}=1$，$\dfrac{\partial\pi(k_u,\ k_d)}{\partial k_d}=1$。如果净剩余在参与者之间的分配是可置信的，那么在社会最优情形下，如果企业 D 不准备投资专用性资产 u，而是向企业 U 购买，那么企业 D 获得的剩余为 $\alpha_S(\pi(k_u,\ k_d)-k_d)$，如果企业 D 投资专用性资产 u，那么成立的 UD 企业获得的剩余为 $\alpha_I(\pi(k_u,\ k_d)-k_u-k_d)$。但是由于 $\pi(k_u,\ k_d)$ 是不可观察的，所以事后的讨价还价会影响到事前的投资。

2. 一体化企业 UD 最优的专用资产投资水平

一体化企业 UD 需要与企业 G 讨价还价决分配收益，由于 $\pi(k_u,\ k_d)$ 是不可观察的，所以企业 UD 面对的问题为：

$$\underset{k_u,k_d}{\text{Max}}\ \alpha_I\pi\left(k_u,\ k_d\right)-k_u-k_d$$

k_u 和 k_d 的一阶条件分别为：$\alpha_I\dfrac{\partial\pi(k_u,\ k_d)}{\partial k_u}=1$ 和 $\alpha_I\dfrac{\partial\pi(k_u,\ k_d)}{\partial k_d}=1$。在 k_u^I 和 k_d^I 表示满足一阶条件的值，显然 $k_u^I<k_u^*$ 和 $k_d^I<k_d^*$，表明一体化企业 UD 的最优专用性资产投资水平低于社会最优时的专用资产投资水平。

3. 企业 U 与企业 D 分离时的专用资产投资水平

如果企业 U 与企业 D 分离，那么企业 U 与企业 D 的问题分别为：

$$\underset{k_u}{\text{Max}}\ \alpha_S \pi(k_u,\ k_d) - k_u$$

$$\underset{k_d}{\text{Max}}\ \beta \pi(k_u,\ k_d) - k_d$$

用 k_u^S 和 k_d^S 分别表示企业 U 与企业 D 各自最优的专用资产投资水平。可以发现 k_u^S 和 k_d^S 分别满足 $\alpha_S \dfrac{\partial \pi(k_u,\ k_d)}{\partial k_u} = 1$ 和 $\beta \dfrac{\partial \pi(k_u,\ k_d)}{\partial k_d} = 1$。如果 $\alpha_S < \alpha_I$ 且 $\beta < \alpha_I$，那么 $k_i^S < k_i^I < k_i^*$，$i = k,\ d$，表明由于市场中存在的交易成本，企业 U 与企业 D 分离时的最优专用投资水平会进一步降低。

4. 纵向拆分与一体化的比较

比较社会最优的专用资产投资水平、一体化企业 UD 最优的专用资产投资水平与企业 U 与企业 D 分离时的专用资产投资水平，可以发现，下面两个条件成立时，企业 UD 分拆为企业 U 与企业 D 两个企业，且从社会福利角度是有利的。

$$\alpha_S \pi(k_u^S,\ k_d^S) - k_u^S > \alpha_I \pi(k_u^I,\ k_d^I) - k_u^I - k_d^I$$

$$\pi(k_u^S,\ k_d^S) - k_u^S - k_d^S > \pi(k_u^I,\ k_d^I) - k_u^I - k_d^I$$

此外，当 $\alpha_S > \alpha_I$ 时，企业 UD 分拆，会导致企业 D 的专用资产投资水平提高，而企业 U 的专用资产投资水平降低，但如果企业 D 的专用资产 d 对产品 X 的价值贡献高于企业 U 的专用资产 u 对产品 X 的价值贡献时，企业 UD 分拆仍然会是对市场共同剩余有好处的。

2.2.3 纵向拆分与水平合并

当上游企业之间、下游企业之间可以进行水平合并的时候，上下游企业之间的分拆会比合并有着更高的效率（Steffen Ziss，1995）。

市场上有两个生产商 U_1 和 U_2，各自生产差异化的商品 X_1 和商品 X_2。生产商 U_1 和 U_2 各自拥有一个零售商，假设生产商 U_1 拥有零售商 D_1，生

产商 U_2 拥有零售商 D_2。

用 q_i 表示商品 X_i 的产量，生产商 U_i 生产商品 X_i 的成本为 $c_{U_i}(q_i)$，$\dfrac{\partial c_{U_i}}{\partial q_i} >$

0，$\dfrac{\partial^2 c_{U_i}}{\partial q_i^2} \geqslant 0$；零售商 D_i 销售商品 X_i 的成本为 $c_{D_i}(q_i)$，$\dfrac{\partial c_{D_i}}{\partial q_i} > 0$，$\dfrac{\partial^2 c_{D_i}}{\partial q_i^2} \geqslant 0$，

$i = 1$，2。

用 p_i 表示商品 X_i 的零售价格，商品 X_i 的需求函数为 $q_i(p_i, p_j)$，假设

$\dfrac{\partial q_i}{\partial p_i} < 0$，$\dfrac{\partial q_i}{\partial p_j} > 0$，且 $\dfrac{\partial q_i}{\partial p_i} + \dfrac{\partial q_i}{\partial p_j} < 0$，逆需求函数为 $p_i(q_i, q_j)$，假设 $\dfrac{\partial p_i}{\partial q_i} < 0$，

$\dfrac{\partial p_i}{\partial q_j} < 0$，$i$，$j = 1$，$2$，$i \neq j$。

市场交易过程为：第一阶段，上游生产商 U_1 和 U_2 同时向自己的零售商提出 $\{w_i, F_i\}$ 合约，其中 w_i 是批发价格，F_i 是许可费（固定费）；第二阶段，下游零售商 D_1 和 D_2 同时进行 Bertrand 价格或 Cournot 产量竞争，$i = 1$，2。

令 π_{U_i} 表示生产商 U_i 的利润，π_{D_i} 表示零售商 D_i 的利润，$\Pi_{U_i-D_i}$ 表示生产商 U_i 和零售商 D_i 的联合利润（利润之和），$i = 1$，2。

生产商 U_i 的利润为：

$$\pi_{U_i} = w_i q_i + F_i - c_{U_i}(q_i)，\quad i = 1，2$$

销售商品 X_i 的零售商 D_i 的利润为：

$$\pi_{D_i} = p_i q_i - c_{D_i}(q_i) - F_i，\quad i = 1，2$$

生产商 U_i 和零售商 D_i 的联合利润为：

$$\Pi_{U_i-D_i} = p_i q_i - c_{U_i}(q_i) - c_{D_i}(q_i)，\quad i = 1，2$$

由于产量竞争是策略替代的，价格竞争是策略互补的，所以有 $\dfrac{\partial \Pi_{U_i-D_i}}{\partial q_j} <$

0，$\dfrac{\partial \Pi_{U_i-D_i}}{\partial p_j} > 0$，$i = 1$，$2$。

用 ρ 和 λ 表示生产商是否合并和零售商是否合并的参数，即 $\rho = 0$ 表示生产商没有合并，$\rho = 1$ 表示生产商合并；$\lambda = 0$ 表示零售商没有合并，$\lambda = 1$ 表示零售商合并。

令零售商 $\overline{\pi}_D(\lambda)$ 表示零售商的最低利润。令 M_i 表示水平合并（或无水平合并）的生产商的利润，令 A_i 表示水平合并（或无水平合并）的零售商的利润。

$$A_i = \pi_{D_i} + \lambda\pi_{D_j} - (w_iq_i + F_i - c_{U_i}(q_i)) - \lambda(w_jq_j + F_j - c_{U_j}(q_j))$$
$$M_i = \pi_{U_i} + \rho\pi_{U_j} - (1+\rho)\overline{\pi}_D(\lambda)$$

先考虑第二阶段零售商的竞争。水平合并（或无水平合并）的零售商的利润对于产量的一阶条件为：

$$\frac{\partial A_i}{\partial q_i} = \frac{\partial \pi_{D_i}}{\partial q_i} + \lambda\,\frac{\partial \pi_{D_j}}{\partial q_i} - \left(w_i - \frac{\partial c_{U_i}}{\partial q_i}\right) = 0$$

水平合并（或无水平合并）的零售商的利润对于价格的一阶条件为：

$$\frac{\partial A_i}{\partial p_i} = \frac{\partial \pi_{D_i}}{\partial p_i} + \lambda\,\frac{\partial \pi_{D_j}}{\partial p_i} - \left(w_i - \frac{\partial c_{U_i}}{\partial q_i}\right)\frac{\partial q_i}{\partial p_i} - \lambda\left(w_i - \frac{\partial c_{U_j}}{\partial q_j}\right)\frac{\partial q_j}{\partial p_i} = 0$$

当零售商的竞争均衡是稳定的时候，即满足：$\dfrac{\partial^2 A_i}{\partial p_i^2} < 0$，$\dfrac{\partial^2 A_i}{\partial q_i^2} < 0$ 且

$\left|\dfrac{\partial^2 A_i}{\partial p_i^2}\right| > \left|\dfrac{\partial^2 A_i}{\partial p_i\partial p_j}\right|$ 和 $\left|\dfrac{\partial^2 A_i}{\partial q_i^2}\right| > \left|\dfrac{\partial^2 A_i}{\partial q_i\partial q_j}\right|$ 时，可以进一步得出：$\left|\dfrac{\partial p_i}{\partial w_i}\right| > \left|\dfrac{\partial p_i}{\partial w_j}\right|$ 和

$\left|\dfrac{\partial q_i}{\partial w_i}\right| > \left|\dfrac{\partial q_i}{\partial w_j}\right|$。

接下来考虑第一阶段生产商对于批发价格的选择。水平合并（或无水平合并）的生产商的利润可以写为：

$$M_i = \begin{cases} \pi_{U_i}(p_i(w_i,\ w_j,\ \lambda),\ p_j(w_i,\ w_j,\ \lambda)) + \lambda\pi_{U_j}(p_i(w_i,\ w_j,\ \lambda), \\ \qquad p_j(w_i,\ w_j,\ \lambda)) - (1+\rho)\overline{\pi}_D(\lambda),\ \text{下游价格竞争} \\ \pi_{U_i}(q_i(w_i,\ w_j,\ \lambda),\ q_j(w_i,\ w_j,\ \lambda)) + \lambda\pi_{U_j}(q_i(w_i,\ w_j,\ \lambda), \\ \qquad q_j(w_i,\ w_j,\ \lambda)) - (1+\rho)\overline{\pi}_D(\lambda),\ \text{下游数量竞争} \end{cases}$$

水平合并（或无水平合并）的生产商利润的一阶条件为：

$$\begin{cases} \dfrac{\partial M_i}{\partial w_i} = \dfrac{\partial \pi_{U_i}}{\partial p_i}\dfrac{\partial p_i}{\partial w_i} + \dfrac{\partial \pi_{U_i}}{\partial p_j}\dfrac{\partial p_j}{\partial w_i} + \rho\left(\dfrac{\partial \pi_{U_j}}{\partial p_i}\dfrac{\partial p_i}{\partial w_i} + \dfrac{\partial \pi_{U_j}}{\partial p_j}\dfrac{\partial p_j}{\partial w_i}\right) = 0,\ \text{下游价格竞争} \\[3mm] \dfrac{\partial M_i}{\partial w_i} = \dfrac{\partial \pi_{U_i}}{\partial q_i}\dfrac{\partial q_i}{\partial w_i} + \dfrac{\partial \pi_{U_i}}{\partial q_j}\dfrac{\partial q_j}{\partial w_i} + \rho\left(\dfrac{\partial \pi_{U_j}}{\partial q_i}\dfrac{\partial q_i}{\partial w_i} + \dfrac{\partial \pi_{U_j}}{\partial q_j}\dfrac{\partial q_j}{\partial w_i}\right) = 0,\ \text{下游数量竞争} \end{cases}$$

由于企业是对称的，所以有：$\dfrac{\partial \pi_{U_i}}{\partial p_i} = \dfrac{\partial \pi_{U_j}}{\partial p_j}$、$\dfrac{\partial \pi_{U_i}}{\partial q_i} = \dfrac{\partial \pi_{U_j}}{\partial q_j}$、$\dfrac{\partial \pi_{U_i}}{\partial p_j} = \dfrac{\partial \pi_{U_j}}{\partial p_i}$、$\dfrac{\partial \pi_{U_i}}{\partial q_j} = \dfrac{\partial \pi_{U_j}}{\partial q_i}$，进而可得：

$$
\begin{cases}
\dfrac{\partial \pi_{U_i}}{\partial p_i} + \dfrac{\dfrac{\partial p_j}{\partial w_i} + \rho \dfrac{\partial p_i}{\partial w_i}}{\dfrac{\partial p_i}{\partial w_i} + \rho \dfrac{\partial p_j}{\partial w_i}} \dfrac{\partial \pi_{U_i}}{\partial p_j} = 0，\text{下游价格竞争} \\[4mm]
\dfrac{\partial \pi_{U_i}}{\partial q_i} + \dfrac{\dfrac{\partial q_j}{\partial w_i} + \rho \dfrac{\partial q_i}{\partial w_i}}{\dfrac{\partial q_i}{\partial w_i} + \rho \dfrac{\partial q_j}{\partial w_i}} \dfrac{\partial \pi_{U_i}}{\partial q_j} = 0，\text{下游数量竞争}
\end{cases}
$$

代入第二阶段水平合并（或无水平合并）的零售商的利润对于价格和产量的一阶条件，可得：

$$
\begin{cases}
w_i - \dfrac{\partial c_{U_i}}{\partial q_i} = \left(\lambda - \dfrac{\dfrac{\partial p_j}{\partial w_i} + \rho \dfrac{\partial p_i}{\partial w_i}}{\dfrac{\partial p_i}{\partial w_i} + \rho \dfrac{\partial p_j}{\partial w_i}} \right) \dfrac{\dfrac{\partial \pi_{U_j}}{\partial p_j}}{\dfrac{\partial q_i}{\partial p_i} + \lambda \dfrac{\partial q_j}{\partial p_i}}，\text{下游价格竞争} \\[6mm]
w_i - \dfrac{\partial c_{U_i}}{\partial q_i} = \left(\lambda - \dfrac{\dfrac{\partial p_j}{\partial w_i} + \rho \dfrac{\partial p_i}{\partial w_i}}{\dfrac{\partial p_i}{\partial w_i} + \rho \dfrac{\partial p_j}{\partial w_i}} \right) \dfrac{\partial \pi_{U_j}}{\partial p_j}，\text{下游数量竞争}
\end{cases}
$$

观察上式 ρ、λ 分别等于 1 和 0 两种情形，可以发现：

如果只有上游企业合并，且上游企业把商品 X_1 通过零售企业 D_1 出售、把商品 X_2 通过零售企业 D_2 出售，那么合并的上游企业会把商品 X_1 和商品 X_2 的通过提高批发价格消除下游零售企业竞争的外部性，并通过特许费（固定费）获得下游企业的利润，上游企业合并后商品 X_1 和商品 X_2 的批发价格高于上游企业不合并时商品 X_1 和商品 X_2 的价格，同时上游企业的合并可以实现纵向一体化的利润。

如果只有下游企业合并，那么两家上游企业会通过降低批发价格而获得合并后的零售商购买其商品，从而增加了上游企业之间的竞争。

2.2.4　纵向拆分与市场需求不确定性

当多个企业向消费者提供替代商品时，且消费者对商品的需求是不确定的，那么商品之间的替代程度会决定着企业是否进行纵向拆分（Esther Gal – Or，1999）。

市场上有两个生产商 U_1 和 U_2，各自生产差异化的商品 X_1 和 X_2。生产商 U_1 和 U_2 都可以决定是否把销售部门分离成为独立的零售商，用 D_i 表示生产商 U_i 分离销售部门后的零售商，假设零售商 D_i 只销售生产商 U_i，$i = 1$，2。简单起见，假设商品的生产与销售的成本均为 0。

消费者对商品 X_1 和 X_2 的需求为：$p_i = a + \theta_i - bq_i - dq_j$，其中，$p_i$ 表示商品 X_i 的价格，q_i 表示商品 X_i 的需求；$a > 0$ 表示固定的市场容量；θ_i 在 $[-\theta_0, \theta_0]$ 均匀分布，表示随机的市场容量；$b > d > 0$ 表示商品的差异化程度，当 $b = d$ 时，商品 X_1 和 X_2 是无差异的，当 $d = 0$ 时，商品 X_1 和 X_2 是独立的。

假设只有零售商 D_i 可以观察到商品 X_i 的随机需求 θ_i，同时零售商 D_i 可以根据自己的 θ_i 判断零售商 D_j 的随机需求 θ_j。假设有 h 的概率 $\theta_i = \theta_j$，有 $1 - h$ 的概率 θ_i 与 θ_j 是独立的，i，$j = 1$，2，$i \neq j$。由此，

$$g(\theta_j \mid \theta_i) = \begin{cases} h, & \text{下游价格竞争} \\ \dfrac{1-h}{2\theta_0}, & \text{下游数量竞争} \end{cases}$$

如果生产商 U_i 不投资销售部门，与零售商分离，那么无法观察到商品的随机需求 θ_i。但是生产商付出固定成本 K 投资了销售部门后，生产商就观察到商品的随机需求，同时也可以自己销售商品。

如果生产商 U_i 不投资销售部门，通过零售商 D_i 销售商品，那么生产商 U_i 设计依随机需求 θ_i 而定的合约 $\{q_i(\theta_i), F_i(\theta_i)\}$，其中，$F_i$ 是一次性固定费（特许费）。零售商 D_i 根据合约 $\{q_i(\theta_i), F_i(\theta_i)\}$ 和自己观察到的 θ_i，向生产商 U_i 报告随机需求为 $\hat{\theta}_i$。

市场交易过程为：第一阶段，生产商 U_1 和 U_2 同时决定是否分拆或投

资零售部门；第二阶段，如果生产商 U_i 分拆了零售部门，那么生产商 U_i 和零售商 D_i 签订合约 $\{q_i(\theta_i), F_i(\theta_i)\}$；第三阶段，投资零售部门的生产商 U_i 或零售商 D_i 观察到商品 X_i 的随机需求 θ_i。零售商 D_i 向生产商 U_i 报告 $\hat{\theta}_i$，完成商品的交易和销售。

1. 纵向合并情形

首先，考虑两个生产商都建设零售部门构建企业 UD_i 的情形，即纵向一体化的情形。

企业 UD_i 的利润为：

$$\underset{q_i}{\text{Max}}\,\pi_{UD_i} = (a - bq_i - dE(q_j \mid \theta_i) + \theta_i)q_i - K$$

其中，$E(q_j \mid \theta_i) = hq_j^e(\theta_i) + (1 - h)Eq_j^e$，$q_j^e(\theta_i)$ 为生产商 U_i 预期随机需求为 θ_i 时商品 X_j 的产量，q_j^e 为企业 UD_i 预期随机需求不是 θ_i 时商品 X_j 的产量。

q_i 的一阶条件为：

$$q_i(\theta_i) = \frac{a - d(hq_j^e(\theta_i) + (1 - h)Eq_j^e) + \theta_i}{2b}$$

企业 UD_i 的选择的产量与随机需求的关系为：$\dfrac{\partial q_i(\theta_i)}{\partial \theta_i} = \dfrac{1 - dh\dfrac{\partial q_j^e(\theta_i)}{\partial \theta_i}}{2b}$。

2. 纵向拆分情形

考虑两个生产商都选择不建设零售部门的情形，即纵向分拆的情形。

用逆向归纳法进行分析，第三阶段，零售商 D_i 选择向生产商 U_i 报告随机需求 $\hat{\theta}_i$，利润为：

$$\underset{\hat{\theta}_i}{\text{Max}}\,\pi_{D_i} = (a - bq_i(\hat{\theta}_i) - dE(q_j/\theta_i) + \theta_i)q_i(\hat{\theta}) - F_i(\hat{\theta})$$

基于显示原理，考虑零售商 D_i 真实报告随机需求的情形，即 $\hat{\theta}_i = \theta_i$。

θ_i 的一阶条件为：

$$\frac{\partial \pi_{D_i}(\theta_i)}{\partial \theta_i} = \left(1 - dh\frac{\partial q_j^e(\theta_i)}{\partial \theta_i}\right)q_i(\theta_i)$$

这是零售商 D_i 的激励相容条件。商品 X_1 与商品 X_2 随机需求的相关程度 h、差异化程度 d 带来的竞争程度越高，以及商品 X_j 的需求对 θ_i 的反应越大，都会降低零售商 D_i 的激励相容程度。

第二阶段，生产商 U_i 的问题为：

$$\underset{q_i}{\text{Max}}\pi_{U_i} = \int_{-\theta_0}^{+\theta_0} \frac{1}{2\theta_o}((a - bq_i - d(hq_j^e(\theta_i) + (1-h)Eq_j^e) + \theta_i)q_i - \pi_{D_i})d\theta_i$$

$$\text{s. t. } \frac{\partial \pi_{D_i}(\theta_i)}{\partial \theta_i} = \left(1 - dh\frac{\partial q_j^e(\theta_i)}{\partial \theta_i}\right)q_i(\theta_i), \quad \pi_{D_i}(\theta_i) \geqslant 0, \quad q_i \geqslant 0$$

可以解得：

$$q_i(\theta_i) = \frac{1}{2b}\left(a - d(hq_j^e(\theta_i) + (1-h)Eq_j^e) + \theta_i - (\theta_0 - \theta_i)\left(1 - dh\frac{\partial q_j^e(\theta_i)}{\partial \theta_i}\right)\right)$$

生产商 U_i 选择的产量与随机需求的关系为：$\dfrac{\partial q_i(\theta_i)}{\partial \theta_i} = \dfrac{2\left(1 - dh\dfrac{\partial q_j^e(\theta_i)}{\partial \theta_i}\right)}{2b}$

3. 纵向合并与纵向拆分比较

第一阶段，生产商 U_i 的策略为 $s_i \in \{I, S\}$，I 表示生产商 U_i 建设销售部门（纵向一体化），S 表示生产商 U_i 不建设销售部门（纵向拆分）。当商品 X_1 与商品 X_2 的需求曲线是线性的，且随机需求 θ_i 是均匀分布的，可以证明在贝叶斯均衡（Bayesian Equilibrium）时，生产商 U_i 生产商品 X_i 的产量为：

$$q_i(s_i, s_j) = A_0(s_i, s_j) + A_1(s_i, s_j)\theta_i$$

其中，$A_0(s_i, s_j) = Eq_j^e(\theta_i)$，$A_1(s_i, s_j) = \dfrac{q_j^e(s_i, s_j, \theta) - A_0(s_i, s_j)}{\theta}$。

生产商 U_i 的预期利润为：

$$E\pi_i(s_i, s_j) = b\left(A_0^2(s_i, s_j) + \frac{\theta_0^2}{3}A_1^2(s_i, s_j)\right) - K(s_i = S)$$

令 $B(S) = E\pi_i(I, S) - E\pi_i(S, S)$，表示在生产商 U_j 纵向拆分时，生产商 U_i 纵向合并的收益；$B(I) = E\pi_i(I, I) - E\pi_i(S, I)$，表示在生产商 U_j 纵向合并时，生产商 U_i 纵向合并的收益。

比较 $B(S)$ 和 $B(I)$，可以发现：当 $B(S) \geqslant B(I)$ 时，当竞争对手通过纵向合并来消除逆向选择时，自己通过纵向合并消除逆向选择的收益会降低，K 足够大的时候，$B(S) < 0$，所以生产商会选择纵向拆分；当 $B(I) > B(S)$ 时，当竞争对手通过纵向合并来消除逆向选择时，自己通过纵向合并消除逆向选择的收益会提高，K 足够大的时候，$B(I) < 0$，所以生产商会选择纵向拆分。同时，当 $B(S) \geqslant B(I)$ 时，会存在非对称的均衡，即生产商 U_i 选择纵向拆分，而生产商 U_j 选择纵向合并，$i,\ j = 1,\ 2,\ i \neq j$。

最后，$B(S)$ 和 $B(I)$ 都是随着商品 X_1 与商品 X_2 的差异化程度 d 严格递减的，由此，当商品 X_1 与商品 X_2 的替代程度提高时，生产商倾向于纵向拆分。

2.2.5　纵向拆分与中间产品垄断

当市场中有一家上游企业对商品生产拥有专有技术时，该企业可以通过纵向拆分调节下游市场的竞争程度（Yongmin Chen，2005）。

市场中有两家企业 UD_1 和 D_2，在连续的两个时间阶段 t_1 和 t_2 分别向消费者提供最终商品 Y_1 与 Y_2。企业 UD_1 和 D_2 都需要使用一种中间产品 X 来生产商品。假设 1 单位中间产品 X 可以生产出 1 单位商品 Y_1 和商品 Y_2。起初（在阶段 t_1 之前），企业 UD_1 拥有一个部门 U_1 能够生产中间产品 X，但企业 D_2 不拥有能够生产中间产品 X 的部门，必须向上游企业购买中间产品 X 才能生产商品 Y_2。

企业 UD_1 的部门 U_1 拥有干中学的能力，即 U_1 经过阶段 t_1 的生产后，在阶段 t_2 再生产中间产品 X 的成本小于阶段 t_1 的成本。假设在阶段 t_1，U_1 生产中间产品 X 的边际成本为 k，在阶段 t_2，U_1 生产中间产品 X 的边际成本为 $c(q_{1t})$，q_{1t} 是 U_1 在阶段 t_1 生产中间产品 X 的数量，$c'(q_{1t}) < 0$，且 $c''(q_{1t}) > 0$。

上游有还有许多竞争性的边缘企业（小企业）也能生产中间产品 X，简单起见，用企业 U_2 表示上游有竞争性的边缘企业（小企业），企业 U_2 在每个时间阶段只能以相同的固定边际成本 k 生产中间产品 X，由于 U_2 是竞争性的企业，所以只能以边际成本价格 k 出售中间产品 X。

市场交易过程如下：在阶段 t_1：首先，企业 UD_1 决定是否要分拆为上游企业 U_1 和下游企业 D_1。接下来，如果企业 UD_1 分拆为了上游企业 U_1 和下游企业 D_1，那么 U_1 决定中间产品 X 的价格 w_1^D；如果企业 UD_1 没有分拆，那么企业 UD_1 决定中间产品 X 的价格 w_1^I。同时，竞争性的边缘企业 U_2 按边际成本对中间产品 X 的定价为 k。最后，下游企业 D_2 购买中间产品 X，假设下游企业 D_2 需要购买 s 数量的中间产品 X，且假设 s 数量的中间产品 X 能给下游企业 D_2 带来大小为 v 的利润。在阶段 t_2，没分拆的企业 UD_1 或分拆了的企业 U_1 向下游企业提出中间产品 X 的价格，竞争性的边缘企业 U_2 仍按边际成本把中间产品 X 价格定为 k，下游企业完成中间产品 X 的购买，以及最终商品生产和销售。简单起见，假设企业利润的时间贴现因子 $\delta = 1$。

假设在阶段 t_1 企业 UD_1 无论是否分拆，都不生产最终商品 Y_1。没有分拆的企业 UD_1 或分拆了的企业 D_1 只有在阶段 t_2 才生产最终商品 Y_2。由此，下游企业 D_2 在阶段 t_1 从没分拆的企业 UD_1，或分拆后的企业 U_1 购买中间产品 X 的数量会影响自己在阶段 t_2 与没分拆的企业 UD_1 或企业 D_1 的竞争程度。

在阶段 t_2，没分拆的企业 UD_1，或分拆后的企业 U_1 在与 U_2 进行价格竞争时，假设如果对中间产品 X 定价相同，如果有个企业的边际成本较低，那么该企业完全拥有中间产品市场；如果边际成本相同，那么购买者可以从任意企业购买。

用 $q_i^S(c_1, c_2)$ 和 $\pi_i^S(c_1, c_2)$ 表示企业 UD_1 分拆为上游企业 U_1 和下游企业 D_1 后，与下游企业 D_2 在阶段 t_2 竞争时，商品 Y_i 的产量和企业 D_i 的利润。

用 $q_i^I(c_1, c_2)$ 和 $\pi_i^I(c_1, c_2)$ 表示不分拆的企业 UD_1 与下游企业 D_2 在阶段 t_2 竞争时，商品 Y_i 的产量和企业 D_i 的利润，此时企业 D_1 的利润即为企业 UD_1 的利润。其中，c_i 表示生产商品 Y_i 的边际成本，假设生产商品 Y_i 的边际成本只来自中间产品 X 的价格，$i = 1, 2$。

假设 2.1：$\dfrac{\partial \pi_i^S(c_1, c_2)}{\partial c_i} < 0$，$\dfrac{\partial \pi_i^I(c_1, c_2)}{\partial c_i} < 0$，$\dfrac{\partial \pi_i^S(c_1, c_2)}{\partial c_j} > 0$，

$\dfrac{\partial \pi_i^I(c_1, c_2)}{\partial c_j} > 0$，$i = 1, 2$。假设 2.1 表示下游企业的利润随自己边际成本降低而增加，随竞争对手边际成本增加而降低。

假设 2.2：$\dfrac{\partial(\pi_1^I(c_1, c_2) + \pi_2^I(c_1, c_2))}{\partial c_1} < 0$，$\dfrac{\partial^2 \pi_2^I(c(q_{1t}), k)}{\partial q_{1t}^2} > 0$。假设 3.2 表示企业 UD_1 不分拆时，企业 UD_1 与企业 D_2 的联合利润随着生产商品 Y_1 的边际成本的增加而减少；在 t_1 阶段，中间产品 X 产量对企业 D_2 产生的边际利润的边际是增加的。

假设 2.3：$m = \underset{w \leqslant m}{\mathrm{Arg\,Max}}(w - k_1)(q_1(w, w) + q_2(w, w))$，其中，$k_1 \equiv c(s) < k$。假设 2.3 表示，分拆后的企业 U_1 按照竞争对手的边际成本出售商品时的利润最大。

假设 2.4：$s > \dfrac{\pi_2^I(k, k) - \pi_2^I(k_1, k)}{k}$。假设 2.4 保证企业 UD_1 出售给 D_2 中间产品 X 的价格，使得 D_2 从自己或从竞争性企业 D_2 购买中间产品 X 是无差异的。

1. 企业 UD_1 不分拆

假设在阶段 t_1，下游企业 D_2 从企业 UD_1 购买中间产品 X 的数量为 q_{1t}，从上游企业 U_2 购买中间产品 X 的数量为 $s - q_{1t}$。

在阶段 t_2，企业 UD_1 的利润为：$\pi_1^I(c(q_{1t}), k) + (k - c(q_{1t}))q_1^I(c(q_{1t}), k)$，下游企业 D_2 的利润为 $\pi_2^I(c(q_{1t}), k)$。进一步，企业 UD_1 在阶段 t_1 和阶段 t_2 的利润之和为：

$$\Pi_{UD_1}^I = (w_1^I - k)q_{1t} + \pi_1^I(c(q_{1t}), k) + (k - c(q_{1t}))q_1^I(c(q_{1t}), k)$$

下游企业 D_2 在阶段 t_1 和阶段 t_2 两个阶段的利润之和为：

$$\Pi_{D_2}^I = (v - w_1^I)q_{1t} + (v - k)(s - q_{1t}) + \pi_2^I(c(q_{1t}), k)$$

令 w_1^{I*} 表示均衡时企业 UD_1 在阶段 t_1 向企业 D_2 出售中间产品 X 的价格，$q_{1t}^* \equiv q_{1t}^*(w_1^{I*})$ 表示均衡时在阶段 t_1 企业 D_2 从企业 UD_1 购买的中间产品 X 数量。

用逆向归纳法可以证明 $q_{1t}^* \equiv s$，即在阶段 t_1，企业 D_2 需要的所有中间

产品 X 都会从企业 UD_1 购买。由此，整个产业（企业 UD_1 + 企业 D_2）在阶段 t_2 的利润为：

$$\pi^I_{UD_1-D_2} = \pi^I_1(c(s), k) + (k-c(s))q^I_1(c(s), k) + \pi^I_2(c(s), k)$$

整个产业（企业 UD_1 + 企业 D_2）在阶段 t_1 和阶段 t_2 的利润之和为：

$$\Pi^I_{UD_1-D_2} = \pi^I_1(c(s), k) + (k-c(s))q^I_1(c(s), k) + \pi^I_2(c(s), k) - \pi^I_2(k, k)$$

2. 企业 UD_1 分拆

如果企业 UD_1 分拆为上游企业 U_1 和下游企业 D_1，在阶段 t_2，企业 D_1 和企业 D_2 购买中间产品 X 的价格均为 k。由此，上游企业 U_1 在阶段 t_2 的利润为 $(k-c(s))(q^S_1(k, k) + q^S_2(k, k))$。

均衡时，整个产业（企业 U_1 + 企业 D_1 + 企业 D_2）在阶段 t_2 的利润为：

$$\pi^S_{U_1-D_1-D_2} = \pi^S_1(k, k) + \pi^S_2(k, k) + (k-c(s))(q^S_1(k, k) + q^S_2(k, k))$$

企业 U_1 + 企业 D_1 在阶段 t_1 和阶段 t_2 的利润之和为：

$$\Pi^S_{U_1-D_1} = \pi^S_1(k, k) + (k-c(s))(q^S_1(k, k) + q^S_2(k, k))$$

比较企业 UD_1 分拆与不分拆时整个产业的利润，可以发现：在阶段 t_2 企业 UD_1 分拆后的整个产业利润要高于不分拆时的整个产业利润时，企业 UD_1 在阶段 t_1 会分拆，即，企业 UD_1 在阶段 t_1 会分拆的充要条件为：$\pi^S_{U_1-D_1-D_2} > \pi^I_{UD_1-D_2}$。

第 3 章

上游企业的纵向交易合约控制

经济学中，把上游生产商与下游零售商在商品买卖过程中涉及的合约安排称为纵向控制或纵向约束（Jean Tirole，1988）。如果上游生产商拥有完全讨价还价力量，在与下游零售商的交易过程中是提出合约的一方，那么生产商在商品交易中占据主导地位，可以决定市场剩余的分配。本部分讨论拥有市场力量的上游企业设计纵向交易合约，通过对批发价格、固定费（特许费）、零售价格限制（转卖价格控制）、区域排他等交易条款进行组合，控制下游企业行为的策略动机。

对上游企业通过交易合约控制下游零售商的行为，进而提高利润的途径，有以下两种解释：一是合适的交易合约设计可以增强上游企业的市场力量，控制下游企业销售商品数量和价格，或者协调与竞争对手的竞争程度，进而产生合谋的效果；二是通过纠正下游企业的分销服务失灵，承担一定的市场不确定风险，或是通过挖掘由于外部性产生的效率损失，进而提高利润。对于是否应该限制上游企业在交易合约中加入的控制性条款，判断的标准并不是理想化市场情形的结果，而是基于禁止或允许各种合约条款后，在市场均衡时，纵向控制是否降低了消费者剩余和是否减少了社会福利。

本章分为两节，分别讨论垄断生产商和寡头垄断生产商主导型交易的纵向控制问题。第 3.1 节在完全信息、公开交易合约、不存在市场不确定性的背景下，解释了纵向交易合约是怎样用来解决由生产商与零售商之间的交互行为所引起的纵向和水平外部性的。基本的结论为：当垄断的上游生产商面对下游垄断的零售商时，从纵向结构效率看，线性价格合约是无效率的，生产商使用"批发价格＋固定费"合约（两部费合约）就可以恢复纵向一体化效率；当垄断的上游生产商面对下游寡头垄断的零售商时，两部费、转卖价格控制、区域排他可以起到相同的效果，对于生产商的利润和社会福利是等价的。当上下游都是寡头垄断的市场结构时，单独的固定费条款、转卖价格控制条款或区域排他条款无法实现上下游的纵向一体化效率，而"批发价格＋固定费＋转卖价格控制"的条款组合可以使上下游企业的利润之和纵向一体化效率。

第3.2节讨论当市场存在成本和需求不确定性时，上游企业对交易合约设计的问题。当生产商只拥有下游零售市场不完全信息时，生产商如何选择合约条款，取决于可以获取的信息程度、零售商的偏好，以及消费者的需求曲线等因素，即使生产商拥有选择使用各种交易条款的权力，也会因市场的具体情况而不使用某些条款。第3.2节在水平差异的消费者市场中，解释了当零售商存在需求不确定性和成本不确定性时，上游生产商是如何使用纵向交易合约，通过利用零售商之间的竞争作为激励机制来提高利润和影响消费者福利的。同时，基于董烨然（2019）的研究，第3.2节还分析了在1个上游企业和2个下游企业的市场结构中，当下游企业拥有关于不确定消费者需求的私人信息时，上游企业是否有动机通过交易合约影响下游企业之间信息分享决策的问题。结论是：当上游企业仅使用批发价格合约时，无法影响下游企业的信息分享决策，市场均衡时，下游企业彼此分享信息往往是一种"囚徒困境"，并不总能给彼此带来好处。但是，上游企业可以使用"批发价格＋固定费"合约，促使下游企业做出对自己有利的信息分享或不分享决策。与批发价格合约相比，"批发价格＋固定费"合约不仅提高了上下游企业的联合利润，还增加了消费者剩余，增进了社会福利。

在不同的市场背景和不同交易情况下，生产商会采用不同的合约；不同的合约会产生不同的效率；在一定程度上各种合约条款也是可以相互替代的。政府在实施反垄断和竞争政策时，需要对具体的市场结构和上下游企业交易做细致分析，如果仅是简单地宣布某种交易条款是非法的，那么往往很难有增进消费者剩余和提高社会福利的预期效果。

3.1　恢复纵向一体化效率

如果垄断的生产商不直接向最终消费者提供产品，而是把产品全部经由商业企业（批发商和零售商等）销售给消费者，那么，在此类上下游企业完全分离的市场中，不仅仅是生产商，零售商也成为商品最终交易和价格的决策者，上下游企业都会在追求利润最大化的冲动下忽视自身决策对对方利润的影响，结果导致通常所说的双重边际加价、销售服务质量扭曲等纵向外部性。零售商通常比生产商拥有更多的消费者信息，会产生因信息不对称造成的逆向选择问题；在竞争型的零售商市场中，会因需求和零售成本的不确定性造成水平外部性或造成零售商之间的"搭便车"等问题。面对上述问题，拥有讨价还价力量生产商，为了尽可能多地获得垄断利润，通常会采取可能使用的纵向控制工具，来最小化由上述外部性所产生的影响。于是，便产生了对纵向控制工具是否会遏制竞争、降低效率问题的争论。本节将着重对因纵向外部性、水平外部性、非对称信息和不确定性涉及的纵向控制问题进行讨论。

3.1.1　完全垄断的上游与完全垄断的下游

考虑由 1 家上游生产商和 1 家下游零售商构成的市场。上游垄断的生产商 U 生产一种商品 X，通过下游垄断的零售商 D 销售给消费者。消费者对商品 X 的需求为 $q(p) = a - p$，其中，$a > 0$，表示市场容量，q 表示商品 X 的数量，p 表示商品 X 的价格。假设生产商 U 生产商品 X 只承担固定的边际成本 $c > 0$，且 $c < a$；零售商 D 销售商品 X 的成本为零。生产商 U 以批发价格 w 向零售商 D 出售商品 X，零售商 D 以零售价格 p 把商品 X 出售给消费者。如果上下游企业只能以批发价格交易产品，那么生产商 U 会选择批发价格 $w = \dfrac{1}{2}(a + c)$，高于边际成本。进而，零售商

D 选择 $p = \dfrac{3a + c}{4}$。上下游企业各自的最优化行为忽视了对彼此利润的影响，产生了双重边际加价的纵向外部性。最终，显然，生产商 U 与零售商 D 的联合利润为 $\Pi_{U-D} = \dfrac{3}{16}(1 - c)^2 < \Pi_{UD}$，小于上下游纵向一体化利润 $\Pi_{UD} = \dfrac{1}{4}(a - c)^2$。

生产商 U 与零售商 D 不需要合并成一个企业，只要把合约的订立权交给上游生产商 U，那么生产商 U 与零售商 D 的联合利润就可以恢复为一体化时的利润。例如，生产商 U 可以向零售商 D 提出"要么接受—要么离开"的"批发价格 + 固定费（特许费）"合约 $\{w, F\} = \left\{ c, \dfrac{1}{4}(a - c)^2 \right\}$。生产商 U 制定等于边际成本的批发价格保证零售商 D 会使零售价格等于一体化时的零售价格，再通过固定费（特许费）一次性地获取零售商 D 的利润。最后，零售商 D 接受合约后的利润为 0，生产商 U 得到了纵向一体化的所有利润。

此外，生产商 U 还可以向零售商 D 提出"要么接受—要么离开"的"批发价格 + 购买数量下限"合约 $\{w, q\} = \left\{ \dfrac{1}{2}(a + c), \dfrac{1}{2}(a - c) \right\}$、"批发价格 + 转售价格控制"合约 $\{w, p\} = \left\{ \dfrac{1}{2}(a + c), \dfrac{1}{2}(a + c) \right\}$ 实现与"批发价格 + 固定费（特许费）"合约一样的效果，获得纵向一体化利润。

3.1.2　完全垄断的上游与寡头垄断的下游

在由 1 家生产商与多家寡头垄断的零售商构成的市场中，上下游除了存在纵向外部性外，还会存在水平外部性，或者可以称作为零售商之间的搭便车问题。关于水平外部性会导致搭便车问题，弗兰克·马修森和拉尔夫·温特（Mathewson and Winter，1984）、莱斯特·泰瑟（Telser，1960）、霍华德·马维尔和斯蒂芬·麦卡弗蒂（Howard P. Marvel and McCafferty，1984）、南希·加里尼和拉尔夫·温特（Nancy T. Gallini and Ralph

A. Winter，1983）、阿维纳什·迪克西特（Avinash Dixit，1983）等都进行了研究，基本上得到了如下共同结论：

在纵向和水平外部性的情形下，上游具有讨价还价力量的垄断生产商仅靠两部费合约是难以达到合并企业最大化利润的。纵向控制工具，如转卖价格控制、区域排他、规定购买数量或特许费，可以是纵向合并一体化的一个完美替代。

考察由 1 家上游生产商和 2 家下游零售商组成的市场结构。上游垄断的生产商 U 生产商品 X，经由下游有两家零售商 D_1 和 D_2 销售给消费者。假设生产商 U 生产产品只承担固定的边际成本 c，零售商 D_1 和 D_2 销售商品都不需要承担成本。生产商 U 以批发价 w_i 把商品出售给零售商 D_i，$i=1$，2。零售商 D_1 和 D_2 再把商品同时出售给消费者。下面分无差异的零售商 D_1 和 D_2、差异化的零售商 D_1 和 D_2、由零售商 D_1 和 D_2 决定差异化程度三种情形讨论。

1. 无差异的零售商

消费者在零售商 D_1 和 D_2 购买商品是无差异的。假设市场逆需求曲线为：$p=a-bq$，其中 q 表示商品 X 的数量，p 表示商品 X 的价格。

如果零售商 D_1 和 D_2 进行 Bertrand 价格竞争，用 p_i 表示零售商 D_i 对商品 X 的价格，$i=1$，2。显然，均衡时零售商 D_1 和 D_2 会把价格定为 $p_1=p_2=\max\{w_1，w_2\}$。生产商 U 预期到零售商的均衡价格，生产商 U 会选择批发价格 $w_1=w_2=\frac{1}{2}(a+c)$。

如果零售商 D_1 和 D_2 进行 Cournot 数量竞争，用 q_i 表示零售商 D_i 销售商品 X 的数量，$i=1$，2。那么零售商 D_i 的利润为：

$$\pi_{D_i}=(a-bq_i-bq_j-w_i)q_i，i，j=1，2，i\neq j$$

生产商 U 的利润为：

$$\pi_U=(w_1-c)q_1+(w_2-c)q_2$$

均衡时，生产商 U 会选择批发价格 $w_1=w_2=\frac{1}{2}(a+c)$，零售商 D_1 和 D_2 会选择产量 $q_1=q_2=\frac{1}{6b}(a-c)$，消费者购买到商品 X 的价格为 $p_1=p_2=$

$\dfrac{1}{3}(2a+c)$。

可以发现，在下游零售商 D_1 和 D_2 是无差异的时候，无论零售商 D_1 和 D_2 进行 Bertrand 价格竞争，还是 Cournot 数量竞争，生产商 U 向零售商 D_1 和 D_2 出售商品的批发价格是相同的。但是，消费者购买商商品的价格在下游零售商 D_1 和 D_2 不同的竞争方式下是不同的。与 Bertrand 价格竞争相比，当下游零售商 D_1 和 D_2 是 Cournot 数量竞争的时候，消费者购买的商品价格更高。

同时也可以发现，当无差异的下游零售商 D_1 和 D_2 进行 Bertrand 价格竞争时，完全能消除纵向外部性，生产商仅使用批发价格合约就可以实现纵向一体化利润；当无差异的下游零售商 D_1 和 D_2 进行 Cournot 数量竞争时，下游零售商 D_1 和 D_2 之间竞争的水平外部性不足以消除纵向外部性（双重边际加价）。此时，上游垄断的生产商 U 必须在交易合约中增加其他交易条款才能恢复纵向一体化利润，例如，生产商 U 可以在向下游零售商 D_1 和 D_2 提出的合约中加入特许费（固定费）F_1 和 F_2，把批发价格设定为 $w_1 = w_2 = \dfrac{a+3c}{4}$，同时把特许费（固定费）设定为 $F_1 = F_2 = \dfrac{1}{16b}(a-c)^2$，最终生产商 U 可以获取纵向一体化利润。

2. 差异化的零售商

如果消费者在零售商 D_1 和 D_2 购买商品是有差异的，即零售商 D_1 和 D_2 存在差异化。假设消费者在零售商 D_1 和 D_2 分别购买到的商品为 X_1 和 X_2[①]，消费者商品为 X_1 和 X_2 的效用函数[②]：

---

① 可以想象，尽管零售商 D_1 和 D_2 出售的商品 X 的物理外观和性能是相同的，但在消费者眼里零售商 D_1 和 D_2 出售的商品 X 是不同的，在零售商 D_1 购得的商品是 X_1，在零售商 D_2 购得的商品是 X_2；也可以想象，零售商 D_1 和 D_2 在从生产商 U 购得商品后，无成本地生产出了商品 X_1 和 X_2。

② 该效用函数来自 Arthur L. Bowley（1924）。当市场中只有商品 X_1 和 X_2 销售时，效用函数退化为 $u(q_i) = a_i q_i - \dfrac{1}{2}q_i^2$；需求函数退化为 $p_i = a_i - q_i$，$i = 1$，2。

$$u(q_1, q_2) = a_1q_1 + a_2q_2 - \frac{1}{2}b(q_1^2 + 2\theta q_1q_2 + q_2^2) + m$$

其中 m 为计价商品，令 m 的价格为 1。

由此，商品 X_1 和 X_2 的逆需求函数和需求函数分别为：

$$p_i = a_i - bq_i - b\theta q_j \text{ 和 } q_i = \frac{a_i - \theta a_j - p_i + \theta p_j}{b(1 - \theta^2)}, \quad i, j = 1, 2; \quad i \neq j$$

其中，q_i 表示 X_i 的需求，p_i 表示 X_i 的零售价格（$i = 1, 2$）；a_i 表示商品 X_i 的市场需求容量（$i = 1, 2$），θ 表示 X_1 和 X_2 的差异化程度，$\theta \in [0, 1]$。

如果零售商 D_1 和 D_2 进行 Bertrand 价格竞争，零售商 D_i 的利润为：

$$\pi_{D_i} = (p_i - w_i)\frac{a_i - \theta a_j - p_i + \theta p_j}{b(1 - \theta^2)}, \quad i, j = 1, 2, \quad i \neq j$$

如果零售商 D_1 和 D_2 进行 Cournot 数量竞争，零售商 D_i 的利润为：

$$\pi_{D_i} = (a_i - bq_i - b\theta q_j - w_i)q_i, \quad i, j = 1, 2, \quad i \neq j$$

生产商 U 的利润为：

$$\pi_U = (w_1 - c)q_1 + (w_2 - c)q_2$$

可以发现，在下游零售商 D_1 和 D_2 是差异化的时候，无论零售商 D_1 和 D_2 进行 Bertrand 价格竞争，还是 Cournot 数量竞争，纵向外部性和水平外部性的存在，生产商 U、下游零售商 D_1 和 D_2 的利润之和小于纵向一体化利润。此时，只要上游垄断的生产商 U 可以向下游零售商 D_1 和 D_2 提出合约，把"批发价格＋特许费（固定费）"的合约可以使生产商 U 可以获取纵向一体化利润。

在下游 2 家零售商是水平差异情形下，拉尔夫·温特（1993）考虑了 1 家垄断上游生产商选择纵向交易合约的问题。上游生产商 U 生产商品 X，经由下游有两家零售商 D_1 和 D_2 销售给消费者，零售商 D_1 和 D_2 在出售商品时，分别为消费者提供提高效用大小为 s_i 的服务。假设零售商 D_1 和 D_2 分别位于长度为 1 的线性城市两端（零售商 D_1 位于左端，零售商 D_2 位于右端）。每位消费者最多只购买 1 单位商品 X，对商品 X 的保留价格（愿意支付的最高价格）为 V。消费者必须付出时间成本前往零售商购买商品，假设消费者单位距离需要付出的单位时间为 t。同时假设不同的消费者拥有不同的时间机会成本 θ，θ 在 $[\underline{\theta}, \bar{\theta}]$ 上独立同分布。零售商 D_1 和 D_2 展开在决定零售价格 p_1 和 p_2 和服务水平 s_1 和 s_2 的竞争。与生产商 U、下游零售商 D_1 和 D_2 纵向一体化利润相比，生产商 U 仅使用批发价格出售商品无法以获得最优结果。因为如果生产商把批发价格定在边际成本，零售商会倾向于过分强调价格竞争，而忽视服务竞争；如果生产商调整批发价，使零售商可以选择最优水平的零售价格，但零售商仍然会选择较低的服务水平。此时，生产商可以通过把批发价格、固定费、转卖价格控制都写进交易合约的方法来实现纵向一体化利润水平。首先，生产商选择限制零售商的零售价格来确保实现最优零售价格；其次，调整批发价格，诱发零售商选择最优的服务水平；最后，通过固定费来进一步获取零售商的利润。等价地，生产商还可以选择零售商的区域，让两个零售商 D_1 和 D_2 在各自区域排他经营来实现获得纵向一体化利润的目的。

3. 零售商可以决定差异化程度

在现实生活中，尽管消费者在不同零售店购买到的商品的物理外观是相同的，但不同的零售商在出售商品时提供的服务是不同的，例如，零售商会向顾客提供免费停车场地、快速结算、支付信用，或免费送货、免费安装等服务。不同的零售商选择的差异化的服务使得消费者购买相同商品获得的净效用是不同的，从而形成了消费者对不同零售商的差异化偏好。特里克·博尔顿和贾科莫·博南诺（Patrick Bolton and Giacomo Bonanno，1988）考察了 1 家上游生产商 U 生产一种同质商品，经由下游 2 家纵向差异的零售商 D_L 和 D_H，选择不同服务水平销售给消费者的问题。与弗兰克·马修森和拉尔夫·温特（G. Frank Mathewson and Ralph A. Winter，1984）不同，帕特里克·博尔顿和贾科莫·博南诺（Patrick Bolton and Giacomo Bonanno，1988）假定消费者只有在购买商品后，才可以从零售商提供的服务中受益。

1 家上游生产商 U 生产一种商品，必须结合零售商的服务后才能出售。2 家零售商向消费者提供两种不同质量的销售服务，简单起见，假设零售商 D_L 向消费者提供的是低质量服务，形成低质量商品 L，零售商 D_H 向消费者提供的是高质量服务，形成高质量商品 H。同时假设零售商 D_L 和 D_H 提供服务的成本为 0。用 p_k 表示商品 k 的价格，$k = L$，H。

市场中存在 1 单位偏好相同但收入不同的消费者，用 t 表示消费者的收入，假设 t 在 $[0, 1]$ 均匀分布。每位消费者最多购买 1 单位商品。

收入为 t 消费者以 p_k 的价格购买商品 k 时，效用为：$U(k, t) = u_k(t - p_k)$，$k = L$，H。假设 $u_L < u_H$。如果收入为 t 的消费者不购买商品，那么可以获得大小为 $u_0 t$ 的外部效用。

如果 2 家零售商以价格 p 提供相同质量商品 k，那么需求为：

$$q(p, k) = 1 - \frac{p u_k}{u_k - u_0}$$

当 2 家零售商以不同的价格 p_k 和提供不同质量的商品 k 时，需求分别为：

$$q_H(p_H, p_L) = 1 - \frac{p_H u_H}{u_H - u_L} + \frac{p_L u_L}{u_H - u_L},$$

$$q_L(p_H, p_L) = \frac{p_H u_H}{u_H - u_L} - \frac{p_L u_L(u_H - u_0)}{(u_H - u_L)(u_L - u_0)}$$

显然，当上游生产商 U、下游零售商 D_L 和 D_H 纵向合并为一家企业时，同时向消费者提供两种质量商品，高质量商品 H 和低质量商品 L 的价格分别为 $p_H = \dfrac{2 u_L(u_H - u_0)}{3 u_H u_L + u_H u_0 + u_L^2 - u_L u_0}$ 和 $p_L = \dfrac{(u_L + u_H)(u_L - u_0)}{3 u_H u_L + u_H u_0 + u_L^2 - u_L u_0}$。一体化企业可以差别化区分消费者，对高购买意愿的消费者（高收入的消费者）提供高质量服务，对低购买意愿的消费者（低收入的消费者）提供低质量商品。

在上下游企业分离的情形下，首先考虑生产商用相同的批发价格 w 向 2 家下游零售商出售商品的情形。零售商在观察到生产商的批发价格 w 后，进行两阶段博弈：首先，2 家零售商同时决定将为消费者提供服务的质量；接下来，在观察到竞争对手服务质量后，2 家零售商同时选择零售价格。显然，如果 2 家零售商选择相同质量的服务，那么他们进行 Bertrand 价格竞争，Nash 均衡时的利润都为零。如果两个零售商选择提供不同的服务，那么，零售商 D_H 的利润 π_H 和零售商 D_L 的利润 π_L 分别为：

$$\pi_H(p_H, \ p_L) = (p_H - w)\left(1 - \frac{p_H u_H}{u_H - u_L} + \frac{p_L u_L}{u_H - u_L}\right)$$

$$\pi_L(p_H, \ p_L) = (p_H - w)\left(\frac{p_H u_H}{u_H - u_L} - \frac{p_L u_L(u_H - u_0)}{(u_H - u_L)(u_L - u_0)}\right)$$

2 家零售商的子博弈完美均衡有两种情形：一是如果生产商的批发价格 $w <$ $\frac{u_L - u_0}{u_L + u_0}$，那么 2 家零售商分别选择不同质量的服务是子博弈 Nash 均衡。二是如果 $w \geqslant \frac{u_L - u_0}{u_L + u_0}$，那么 2 家零售商都会选择高质量服务，此时，他们的利润都为零。

当生产商 U 的批发价格 $w < \frac{u_L - u_0}{u_L + u_0}$ 时，利润为：

$$\pi_U(w) = \frac{3(u_H - u_0)}{4u_H - u_L - 3u_0}w - \frac{3u_H u_L - u_H u_0 - 2u_L u_0}{(4u_H - u_L - 3u_0)(u_L - u_0)}w^2$$

当生产商 U 的批发价格 $w \geqslant \frac{u_L - u_0}{u_L + u_0}$ 时，利润为：

$$\pi_U(w) = w - \frac{u_H}{u_H - u_0}w^2$$

比较上述两种情形时生产商 U 的利润大小，可以得出 2 家零售商提供差异化商品（服务）的条件。直观地可以看出，如果生产商 U 的批发价格不是很高时，零售商会通过提供差异化的销售服务水平来降低价格竞争程度获得利润；如果生产商 U 的批发价格过高，零售商提供差异化的销售服务水平是无利可图的，此时 2 家零售商都提供相同质量的服务水平。与上游生产商 U、下游零售商 D_L 和 D_H 纵向合并为一家企业情形相比，在上下游企业都是独立的情形下，如果生产商 U 仅使用批发价格出售商品，零售商之间价格竞争形成的"水平外部性"大于上下游双重边际加价的"纵向外部性"，进而导致商品的零售价格过低，上游生产商 U、下游零售商 D_L 和 D_H 的利润之和小于纵向合并的利润。

尽管商品的服务质量是不可证实的，无法写进合约，但上游生产商 U 可以对 2 家零售商进行转卖价格控制，或在合约中加上特许费（固定费）条款。对于生产商 U 而言，选择纵向控制工具的目是在均衡时让两个零售商应该选择合适的价格和商品销售服务的质量。如果生产商 U 在使用"批发价格 + 固定费"合约，则可以通过提高批发价使零售商出售商品的零售价格达到纵向一体化时的价格，消除零售商竞争的水平外部性，同时通过特许费（固定费）确保两个零售商提供差异化的销售服务。如果生产商 U 使用零售价格转卖价格控制，那么直接可以限定两个零售商的零售价格。与外生的零售商差异化相比，在零售商的差异化是内生的时候，由于服务质量无法写进合约，无论生产商 U 选择"批发价格 + 固定费"合约，还是对零售商进行转卖价格控制，都无法实现纵向一体化利润，只有在消费者对服务偏好差异不大的时候才能接近恢复企业的纵向一体化利润。

相比起来，转卖价格控制使用简单、成本较低，并且当零售商较多时，销售服务质量的差异程度很小或是充分接近时，生产商 U 使用转卖价格控制会获得近似于纵向一体化时的利润。

3.1.3　完全垄断的上游与垄断竞争的下游

弗兰克·马修森和拉尔夫·温特（G. Frank Mathewson and Ralph A. Winter，1984）讨论了 1 家垄断的上游生产商 U 设计交易合约通过下游多家垄断竞争的零售商 D_i（$i = 1$，2，$\cdots$，n）向消费者出售新商品时问题。当多家零售商同时出售相同的新商品时，零售商向消费者做的商品宣传会产生商品信息的水平溢出，一些消费者可能不会在获得商品信息的零售商处购买商品，而是前往其他零售商购买商品。此时，上下游市场中存在着纵向边际加价、水平信息溢出和水平价格竞争三种外部性。弗兰克·马修森和拉尔夫·温特（1984）比较了生产商使用批发价格、许可费（固定费）、销量约束、转卖价格控制、区域排他等多种交易合约条款的结果。

生产商 U 以固定的边际成本 c 生产新商品 X。消费者在一个无限长度的环型或线性城市上以均匀分布，即每一点都有 1 位消费者。零售商在城市中等距离的均匀分布。生产商 U 把商品销售给零售商后，由零售商向消费者做商品的广告宣传。消费者只有在知道商品 X 的信息后才会购买商品。假设每位消费者对商品 X 的需求都为 $q(p)$，其中 q 表示商品 X 的数量，p 表示商品 X 的价格。用 p_i 表示零售商 D_i 向消费者出售商品 X 的价格。距离零售商 D_i 为 x 的消费者购买每单位商品还需付出运输成本 tx，其中 t 表示每单位距离的单位运输成，由此，到零售商 D_i 距为离 x 的消费者购买每单位商品的支付为 $p_i + tx$，对商品 X 的需求为 $q(p_i + tx)$。

零售商销售商品需要承担固定成本 C 和向消费者做商品的广告宣传的成本。假设零售商 D_i 以强度 A_i 对距离自己 x 长度范围的消费者做广告的成本为 $bA_i x$，距离自己 x 长度范围的每位消费者获得商品 X 信息的概率为 $h(A_i)$，其中 b 表示每单位距离单位强度的边际广告成本，$h'(A_i) > 0$，$h''(A_i) < 0$。同时假设零售商发布的广告信息中有 α 的比例会外溢到零售商的所在区域之外，如果消费者得到商品信息，也立即了解到所有零售商的位置和出售商品的价格。

市场交易过程为：第一阶段，生产商 U 向垄断竞争的零售商 D_i 同时提出交易合约；第二阶段，所有零售商 D_i 同时决定强度做广告的强度 A_i 和商品价格 p_i。

由于零售商们会搭其他零售商提供服务的便车，所以会导致整体市场的商品广告供应不足。换言之，由于零售商发布的商品广告信息溢出会对其他零售商产生正外部性，所以生产商 U 会鼓励零售商多为商品做广告。同时由于纵向结构中存在着纵向边际加价的外部性和零售商价格竞争的水平同外部性，生产商 U 在设计交易合约时要考虑减轻价格的纵向外部性和水平同外部性，增加广告信息溢出的正外部性。

首先考虑生产商 U 仅以批发价格 w_i 销售商品的情形。在第二阶段，假设零售商进入市场均衡后，两个零售商之间的距离为 R。获得信息的消费者面对零售商 D_i 的定价 p_i 和零售商 D_j 的定价 p_j，前往零售商 D_i 和零售商 D_j 无差异的消费者 x_i 满足：

$$p_i + tx_i = p_j + t(R - x_i)$$

如果不存在广告信息的外溢，零售商 D_i 的利润为：

$$\pi_{D_i}(p_i, A_i, R) = 2\left[h(A_i)(p_i - w)\int_0^{\frac{p_j - p_i}{2t} + \frac{R}{2}} q(p_i + tx)\,\mathrm{d}t - RbA_i \right] - C$$

零售商最大化利润的 p_i 和 A_i 的一阶条件分别为（所有零售商都是相同的，

所以对称均衡时，$p_i = p_j = p$，$A_i = A_j = A$，$x_i = \dfrac{R}{2}$）：

$$\frac{\partial \pi_{D_i}}{\partial p_i} = 2h(A)\left((p - w)\left(\int_0^R q'(p + tx)\mathrm{d}t - \frac{q(p + tx)}{2t} \right) + \int_0^R q(p + tx)\mathrm{d}t \right) + \frac{bA}{2t} = 0$$

$$\frac{\partial \pi_{D_i}}{\partial A_i} = 2h'(A)(p - w)\int_0^R q(p + tx)\mathrm{d}t - Rb = 0$$

垄断竞争下的零售商利润为 0，即：

$$2\left(h(A)(p - w)\int_0^R q(p + tx)\mathrm{d}t - RAb \right) - C = 0$$

如果不存在广告信息的外溢，零售商 D_i 的利润为：

$$\pi_{D_i}(p_i,\ A_i,\ R) = 2\left(h(\alpha A_j + (1 - \alpha)A_i)(p_i - w)\int_0^{\frac{p_j - p_i}{2t} + \frac{R}{2}} q(p_i + tx)\mathrm{d}t - RbA_i \right) - C$$

此时，零售商最大化利润的 p_i 一阶条件和垄断竞争的条件与无信息外溢时相同，A_i 的一阶条件变为：

$$\frac{\partial \pi_{D_i}}{\partial A_i} = 2(1 - \alpha)h'(A)(p - w)\int_0^R q(p + tx)\mathrm{d}t - Rb = 0$$

在第一阶段，纵向一体化企业从每位消费者获得的利润分别为：

$$\Pi(p,\ A,\ R) = \frac{1}{R}\left(h(A)(p - c)\int_0^R q(p + tx)\mathrm{d}t - C \right) - bA$$

纵向一体化企业最大化利润的 p、A、R 一阶条件分别为：

$$\frac{\partial \Pi}{\partial p} = h(A)\left((p - c)\int_0^R q'(p + tx)\mathrm{d}t + \int_0^R q(p + tx)\mathrm{d}t \right) = 0$$

$$\frac{\partial \pi_{D_i}}{\partial A} = 2h'(A)(p - c)\int_0^R q(p + tx)\mathrm{d}t - Rb = 0$$

$$\frac{\partial \Pi}{\partial R} = h(A)(p - c)\left(Rq(p + tx) - \int_0^R q(p + tx)\mathrm{d}t + C \right) = 0$$

非纵向一体化的生产商 U 从每位消费者获得的利润分别为：

$$\pi_U(w,\ p,\ A,\ R) = \frac{1}{R}\left(h(A)(w - c)\int_0^R q(p + tx)\mathrm{d}t \right)$$

比较非纵向一体化与纵向一体化的一阶条件，可以发现生产商 U 仅使用批发价格时，无法实现纵向一体化利润。在零售商对彼此之间价格变化非常敏感，即零售商的市场份额不会随自己价格变化而变化的情形下，如果不存在水平信息溢出，那么"批发价格＋特许费"和规定购买数量都可以构成一个最小的充分纵向控制工具集合；如果存在水平信息溢出，那么"特许费＋转卖价格控制"或"规定购买数量＋转卖价格控制"组成了最小的充分控制集合。在零售商对彼此之间价格变化不敏感，即零售商市场份额会随自己价格变化而变化的情形下，如果不存在水平信息溢出，那么区域排他和专卖价格控制可以相互替代，"特许费＋排他区域分销""规定购买数量＋排他区域分销""特许费＋转卖价格控制"或"规定购买数量＋转卖价格控制"都可以构成最小的充分控制集合；如果存在水平信息溢出，那么"特许费＋转卖价格控制"或"规定购买数量＋转卖价格控制"仍然组成了最小的充分控制集合。

3.1.4　上游差异化的生产商、下游无差异的零售商

当上游生产商与下游零售商业双边均为不完全竞争时，生产商选择价格会存在正的外部性。研究表明，在诸多纵向控制工具中，区域排他可以被用来减少下游竞争，同时也可以弱化上游竞争，这也是生产商采用纵向控制的策略目的。

经济学中，不同零售商出售同一家生产商商品的竞争称为品牌内竞争，零售商出售不同生产商商品的竞争称为品牌间竞争。在上下游分别为不完全竞争的市场环境中，帕特里克·雷和约瑟夫斯·蒂格利茨（Patrick Rey and Joseph Stiglitz，1988；1995）考察了品牌间竞争的上游生产商使用"区域排他＋特许费（固定费）"交易合约条款的策略动机。帕特里克·雷和约瑟夫斯·蒂格利茨（1995）发现上游生产商使用"区域排他＋特许费（固定费）"交易合约，可以通过控制下游零售商品牌内竞争从而降低上游生产商之间的竞争程度。

市场中，上游有 2 家生产生产商 U_1 和 U_2，每家生产商以相同的边际成本 c 各自生产一种商品，生产商 U_1 生产的商品为 X_1，生产商 U_2 生产的商品为 X_2。商品 X_1 和商品 X_2 是不完全替代的。生产商通过下游 2 家零售商 D_1 和 D_2 把商品销售给消费者，假设零售商无须承担销售成本，在销售

过程中不会产生消费者对商品偏好的差异化，即给定商品 X_i 的价格，消费者在零售商 D_1 和 D_2 购买是无差异的。

商品 X_1 和 X_2 需求为 $q_i(p_1, p_2)$，其中 q_i 表示商品 X_i 需求数量，p_i 表示商品 X_i 价格，假设 $q_1(p_1, p_2) = q_2(p_2, p_1)$，$\dfrac{\partial q_i}{\partial p_i} < 0$，$\dfrac{\partial q_i}{\partial p_j} > 0$，$i = 1, 2$。

市场交易过程为：第一阶段，2 家生产商同时向 2 家零售商提出交易合约；第二阶段，2 家零售商观察到生产商的合约，同时选择零售价格。假设市场需求和零售商的成本是公共知识；2 家零售商都可以观察到每位生产商提出的合约内容。对于相同的商品，消费者不存在搜寻成本，一定会选择购买最低价格的商品。

首先，上下游所有企业一体化的情形，即生产商 U_1 和 U_2、零售商 D_1 和 D_2 合并为一家企业。此时，纵向一体化企业的利润为：

$$\Pi_{UD} = (p_i - c) q_i(p_i, p_j) + (p_j - c) q_j(p_i, p_j)$$

纵向一体化企业最大化利润时有：

$$p_1 = p_2 = p^m, \quad \frac{p^m - c}{p^m} = -1 \left/ \left(\frac{\partial q_i / q_i}{\partial p_i / p_i} + \frac{\partial q_j / q_j}{\partial p_i / p_i} \right) \right. \equiv \frac{1}{E_i}$$

其中，p^m 表示纵向一体化时商品的市场价格，E_i 表示一体化企业的商品 X_i 的需求价格弹性。

接下来考虑 2 家生产商都只使用批发价格向零售商出售商品的情形。给定生产商 U_1 的批发价格 w_1 和生产商 U_2 的批发价格 w_2，零售商之间的品牌内竞争会使得商品 X_1 的零售价格 $p_1 = w_1$，商品 X_2 的零售价格 $p_2 = w_2$。在第一阶段，生产商 U_i 的利润为：

$$\pi_{U_i} = (w_i - c) q_i(p_i, p_j)$$

对称均衡时有：

$$p_1 = w_1 = p_2 = w_2 = p^c, \quad \frac{p^c - c}{p^c} = -\frac{\partial p_i / p_i}{\partial q_i / q_i} \equiv \frac{1}{\varepsilon_{ii}}$$

其中，p^c 表示 2 家生产商都只使用批发价格出售商品时的均衡价格，ε_{ii} 表示商品 X_i 的自需求价格弹性，同时令 $\varepsilon_{ij} = -\dfrac{\partial q_i / q_i}{\partial p_j / p_j}$ 表示商品 X_i 的交叉需求价格弹性。

与上下游企业一体化情形相比，2 家生产商都只使用批发价格向零售商出售商品时，商品 X_1 和 X_2 的价格较低，即 $p^c < p^m$，这导致了上下游 4 家企业的利润之和小于纵向一体化企业的利润。这也给了上游企业在交易合约里增加交易条款以获取更高利润的动机。

下面考虑生产商 U_1 和 U_2 各自为 2 家零售商 D_1 和 D_2 安排了对称的区域排他的情形。可以想象生产商 U_1 只通过零售商 D_1 销售商品 X_1，生产商 U_2 只通过零售商 D_2 销售商品 X_2；也可以想象生产商 U_1 和 U_2 共同划分了两个需求相同的市场 D_1 和 D_2，把零售商 D_1 安排在城市 D_1，把零售商 D_2 安排在城市 D_2。

给定生产商 U_1 和 U_2 的批发价格 w_1 和 w_2，第二阶段，用 $p_i(w_i, p_j)$ 表示零售商 D_i 对 D_j 的反应函数，用 $p_1(w_1, w_2)$ 和 $p_2(w_1, w_2)$ 表示零售商 D_1 和 D_2 的均衡价格。

第一阶段，生产商 U_i 的利润为：

$$\pi_{U_i}(w_1, w_2) = (w_i - c) q_i(p_1(w_1, w_2), p_2(w_1, w_2))$$

对称均衡时有：

$$w_1 = w_2 = w^e, \quad p_1 = p_2 = p^e, \quad \frac{w^e - c}{w^e} = -1 \left/ \left(\frac{\partial p_i / p_i}{\partial w_i / w_i} \frac{\partial q_i / q_i}{\partial p_i / p_i} + \frac{\partial p_j / p_j}{\partial w_i / w_i} \frac{\partial q_j / q_j}{\partial p_i / p_i} \right) \right. \equiv \frac{1}{\tilde{\varepsilon}}$$

其中，$\tilde{\varepsilon}$ 表示商品 X_i 的批发价格弹性，与仅使用批发价格作为交易合约相比，如果生产商 U_1 和 U_2 在合约中都加入了区域排他，那么下游市场的零售价格将提高，即 $p^e > p^c$；当 $\tilde{\varepsilon} < \varepsilon_{ii}$ 时，生产商 U_1 和 U_2 的批发价格也会提高。

当生产商 U_1 和 U_2 都是用区域排他的时候，存在两种效应：一是直接效应，即批发价格和零售价格之间联动，批发价格增加引起零售价格增加，进而导致需求减少；二是间接效应，即如果 $\dfrac{\partial p_j / p_j}{\partial w_i / w_i}$ 是正值的时候，下游市场两个商品的零售价格是策略互补的，一个商品的价格增加会导致另一个商品的价格也提高。

显然，生产商希望自己的商品价格提高时，竞争对手的商品价格也能够提高。如果商品的需求弹性随两种商品的价格上升变化不大，或是需求二阶导的绝对值不是很大，或者两种商品的替代程度较大时，生产商 U_1 和 U_2 可以同时使用区域排他，改变零售商之间的竞争，不仅可以提高批发价格，而且还能提高零售价格。

继续考虑生产商 U_1 和 U_2 各自为 2 家零售商 D_1 和 D_2 安排对称的区域排他的同时再加入固定费（特许费）F_i 的情形，$i = 1，2$。直观地看，当生产商 U_1 和 U_2 同时区域排他和特许费，可以更好地控制下游零售商 D_1 和 D_2 的零售价格。

由于生产商 U_i 可以使用固定费（特许费）F_i 完全获得零售商 D_i 的利润，由此，生产商 U_i 可以把固定费（特许费）F_i 的大小定为：

$$F_i(w_1，w_2) = (p_i(w_1，w_2) - w_i)q_i(p_1(w_1，w_2)，p_2(w_1，w_2))$$

第一阶段生产商 U_i 的利润为：

$$\pi_{U_i}(w_1，w_2) = (p_i(w_1，w_2) - c)q_i(p_1(w_1，w_2)，p_2(w_1，w_2))$$

对称均衡时有：

$$w_1 = w_2 = w^{ef}，\quad p_1 = p_2 = p^{ef}，\quad \frac{p^{ef} - c}{p^{ef}} = -\frac{\partial p_i/p_i}{\partial w_i/w_i} \bigg/ \left(\frac{\partial p_i/p_i}{\partial w_i/w_i} \frac{\partial q_i/q_i}{\partial p_i/p_i} + \frac{\partial p_j/p_j}{\partial w_i/w_i} \frac{\partial q_j/q_j}{\partial p_i/p_i} \right)$$

把上式与上下游一体化企业、批发价格交易合约、"批发价格 + 区域排他"交易合约情形下均衡的一阶条件进行比较，可以发现：一是上游生产商同时使用"区域排他 + 批发价格 + 固定费（特许费）"交易合约时，商品的零售价格会进一步提高，即 $p^{ef} > p^e$，但仍小于纵向一体化时的零售价格，即 $p^m > p^{ef} > p^e$。二是上游生产商同时使用"区域排他 + 批发价格 + 固定费（特许费）"交易合约时，利润会比使用"区域排他 + 批发价格"更高，极端情况是，如果在纵向市场结构中再加入多层批发商，通过批发商一层一层转售商品，最后通过零售商销售给消费者，而且每一层中间商（批发商）都用相同的"区域排他 + 批发价格 + 特许费"的形式销售给下一层中间商（批发商），那么上游生产商的利润会接近纵向一体化的利润。

在上面分析的基础上，可以进一步把生产商选择纵向交易合约的类型内生化。考虑如下的市场交易过程。第一阶段，生产商 U_1 和 U_2 同时公开地选择交易合约，可供选择的交易合约有：批发价格合约 $\{w\}$、"区域排他 + 批发价格"合约 $\{ET，w\}$；"区域排他 + 批发价格 + 特许费（固定费)"合约 $\{ET, w, F\}$。第二阶段，生产商 U_1 和 U_2 同时公开地选择批发价格［如果在第一阶段生产商选择了特许费（固定费），那么确定特许费（固定费）的大小］。第三阶段，零售商 D_1 和 D_2 同时选择商品的零售价格。假设后一阶段的市场参与者能观察到上一阶段的参与者的行动。

在第一阶段，生产商 U_1 和 U_2 有 9 种交易合约选择的策略组合，用逆向归纳法分析可以找出子博弈完美 Nash 均衡（SPNE）。下面仅比较生产商 U_1 和 U_2 对称的 3 组选择：$(\{w\}, \{w\})$、$(\{ET, w\}, \{ET, w\})$ 和 $(\{ET, w, F\}, \{ET, w, F\})$。

首先，可以发现第三阶段零售商 D_1 和 D_2 同时选择价格竞争的时候是策略互补的，只要零售商的利润函数是拟凹的，那么 $(\{w\}, \{w\})$ 一定不会子博弈完美 Nash 均衡。原因是：给定生产商 U_j 选择 $\{w\}$，生产商 U_i 总有选择 $\{ET, w, F\}$ 的动机，即通过让零售商 D_i 排他销售，稍微调整批发价格 w_i，让零售商 D_i 的利润增加，然后用特许费（固定费）F_i 获取零售商 D_i 的利润增加的利润。

其次，用具体的线性需求可以验证：$(\{ET, w, F\}, \{ET, w, F\})$ 会是一个占优策略，形成唯一的子博弈完美 Nash 均衡。但是在一些情形下，$(\{ET, w, F\}, \{ET, w, F\})$ 会是一个囚徒困境。这表明，完美纳什均衡 $(\{ET, w, F\}, \{ET, w, F\})$ 可能并不是实现两家生产商最大的联合利润的选择。生产商使用区域排他，可以在纵向结构上保证自己的零售商更好地应对竞争对手的价格，在竞争对手提高价格的时候，也立即提高价格。同时，在区域排他时使用特许费（固定费），生产商也更加容易地获取自己零售商的利润。正是由于这种效果，可能会导致过高零售价格，产生囚徒困境。

最后，可以得出的结论为：一是在所有生产商和零售商之间合约的范围内，存在着一个对生产商而言是占优策略的有特许费的区域排他，甚至在不确定性下，利润都比没有特许费时的高。因为，如果生产商不能使用特许费，对手会采用不同的价格策略，相应的均衡价格会不同；没有特许费的价格可能会比存在特许费的价格高，这可能会抵消不能获取零售商租金的损失。二是区域排他会改变可以察觉到的需求曲线，使每位生产商相信面临的是缺乏需求弹性的曲线，甚至在不需要通过特许费来获取零售商租金的情况下，就可以导致均衡价格和生产商利润的提高，但会产生较低的消费者剩余和总社会福利。三是可以通过生产商的竞争策略效应来克服"双重边际加价"效应；利用特许费并不会造成双重边际加价对生产商利润的损失。四是当特许费不被允许的时候，会导致高的均衡批发价格和高的零售价格。这表明当双重边际问题不严重的时候，生产商偏好不使用特许费的情形。同样的结论可以用来解释为什么在给定区域排他的时候能够提高利润。假设存在两个生产商，其中一个拥有市场的一小部分份额，存在着分销的规模经济。那么，拥有较大份额的产品的生产商可以通过建立自己的分销网络，而不是使用市场中已有的零售商，来提高对手的成本。在高的边际分销成本下，市场中的均衡价格会较高，由此生产商的利润也较高。如果存在范围经济，例如，一个市场和另一个市场分销产品，或者两种商品之间，那么区域排他合约可能会在排他经营条款上相互影响。一个新的零售商不可能试图通过销售两种商品来降低成本。五是如果两个生产商在同一区域使用共同的代理者（零售商或是批发商），这样相互竞争的代理者的极限，可能使他们采用相同的串谋策略，在一个更为竞争的市场也是可行的。

3.1.5　上游差异化的生产商、下游差异化的零售商

市场中，上游有两家生产商 U_1 和 U_2，每家生产商以相同的边际成本 c_u 各自生产一种商品，生产商 U_1 生产的商品为 X_1，生产商 U_2 生产的商品为 X_2。商品 X_1 和商品 X_2 是不完全替代的。与帕里克·雷和约瑟夫斯·蒂格利茨（Patrick Rey and Joseph Stiglitz，1988；1995）不同的是：生产商通过下游两家零售商 D_1 和 D_2 把商品销售给消费者，会形成差异化的 4 种商品，即零售商 D_1 销售的商品 X_{11} 和 X_{21}，以及零售商 D_2 销售的商品 X_{12} 和 X_{22}，其中，X_{ij} 表示生产商 U_i 通过零售商 D_j 销售后形成的差异化商品，i，$j = 1$，2。可以想象：在消费者眼里，商品 X_1 和商品 X_2 是差异化的，同时零售商 D_1 和 D_2 也是有差异的，消费者认为零售商 D_1 买的商品 X_1 与在零

售商 D_2 买的商品 X_1 是不同的。假设零售商销售每单位商品都需付出相同的边际成本 c_d。

假设商品 X_{11}、X_{21}、X_{12} 和 X_{22} 的需求曲线是对称的，用 w_{ij} 表示商品 X_i 销售给零售商 D_j 的批发价格，用 **w** 表示零售商 D_1 购买的商品 X_1 和 X_2 的批发价格、零售商 D_2 购买的商品 X_1 和 X_2 的批发价格向量，即 $\mathbf{w} = (w_{11}$, w_{12}, w_{21}, $w_{22})$；用 p_{ij} 表示商品 X_{ij} 零售价格，用 **p** 表示商品 X_{11}、X_{21}、X_{12} 和 X_{22} 的零售价格向量，即 $\mathbf{p} = (p_{11}$, p_{12}, p_{21}, $p_{22})$，商品 X_{ij} 的需求为 $q_{ij}(\mathbf{p})$，i，$j = 1$，2。

假设 $\left| \dfrac{\partial q_{ij}(\mathbf{p})}{\partial p_{ij}} \right| > \left| \dfrac{\partial q_{ij}(\mathbf{p})}{\partial p_{ik}} \right| + \sum_{j=1,2} \left| \dfrac{\partial q_{ij}(\mathbf{p})}{\partial p_{hj}} \right|$，$i$，$j = 1$，2，$k$，$h = 1$，2，$k \neq j$，$h \neq i$。该假设表示商品对自身价格的直接效应大于其他商品价格的间接效应。

市场交易过程：第一阶段，生产商 U_1 和 U_2 同时公开地选择交易合约，可供选择的交易合约；第二阶段，零售商 D_1 和 D_2 同时选择商品的零售价格。假设后一阶段的市场参与者能观察到上一阶段的参与者的行动。

首先，给出生产商 U_1 和 U_2、零售商 D_1 和 D_2 纵向一体化为企业 UD 的情形。一体化企业 UD 的利润为：

$$\Pi(\mathbf{p}) = \sum_{i,j=1,2} (p_{ij} - c_u - c_d) q_{ij}(\mathbf{p})$$

在对称的需求曲线下，p_{11} 和 p_{12} 的一阶条件相同，p_{21} 和 p_{22} 的一阶条件相同，p_{11} 和 p_{12} 的一阶条件与 p_{21} 和 p_{22} 的一阶条件是对称的，即，

$$2(p_i - c_u - c_d) \frac{\partial q_i(\mathbf{p})}{\partial p_i} + q_i(\mathbf{p}) + 2(p_j - c_u - c_d) \frac{\partial q_j(\mathbf{p})}{\partial p_i} = 0，i，j = 1，2，i \neq j$$

接下来，考虑生产商 U_1 和 U_2 同时向零售商 D_1 和 D_2 提出批发价格合约 $\{w_{ij}\}$、"批发价格 + 特许费（固定费）"合约 $\{w_{ij}, F_{ij}\}$、"批发价格 + 特许费（固定费）+ 转卖价格控制"合约 $\{w_{ij}, F_{ij}, p_{ij}\}$，其中，下标表示生产商 U_i 给零售商 D_j 的条款，i，$j = 1$，2。显然，批发价格合约 $\{w_{ij}\}$ 会产生纵向外部性和水平外部性，对于生产商 U_1 和 U_2 而言是被严格占优的合约。

如果生产商 U_1 和 U_2 同时向零售商 D_1 和 D_2 提出"批发价格 + 特许费

（固定费）"合约 $\{w_{ij},\ F_{ij}\}$。令 $\mathbf{p}^r(\mathbf{w})=(p_{11}^r(\mathbf{w}),\ p_{12}^r(\mathbf{w}),\ p_{21}^r(\mathbf{w}),\ p_{12}^r(\mathbf{w}))$ 表示市场均衡时的零售价格向量，令 $q_{ij}^r(\mathbf{w})=q_{ij}^r(\mathbf{p}^r(\mathbf{w}))$ 表示相应的均衡需求，即表示考虑了零售价格对批发价格影响后，以批发价格为函数的需求。在对称的需求和对称的企业的假设下，市场均衡时，批发价格、零售价格、商品需求是对称的，即，$w_{i1}=w_{i2}=w_i$，$p_{i1}=p_{i2}=p_i(w_i,\ w_j)$，$q_{i1}=q_{i2}=q_i(w_i,\ w_j)$，$i,\ j=1,\ 2,\ i\neq j$。

进一步假设 $\dfrac{\partial p_i(w_i,\ w_j)}{\partial w_i}+\dfrac{\partial p_i(w_i,\ w_j)}{\partial w_j}>0$ 和 $\dfrac{\partial q_i(w_i,\ w_j)}{\partial w_i}<0<\dfrac{\partial q_i(w_i,\ w_j)}{\partial w_h}$，即所有商品的批发价格都上升时，零售价格也上升；生产商提高自己商品批发价格会降低自己商品的需求，却提高对方生产商商品的需求。

在生产商 U_1 和 U_2 是对称、零售商 D_1 和 D_2 也是对称的情形下，下面仅分析生产商 U_1 和零售商 D_1。生产商 U_1 的最优化问题为：

$$\operatorname*{Max}_{w_{11},w_{12},F_{11},F_{12}}\boldsymbol{\pi}_{U_1}=(w_{11}-c_u)D_{11}(\mathbf{p})+F_{11}+(w_{12}-c_u)D_{12}(\mathbf{p})+F_{12}$$

显然，固定费不影响零售商选择零售价格的决策，所以生产商可以通过固定费使得零售企业仅获得零利润。由此，生产商 U_1 向零售商 D_1 和 D_2 提出 "批发价格＋特许费（固定费）" 合约的约束条件为：

$$(p_{11}-w_{11}-c_d)D_{11}(\mathbf{p})+(p_{21}-w_{21}-c_d)D_{21}(\mathbf{p})-F_{11}-F_{21}=0$$

$$s(p_{12}-w_{12}-c_d)D_{12}(\mathbf{p})+(p_{22}-w_{22}-c_d)D_{22}(\mathbf{p})-F_{12}-F_{22}=0$$

对称均衡时，有：

$$\left(\frac{\partial p_1}{\partial w_1}+\frac{\partial p_2}{\partial w_1}\right)(q_1(\mathbf{p})+\lambda(p_1-w_2-c_d))=-(w_2-c_u)\partial_1\tilde{q}$$

其中，$q_1(\mathbf{p})=q_{1j}(\mathbf{p})$，$j=1,\ 2$；$\lambda=\lambda_U+\hat{\lambda}_U$，$\lambda_U=\dfrac{\partial q_1(\mathbf{p})}{\partial p_{11}}+\dfrac{\partial q_1(\mathbf{p})}{\partial p_{12}}$，$\hat{\lambda}_U=$

$\dfrac{\partial q_1(\mathbf{p})}{\partial p_{21}}+\dfrac{\partial q_1(\mathbf{p})}{\partial p_{22}}$，$\partial_1\tilde{q}=\lambda_U\dfrac{\partial p_1}{\partial w_1}+\hat{\lambda}_U\dfrac{\partial p_2}{\partial w_1}$。

对于零售商 U_1，选择 p_{11} 和 p_{21} 最大化利润：

$$\boldsymbol{\pi}_{D_1}=(p_{11}-w_{11}-c_D)D_{11}(\mathbf{p})-F_{11}+(p_{21}-w_{21}-c_d)D_{21}(\mathbf{p})-F_{21}$$

p_{11} 的一阶条件为：

$$q_1(\mathbf{p})+(p_{11}-w_{11}-c_d)\frac{\partial q_1(\mathbf{p})}{\partial p_1}+(p_{21}-w_{21}-c_d)\frac{\partial q_2(\mathbf{p})}{\partial p_1}=0$$

均衡时，$w_{11} = w_{12} = w_1$，$p_{11} = p_{12} = p_1$。令 $\partial_1 q = \dfrac{\partial q_1(\mathbf{p})}{\partial p_1}$，$\partial_2 q = \dfrac{\partial q_1(\mathbf{p})}{\partial p_2}$，$\lambda_D = \partial_1 q + \partial_2 q$。

由生产商 U_1 和零售商 D_1 最大化利润的一阶条件可得：

$$\left(\frac{\partial p_1}{\partial w_1} + \frac{\partial p_2}{\partial w_1} \right) q_1(\mathbf{p}) + (\partial_1 q^{\sim} + \partial_2 q^{\sim})(p_1 - c_u - c_d) = (w_2 - c_u)\partial_2 \tilde{q}$$

其中，$\partial_2 \tilde{q} = \lambda_U \dfrac{\partial p_2}{\partial w_1} + \hat{\lambda}_U \dfrac{\partial p_1}{\partial w_1}$。

比较上式与纵向一体化企业 UD 的一阶条件，显然，在生产商 U_1 和 U_2 同时向零售商 D_1 和 D_2 提出"批发价格 + 特许费（固定费）"合约时，生产商 U_1 和 U_2 的利润达不到纵向一体化利润。

最后，分析生产商 U_1 和 U_2 同时向零售商 D_1 和 D_2 提出"批发价格 + 特许费（固定费） + 转卖价格控制"合约 $\{w_{ij},\ F_{ij},\ p_{ij}\}$ 的情形，$i,\ j = 1,\ 2$。

在生产商 U_1 和 U_2 是对称、零售商 D_1 和 D_2 也是对称的情形下，下面仍只分析生产商 U_1 和零售商 D_1。生产商 U_1 的最优化问题为：

$$\underset{w_{11}, w_{12}, F_{11}, F_{12}, p_{11}, p_{12}}{\text{Max}} \pi_{U_1} = (p_{11} - w_{11} - c_u)D_{11}(\mathbf{p}) + F_{11} + (p_{12} - w_{12} - c_u)D_{12}(\mathbf{p}) + F_{12}$$

由于生产商 U_1 为 2 家零售商选择商品的零售价格，实质上，生产商把零售商可以选择的行为完全排除了。同时，生产商仍然可以通过固定费使得零售企业仅获得零利润。由此，生产商 U_1 向零售商 D_1 和 D_2 提出"批发价格 + 特许费（固定费）"合约的约束条件为：

$$(p_{11} - w_{11} - c_d)D_{11}(\mathbf{p}) + (p_{21} - w_{21} - c_d)D_{21}(\mathbf{p}) - F_{11} - F_{21} = 0$$
$$(p_{12} - w_{12} - c_d)D_{12}(\mathbf{p}) + (p_{22} - w_{22} - c_d)D_{22}(\mathbf{p}) - F_{12} - F_{22} = 0$$

对称均衡时，$p_{11} = p_{12} = p_1$ 的一阶条件为：

$$2(p_i - c_u - c_d)\frac{\partial q_i(\mathbf{p})}{\partial p_i} + q_i(\mathbf{p}) + 2(p_j - c_u - c_d)\frac{\partial q_j(\mathbf{p})}{\partial p_i} = 0$$

显然，上式与纵向一体化企业 UD 的一阶条件是相同的。由此，生产商 U_1 和 U_2 同时向零售商 D_1 和 D_2 提出"批发价格 + 特许费（固定费） + 转卖价格控制"合约 $\{w_{ij},\ F_{ij},\ p_{ij}\}$ 可以实现生产商 U_1 和 U_2 的利润等于纵向一体化利润。这也解释了现实生活中寡头的上游企业总是会用转卖价格控制来约束下游零售企业的定价。从社会福利看，在非完全垄断的上下游结构中，上游企业使用"批发价格＋特许费（固定费）＋转卖价格控制"合约 $\{w_{ij}, F_{ij}, p_{ij}\}$ 要比其他合约形式下的社会福利高。由此，在对转卖价格控制实施竞争政策时，应该考虑上下游的纵向结构背景。

3.2　非对称信息与市场不确定性

在确定性环境下，如果寻找"最小的、充分的"纵向控制，使生产商能实现最优的或纵向一体化的利润，那么结论是特许费，或转卖价格控制可以解决纵向双重边际加价问题；区域排他或转卖价格控制与特许费一起使用，可以消除零售商水平之间"搭便车"的问题。然而，市场中存在着不确定性，例如，同一区域的零售商往往需要面对需求和零售成本的两种不确定性。实际情况是，当存在不确定性的环境和当零售商是风险规避者的时候，两部费用和数量强销不会很好地起作用。

3.2.1　纵向交易合约与市场风险承担

帕特里克·雷和让·梯若尔（Patrick Rey and Jean Tirole，1986）在水平差异的消费者市场中，解释了当零售商存在需求不确定性和成本不确定性时，上游生产商可以使用纵向交易合约来利用零售商之间的竞争作为激励机制提高利润，进而影响消费者福利。

市场中，1 家风险中性的上游垄断生产商 U 以固定边际成本 c_u 生产一种商品 X，通过 2 家风险规避的零售商 D_i 销售给消费者，$i = 1$，2。1 单位消费者在长度为 1 的线性城市上均匀分布，零售商 D_1 位于城市左端，零售商 D_2 位于城市右端。消费者购买商品除了向零售商支付零售价格外，还需承担运费，假设每单位商品的单位距离运输成本为 t。用 x 表示消费者到城市左端的距离，用 p_i 表示零售商 D_i 对商品 X 的定价，由此，消费者 x 到零售商 D_1 购买商品的需求 $q_1(x) = a - (p_1 + tx)$，到零售商 D_2 购买商品

的需求 $q_2(x) = a - (p_2 + t(1-x))$，其中，$a$ 为随机变量，在 $[\underline{a}, \overline{a}]$ 上分布，均值 $Ea = a^e$，方差 $Da = \sigma_a^2$，表示出市场需求的不确定性。2 家零售商 D_i 的边际销售成本均为 c_d，c_d 在 $[\underline{c_d}, \overline{c_d}]$ 上分布，均值 $Ec_d = c_d^e$，方差 $Dc_d = \sigma_{c_d}^2$。需求 a 的不确定性与零售商成本 c_d 的不确定性是独立的，且 $\underline{a} > c_u + \overline{c_d}$。

市场交易过程为：第一阶段，生产商 U 向零售企业 2 家零售商 D_i 提出"要么接受—要么拒绝"的合约，零售商 D_i 选择接受或拒绝；第二阶段，2 家零售商 D_i 都观察到需求 a 和销售成本 c_d，如果零售商 D_i 在第一阶段接受了生产商 U 的合约，那么就决定零售价格 p_i，完成商品的购买和销售，$i = 1, 2$。显然，需求和成本的不确定性、零售商的差异性，以及零售商对不确定性的风险态度都会影响到生产商 U 对合约的选择。

首先，考虑 $t = 0$，即 2 家零售商无差异的情形。当边际成本相同、无差异的零售商面对相同的不确定性时，第二阶段，零售商的价格竞争会使得零售价格等于批发价格加边际成本。生产商 U 如果在合约中使用批发价格 $w +$ 固定费 F，第一阶段生产商 U 的利润为：

$$\pi_U = E[(a - w - c_d)(w - c_u)]$$

生产商 U 选择 w 的一阶条件为：

$$a^e - 2w + c_u - c_d^e = 0$$

由此，生产商 U 如果使用"批发价格 $w +$ 固定费合约 F"合约，那么 $\{w, F\} = \left\{ \frac{1}{2}(a^e + c_u - c_d^e),\ 0 \right\}$。

如果生产商 U 如果使用"批发价格 $w +$ 固定费合约 $F +$ 转卖价格控制 p"合约，那么生产商 U 可以直接制定商品的零售价格。风险规避的零售商一定会接受批发价格 $w = p - \overline{c_d}$，此时，第一阶段生产商 U 的利润为：

$$\pi_U = E[(a - p)(p - w - \overline{c_d})] + E[(a - p)(w - c_u)]$$

生产商 U 选择 p 的一阶条件为：

$$a^e - 2p + c_u + \overline{c_d} = 0$$

由此，生产商 U 如果使用"批发价格 $w +$ 固定费合约 $F +$ 转卖价格控制"合约，那么 $\{w, F, p\} = \left\{ \frac{1}{2}(a^e + c_u - \overline{c_d}),\ 0,\ \frac{1}{2}(a^e + c_u + \overline{c_d}) \right\}$。

生产商 U 如果使用"区域排他 ET + 批发价格 w + 固定费合约 F"合约,那么生产商 U 可以让 2 家零售商平分市场。第二阶段,零售商 D_i 的利润为:

$$\pi_{D_i} = \frac{1}{2}(a - p_i)(p_i - w_i - c_d)$$

零售商选择 p_i 的一阶条件为:

$$a - 2p_i + w_i + c_d = 0$$

面对 2 家相同的风险规避的零售商,生产商 U 最大可以收取固定费为 $F = \frac{1}{8}(\underline{a} - w - \overline{c_d})^2$,且对两家零售商收取相同的批发价格 w,此时,第一阶段生产商 U 的利润为:

$$\pi_U = E\left[(a - p)(w - c_u)\right] + \frac{1}{4}(\underline{a} - w - \overline{c_d})^2$$

生产商 U 选择 w 的一阶条件为:

$$a^e - w + c_u - c_d^e + \overline{c_d} - \underline{a} = 0$$

由此,生产商 U 如果使用"区域排他 ET + 批发价格 w + 固定费合约 F"合约,那么 $\{ET, w, F\} = \left\{\frac{1}{2}, (a^e - \underline{a}) + (\overline{c_d} - c_d^e) + c_u, \frac{1}{32}(a^e - 3\underline{a} - c_d^e + 3\overline{c_d} + c_u)^2\right\}$。

其次,考虑 $t > 0$,即 2 家零售商存在差异的情形。如果消费者承担运输成本,那么到两个商店购买商品无差异的消费者 x 满足:$p_1 + tx = p_2 + t(1 - x)$。如果生产商 U 在合约中使用"批发价格 w + 固定费 F"合约,第二阶段零售商 D_1 和 D_2 的利润分别为:

$$\pi_{D_1} = \int_0^{\frac{t - p_1 + p_2}{2t}} (d - (p_1 + tx))(p_1 - w_1 - c_d)\mathrm{d}x$$

$$\pi_{D_2} = \int_{\frac{t - p_1 + p_2}{2t}}^1 (d - (p_2 + t(1 - x)))(p_1 - w_2 - c_d)\mathrm{d}x$$

零售商 D_1 和 D_2 是对称的,所以均衡时有:$w_1 = w_2 = w$ 和 $p_1 = p_2 = p$。生产商 U 向零售商 D_1 和 D_2 收取相同的固定费 $F(w, p) = (p - w - c_d)(4a - t - 4p) + 3t(p - w - c_d) - t(4a - t - 4p)$。

如果生产商 U 使用批发价格 w + 固定费合约 F + 转卖价格控制 p 合约，那么生产商 U 可以直接制定零售价格，风险规避的零售商一定会接受批发价格 $w = p - \overline{c_d}$，此时，第一阶段生产商 U 的利润为：

$$\pi_U = E\Big[\int_0^{\frac{1}{2}} \big(a - (p + tx)\big)\big(p - \overline{c_d} - c_u\big)\mathrm{d}x\Big]$$

$$+ E\Big[\int_{\frac{1}{2}}^1 \big(a - (p + t(1 - x))\big)\big(p - \overline{c_d} - c_u\big)\mathrm{d}x\Big]$$

生产商 U 选择 p 的一阶条件为：

$$4a^e - 8p - t + 4c_u + 4\overline{c_d} = 0$$

由此，生产商 U 如果使用"批发价格 w + 固定费合约 F + 转卖价格控制"合约，那么 $\{w, F, p\} = \Big\{\dfrac{1}{8}(4a^e + 4c_u - 4\overline{c_d} - t),\ 0,\ \dfrac{1}{8}(4a^e + 4c_u + 4\overline{c_d} - t)\Big\}$。

比较上面各种情况，可以得出以下结论：

如果不存在需求和零售成本的不确定性，对于生产商的利润和社会福利而言，"批发价格 + 固定费""批发价格 + 固定费 + 区域排他"以及"批发价格 + 固定费 + 转卖价格控制"这三类合约是等价的。这与弗兰克·马修森和拉尔夫·温特（1984）的结论相同，商品的零售价格和生产商的利润等于纵向一体化的最优价格和利润。

但是使用转卖价格控制会有两个问题：第一，由于零售价格需要在解决不确定性以前就确定，并且零售价格也不能根据需求和零售成本进行变化，所以不能实现事前的事后效率水平。第二，当零售成本不确定时，风险规避的零售商不能把不确定性转移给最终消费者，因此会承担太多的风险。规定购买数量也会有类似的问题。

如果两个零售商是无差异的，当存在需求和零售成本的不确定性，生产商一方面希望通过纵向交易合约，保证达到最大的纵向一体化垄断结果；另一方面，也希望给零售商克服不确定性的保险。直观地讲，在区域排他下，零售商在自己的区域内有市场力量，生产商和零售商之间会存在着纵向价格扭曲。生产商为了消除该扭曲，只能按等于边际成本的批发价格向零售商出售商品，同时向零售商收取固定费，但如果要保证零售商接受固定费，那么需要消除零售商的所有风险（零售成本风险和市场需求风险）。在"批发价格＋固定费"，或转卖价格控制下，生产商知道零售商将来的价格竞争使得市场价格等于"批发价格＋边际零售成本"，生产商可以考虑使批发价格等于预期的零售价格减去零售商的边际零售成本，这样，生产商给予了零售商成本的保险，承担了需求的风险。由此，"批发价格＋固定费"，或转卖价格控制可以给生产商带来相同的预期利润，与区域排他条款相比，生产商"批发价格＋固定费"，或转卖价格控制可以获得更多利润。

如果两个零售商之间存在微小的差异化，当存在需求和零售成本的不确定性时，"批发价格＋固定费""两部费＋区域排他"以及"批发价格＋固定费＋转卖价格控制"都不会是等价的。在仅存在需求不确定的情况下，对生产商而言，"批发价格＋固定费＋转卖价格控制"合约优于"批发价格＋固定费合约""批发价格＋固定费"合约优于"两部费＋区域排他"合约；在仅存在零售成本不确定的情况下，对生产商而言，"批发价格＋固定费"合约优于"批发价格＋固定费＋转卖价格控制"合约，"批发价格＋固定费＋区域排他"合约优于"批发价格＋固定费＋转卖价格控制"合约。同时，社会福利大小与生产商对合约选择的排序是一致的。

3.2.2　纵向交易合约与下游信息分享

董烨然（2019）在 1 家上游企业和 2 家下游企业的市场结构中，考察了当下游企业拥有关于不确定消费者需求的私人信息时，上游企业是否有动机通过交易合约影响下游企业之间信息分享决策的问题。董烨然（2019）发现，当上游企业仅使用"批发价格"合约 $\{w\}$ 时，无法影响下游企业的信息分享决策，市场均衡时，下游企业彼此分享信息往往是一种"囚徒困境"，并不总能给彼此带来好处。但是，上游企业可以使用"批发价格＋固定费"合约 $\{w, F\}$，促使下游企业做出对自己有利的信息分享或不分享决策。与"批发价格"合约 $\{w\}$ 相比，"批发价格＋固定费"合约 $\{w, F\}$ 不仅提高了上下游企业的联合利润，还增加了消费者剩余，增进了社会福利。

1. 上下游市场参与者与交易过程

1 家上游企业 U 生产一种商品，经由下游企业 D_1 和 D_2 销售后，形成两种替代商品，分别记为商品 1 和商品 2。假设上游企业 U 生产商品只承担固定的边际成本 c，下游企业 D_1 和 D_2 销售商品均不承担成本。

用 q_1 和 q_2 分别表示消费者对商品 1 和商品 2 的需求量，用 p_1 和 p_2 分别表示商品 1 和商品 2 的市场价格，假设消费者消费商品 1 和商品 2 的直接效用函数为[①]：

$$U(q_1, q_2) = (a_1 + \mu)q_1 + (a_2 + \mu)q_2 - \frac{1}{2}b(q_1^2 + 2q_1q_2 + q_2^2) + m$$

其中 m 为计价商品，令 m 的价格为 1。

由此，商品 1 和商品 2 的逆市场需求曲线为：

$$\begin{cases} p_1 = a_1 + \mu - q_1 - bq_2 \\ p_2 = a_2 + \mu - bq_1 - q_2 \end{cases}$$

其中，a_1 和 a_2 分别表示商品 1 和商品 2 的基础市场容量。$b \in (0, 1)$ 表示商品 1 和商品 2 的差异化程度，用以衡量两种商品的"替代效应"。b 越小，则商品 1 和商品 2 的替代程度就越高；反之，则相反。μ 刻画了商品 1 和商品 2 的需求不确定性，可以把 μ 想象为商品 1 和商品 2 的真实的市场容量与基础市场容量的差值。

与威廉·诺夫舍克和雨果·桑辛（William Novshek and Hugo Sonnenschein，1982）、泽维尔·维维斯（Xavier Vives，1984）等文献相同，假设 μ 为正态分布，μ 的期望为 $E[\mu] = 0$，μ 的方差为 $\text{Var}[\mu] = \sigma_\mu$。

假设上游企业 U 无法观察到 μ，下游企业 D_i 也无法直接观察到 μ，但下游企业都可以在销售竞争之前观察到一个关于自己商品的市场容量信号 $s_i(i = 1, 2)$。假设 $s_i = \mu + \varepsilon_i$，$\varepsilon_i$ 为正态分布，ε_i 的期望为 $E[\varepsilon_i] = 0$，ε_i 的方差为 $\text{Var}[\varepsilon_i] = \sigma_\varepsilon > 0$。$\sigma_\varepsilon$ 刻画了下游企业自己观察到的私有信号 s_i 与真实值 μ 的离散程度，由此，可以把 σ_ε 称为"自方差效应"。

[①] 该效用函数最早由 Arthur L. Bowley（1924）使用，在 Michael Spence（1976）和 Avinash Dixit（1979）之后，成为产业组织文献中抽象差异化商品的普遍方法。

与文献相同，假设 μ 和 s_1、s_2 为三元正态分布，协方差分别为：Cov $[\mu, \varepsilon_i] = 0$，Cov$[\varepsilon_1, \varepsilon_2] = \rho \in (0, \sigma_\varepsilon)$。假设上游企业 U 和两家下游企业 D_1、D_2 面对不确定性都是风险中性的。

市场中，生产商 U、下游企业 D_1、D_2 和消费者的交易过程为：

第一阶段：上游企业 U 同时分别向下游企业 D_1 和 D_2 提出公开的交易合约。本书将分别讨论上游企业使用"批发价格"合约 $\{w\}$、"批发价格 + 固定费"合约 $\{w, F\}$ 两种情形。与弗兰克·马修森和拉尔夫·温特（G. Frank Mathewson and R. A. Winter，1984）、帕特里克·雷和让·梯若尔（Patrick Rey and Jean Tirole，1986）、格雷格·谢弗（Greg Shaffer，1991）等文献相同，合约中的"批发价格"w 发生在上下游企业商品交易的时候，"固定费"F 是与商品交易数量无关的一次性费用，发生在上下游企业签约的时候。

第二阶段：下游企业 D_1 和 D_2 同时决定是否接受合约。假设下游企业在接受和不接受合约无差异时，会接受合约。

第三阶段：下游企业 D_1 和 D_2 同时决定是否向对方分享信息。用 I_i 表示下游企业 D_i 是否分享信息的决定，$I_i = 0$ 表示下游企业 D_i 不向 D_j 分享信息，$I_i = 1$ 表示下游企业 D_i 向 D_j 分享信息，其中，$i, j = 1, 2, i \neq j$。与信息分享和披露（Information Sharing and Disclosure）文献中策略性模型化信息结构的方法相同[1]，假设如果下游企业 D_i 向 D_j 分享信息，但 D_j 不向 D_i 分享信息，那么 D_i 不了解 D_j 的信息，但 D_j 了解 D_i 的信息。由此，下游企业 D_1 和 D_2 的信息结构有 4 种情形：$(I_i, I_j) = (0, 0)$、$(I_i, I_j) = (0, 1)$、$(I_i, I_j) = (1, 0)$ 和 $(I_i, I_j) = (1, 1)$。

第四阶段：下游企业 D_1 和 D_2 各自观察到信号 $s_i(i = 1, 2)$，按第三阶段决策向对方分享或不分享信息。与泽维尔·维维斯（Xavier Vives，

---

[1]　在信息分享和披露（Information Sharing and Disclosure）文献中有两类模型化信息结构的方法（Sergio Currarini and Francesco Feri，2018）：一是策略性模型（Strategic Model），这类模型中企业是否能获得其他企业的信息与自己是否分享和披露信息无关，只与其他企业是否分享和披露信息有关；另一类模型是合约性模型（Contractual Model），即模型中企业只有在自己向其他企业分享和披露信息的基础上才能获得其他企业分享和披露的信息。

1984）等文献相同，假设如果下游企业 D_1 或 D_2 决定向对方分享信息时，所分享的信息是真实的。

第五阶段：下游企业 D_1 和 D_2 进行 Cournot 产量竞争，按上游企业的合约中的批发价格完成商品的购买和销售。

假设市场交易过程是共同知识，后一阶段的参与者可以观察到前一阶段参与者的行为。

下面在 Perfect Bayesian Equilibrium（PBE）定义的基础上分析市场均衡，仅考虑纯策略的 Nash 均衡，如果存在多个均衡，均衡中又存在某些均衡帕累托占优于其他均衡，那么选择 Payoff Dominance 的 Nash 均衡（John C. Harsanyi and Reinhard Selten，1988）。

2. 基准情形：上下游企业一体化情形

上游企业 U 和下游企业 D_1、D_2 一体化是纵向结构的极端情形，用 $U-D_1-D_2$ 表示上游企业 U 和下游企业 D_1、D_2 一体化后的企业。下面给出商品 1 和 2 的市场容量存在和不存在不确定性时的市场均衡。

（1）不存在不确定性（$\mu=0$）。

如果商品 1 和商品 2 的需求是确定的，即 $\mu=0$，那么简单计算可以得到一体化企业 $U-D_1-D_2$ 最大化利润时，销售两种商品的数量和市场价格为：

$$q_1 = \frac{a_1 - a_2 b - (1-b)c}{2(1-b^2)}, \quad q_2 = \frac{a_2 - a_1 b - (1-b)c}{2(1-b^2)}$$

$$p_1 = \frac{1}{2}(c+a_1), \quad p_2 = \frac{1}{2}(c+a_2)$$

一体化企业 $U-D_1-D_2$ 的最大利润 $\Pi_{U-D_1-D_2}$ 为：

$$\Pi_{U-D_1-D_2} = \frac{(a_1-c)^2 + (a_2-c)^2 + 2(a_1+a_2-c)cb - 2a_1 a_2 b}{4(1-b^2)}$$

（2）存在不确定性（$\mu \neq 0$）。

当商品 1 和商品 2 的需求存在不确定性，即 $\mu \neq 0$，一体化企业 $U-D_1-D_2$ 在事前的预期利润为：

$$E\Pi_{U-D_1-D_2} = E\left[(a_1+\mu-q_1-bq_2-c)q_1 + (a_2+\mu-bq_1-q_2-c)q_2\right]$$

一体化企业 $U - D_1 - D_2$ 在选择产量决策之前可以观察到 s_1 和 s_2 两个信号，所以在选择产量决策前可以更新对商品 1 和商品 2 不确定性 μ 的预期，此时，一体化企业 $U - D_1 - D_2$ 的利润最大化问题为：

$$\underset{q_1, q_2}{\text{Max}} E\Pi_{U - D_1 - D_2} = \left(a_1 + E[\mu \mid s_1, s_2] - q_1 - bq_2 - c \right) q_1$$
$$+ \left(a_2 + E[\mu \mid s_1, s_2] - bq_1 - q_2 - c \right) q_2$$

根据对 μ 和 $s_i (i = 1, 2)$ 的分布假设，基于 s_1 和 s_2 对 μ 的条件预期为：

$$E[\mu \mid s_1, s_2] = \frac{\sigma_\mu}{\rho + \sigma_\varepsilon + 2\sigma_\mu} (s_1 + s_2)$$

由此，一体化企业 $U - D_1 - D_2$ 的问题为：

$$\underset{q_1, q_2}{\text{Max}} E\Pi_{U - D_1 - D_2} = \left(a_1 + \frac{\sigma_\mu}{\rho + \sigma_\varepsilon + 2\sigma_\mu} (s_1 + s_2) - q_1 - bq_2 - c \right) q_1$$
$$+ \left(a_2 + \frac{\sigma_\mu}{\rho + \sigma_\varepsilon + 2\sigma_\mu} (s_1 + s_2) - bq_1 - q_2 - c \right) q_2$$

q_1 和 q_2 的一阶条件分别为：

$$\frac{\partial E\Pi_{U - D_1 - D_2}}{\partial q_1} = a_1 - 2q_1 - 2bq_2 - c + \frac{(s_1 + s_2)\sigma_\mu}{\rho + \sigma_\varepsilon + 2\sigma_\mu}$$

$$\frac{\partial E\Pi_{U - D_1 - D_2}}{\partial q_2} = a_2 - 2bq_1 - 2q_2 - c + \frac{(s_1 + s_2)\sigma_\mu}{\rho + \sigma_\varepsilon + 2\sigma_\mu}$$

即可得一体化企业 $U - D_1 - D_2$ 最大化利润时的产量和价格分别为：

$$q_1 = \frac{a_1 - a_2 b - (1 - b)c}{2(1 - b^2)} + \frac{(s_1 + s_2)\sigma_\mu}{2(1 + b)(\rho + \sigma_\varepsilon + 2\sigma_\mu)},$$

$$q_2 = \frac{a_2 - a_1 b - (1 - b)c}{2(1 - b^2)} + \frac{(s_1 + s_2)\sigma_\mu}{2(1 + b)(\rho + \sigma_\varepsilon + 2\sigma_\mu)}$$

$$p_1 = \frac{(a_1 + c)(\rho + \sigma_\varepsilon) + (2a_1 + 2c + s_1 + s_2)\sigma_\mu}{2(\rho + \sigma_\varepsilon + 2\sigma_\mu)},$$

$$p_2 = \frac{(a_2 + c)(\rho + \sigma_\varepsilon) + (2a_2 + 2c + s_1 + s_2)\sigma_\mu}{2(\rho + \sigma_\varepsilon + 2\sigma_\mu)}$$

一体化企业 $U - D_1 - D_2$ 最大预期利润 $E\Pi_{U - D_1 - D_2}$ 为：

$$E\Pi_{U - D_1 - D_2} = \frac{(a_1 - c)^2 + (a_2 - c)^2 + 2(a_1 + a_2 - c)bc - 2a_1 a_2 b}{4(1 - b^2)}$$

$$+\frac{\sigma_\mu^2}{(1+b)(\rho+\sigma_\varepsilon+2\sigma_\mu)}$$

因为 $\dfrac{\sigma_\mu^2}{(1+b)(\rho+\sigma_\varepsilon+2\sigma_\mu)}>0$，所以存在商品需求不确定性时，一体化企业 $U-D_1-D_2$ 最大预期利润一定高于不存在需求不确定时的利润。由此可知，一体化企业在需求存在不确定性时的预期利润高于确定性需求时的利润。原因是，当存在不确定性时，不确定的需求 μ 和信号 s_i 是相关的，只要信号 s_1 和 s_2 不等于零，那么将来真实的需求一定与期望的需求不同，企业根据信号调整产量可以进一步提高利润。

3. 批发价格合约的市场均衡

下面用逆向归纳法讨论上游企业 U 分别向下游企业 D_1 和 D_2 提出批发价格合约 $\{w_1\}$ 和 $\{w_2\}$ 时的市场均衡。

假设给定上游企业 U 的批发价格合约 $\{w_1\}$ 和 $\{w_2\}$，且下游企业 D_1 和 D_2 接受了合约①，那么在第三阶段，下游企业 D_1 和 D_2 对于是否会分享信息的组合有三种情形：无信息分享（下游企业 D_1 和 D_2 都不向对方分享信息），即 $(I_i, I_j)=(0, 0)$；单边信息分享（下游企业 D_i 向 D_j 分享信息），即 $(I_i, I_j)=(0, 1)$ 或 $(I_i, I_j)=(1, 0)$；双边信息分享（下游企业 D_1 和 D_2 都向对方分享信息），即 $(I_i, I_j)=(1, 1)$，其中 $i=1, 2$。

（1） D_1 和 D_2 无信息分享 $(I_i, I_j)=(0, 0)$。

如果下游企业 D_1 和 D_2 彼此不分享信息，那么下游企业 D_1 和 D_2 在 Cournot 产量竞争之前都只了解自己观察到的信息 s_1 和 s_2。根据对 μ 和 $s_i(i=1, 2)$ 的分布假设，简单计算，可知下游企业 D_i 观察到 s_i 后，对 μ 的条件预期为：

$$E[\mu \mid s_i]=\frac{\sigma_\mu}{\sigma_\varepsilon+\sigma_\mu}s_i$$

下游企业 D_1 和 D_2 最大化预期利润的问题分别为：

---

① 显然，在均衡时，下游企业 D_1 和 D_2 会分别接受上游企业 U 的批发价格合约 $\{w_1\}$ 和 $\{w_2\}$。

$$\underset{q_1}{\text{Max}}\, E\pi_{D_1} = E\big[\,(a_1 + \mu - q_1 - bq_2 - w_1)\,|\,s_1\,\big]q_1$$

$$\underset{q_2}{\text{Max}}\, E\pi_{D_2} = E\big[\,(a_2 + \mu - bq_1 - q_2 - w_2)\,|\,s_2\,\big]q_2$$

即，

$$\underset{q_1}{\text{Max}}\, E\pi_{D_1} = (a_1 + E[\mu\,|\,s_1] - q_1 - bE[q_2\,|\,s_1] - w_1)q_1$$

$$\underset{q_2}{\text{Max}}\, E\pi_{D_2} = (a_2 + E[\mu\,|\,s_2] - bE[q_2\,|\,s_2] - q_2 - w_2)q_2$$

进一步，可得给定批发价格合约 $\{w_1\}$ 和 $\{w_2\}$，如果下游企业 D_1 和 D_2 无信息分享时，那么 Cournot 竞争的 Bayesian 均衡销量和预期利润分别为：

$$q_1 = \frac{2a_1 - ba_2 - 2w_1 + bw_2}{4 - b^2} + \frac{\sigma_\mu}{b\rho + 2\sigma_\varepsilon + (2+b)\sigma_\mu}s_1$$

$$q_2 = \frac{2a_2 - ba_1 + bw_1 - 2w_2}{4 - b^2} + \frac{\sigma_\mu}{b\rho + 2\sigma_\varepsilon + (2+b)\sigma_\mu}s_2$$

$$\begin{cases} E\pi_{D_1} = \left(\dfrac{2a_1 - 2w_1 - (a_2 - w_2)b}{4 - b^2}\right)^2 + \dfrac{(\sigma_\mu + \sigma_\varepsilon)\sigma_\mu^2}{(b(\rho + \sigma_\mu) + 2(\sigma_\mu + \sigma_\varepsilon))^2} \\[4mm] E\pi_{D_2} = \left(\dfrac{2a_2 - 2w_2 - (a_1 - w_1)b}{4 - b^2}\right)^2 + \dfrac{(\sigma_\mu + \sigma_\varepsilon)\sigma_\mu^2}{(b(\rho + \sigma_\mu) + 2(\sigma_\mu + \sigma_\varepsilon))^2} \end{cases}$$

上游企业 U 的预期利润为：

$$E\pi_U = \frac{2(a_1 - w_1)(w_1 - c) + 2(a_2 - w_2)(w_2 - c) - b(a_1(w_2 - c) + a_2(w_1 - c) + c(w_1 + w_2) - 2w_1 w_2)}{4 - b^2}$$

（2）D_1 和 D_2 双边信息分享 $(I_i,\ I_j) = (1,\ 1)$。

如果下游企业 D_1 和 D_2 决定相互分享信息，那么都可以在 Cournot 产量竞争之前观察到 s_1 和 s_2 两个信号。在此情形中，下游企业 D_1 和 D_2 在决策前拥有相同的信号，对彼此的信号不存在不确定性。

根据对 μ 和 $s_i(i = 1,\ 2)$ 的分布假设，基于 s_1 和 s_2 对 μ 的条件预期为：

$$E[\mu\,|\,s_1,\ s_2] = \frac{\sigma_\mu}{\rho + \sigma_\varepsilon + 2\sigma_\mu}(s_1 + s_2)$$

下游企业 D_1 和 D_2 最大化预期利润的问题分别为：

$$\underset{q_1}{\text{Max}}\, E\pi_{D_1} = E\big[\,(a_1 + \mu - q_1 - bq_2 - w_1)\,|\,s_1,\ s_2\,\big]q_1$$

$$\underset{q_2}{\text{Max}}\, E\pi_{D_2} = E\big[\,(a_2 + \mu - bq_1 - q_2 - w_2)\,|\,s_1,\ s_2\,\big]q_2$$

即，

$$\underset{q_1}{\text{Max}}\, E\pi_{D_1} = (a_1 + E[\mu \mid s_1,\ s_2] - q_1 - bq_2 - w_1)q_1$$

$$\underset{q_2}{\text{Max}}\, E\pi_{D_2} = (a_2 + E[\mu \mid s_1,\ s_2] - bq_1 - q_2 - w_2)q_2$$

进一步可得，给定批发价格合约 $\{w_1\}$ 和 $\{w_2\}$，如果下游企业 D_1 和 D_2 都向对方分享信息，那么 Cournot 竞争的 Bayesian 均衡销量和预期利润分别为：

$$q_1 = \frac{2a_1 - ba_2 - 2w_1 + bw_2}{4 - b^2} + \frac{\sigma_\mu}{(2 + b)(\rho + \sigma_\varepsilon + 2\sigma_\mu)}(s_1 + s_2)$$

$$q_2 = \frac{2a_2 - ba_1 + bw_1 - 2w_2}{4 - b^2} + \frac{\sigma_\mu}{(2 + b)(\rho + \sigma_\varepsilon + 2\sigma_\mu)}(s_1 + s_2)$$

$$\begin{cases} E\pi_{D_1} = \left(\dfrac{2a_1 - 2w_1 - (a_2 - w_2)b}{4 - b^2}\right)^2 + \dfrac{2\sigma_\mu^2}{(2 + b)^2(\rho + 2\sigma_\mu + \sigma_\varepsilon)} \\[3mm] E\pi_{D_2} = \left(\dfrac{2a_2 - 2w_2 - (a_1 - w_1)b}{4 - b^2}\right)^2 + \dfrac{2\sigma_\mu^2}{(2 + b)^2(\rho + 2\sigma_\mu + \sigma_\varepsilon)} \end{cases}$$

上游企业 U 的预期利润为：

$$E\pi_U = \frac{2(a_1 - w_1)(w_1 - c) + 2(a_2 - w_2)(w_2 - c) - b(a_1(w_2 - c) + a_2(w_1 - c) + c(w_1 + w_2) - 2w_1 w_2)}{4 - b^2}$$

（3）D_1 和 D_2 单边信息分享 $(I_i,\ I_j) = (0,\ 1)$ 或 $(I_i,\ I_j) = (1,\ 0)$。

由于下游企业 D_1 和 D_2 是对称的，下游企业 D_1 向 D_2 分享信息与下游企业 D_2 向 D_1 分享信息的结果是对称的。故此，下面仅分析下游企业 D_1 向 D_2 分享信息的情形。

如果下游企业 D_1 向 D_2 分享信息，而 D_2 不向 D_1 分享信息，那么下游企业 D_1 在 Cournot 产量竞争之前仅观察到 s_1，而 D_2 可以在 Cournot 产量竞争之前观察到 s_1 和 s_2 两个信号。

根据对 μ 和 $s_i(i = 1,\ 2)$ 的分布假设，基于 s_1 和 s_2 对 μ 的条件预期为：

$$E[\mu \mid s_i] = \frac{\sigma_\mu}{\sigma_\varepsilon + \sigma_\mu}s_i,\quad E[\mu \mid s_1,\ s_2] = \frac{\sigma_\mu}{\rho + \sigma_\varepsilon + 2\sigma_\mu}(s_1 + s_2)$$

下游企业 D_1 和 D_2 最大化预期利润的问题分别为：

$$\underset{q_1}{\text{Max}}\, E\pi_{D_1} = E[(a_1 + \mu - q_1 - bq_2 - w_1) \mid s_1]q_1$$

$$\mathop{Max}_{q_2} E\pi_{D_2} = E\big[\,(a_2 + \mu - bq_1 - q_2 - w_2)\mid s_1,\; s_2\,\big]q_2$$

即,

$$\mathop{Max}_{q_1} E\pi_{D_1} = (a_1 + E[\mu\mid s_1] - q_1 - bE[q_2\mid s_1] - w_1)q_1$$

$$\mathop{Max}_{q_2} E\pi_{D_2} = (a_2 + E[\mu\mid s_1,\; s_2] - bE[q_1\mid s_1,\; s_2] - q_2 - w_2)q_2$$

进一步可以得出,给定批发价格合约 $\{w_1\}$ 和 $\{w_2\}$,如果下游企业 D_1 向 D_2 分享信息,但 D_2 不向 D_1 分享信息,那么 Cournot 竞争的 Bayesian 均衡销量和预期利润分别为:

$$q_1 = \frac{2a_1 - ba_2 - 2w_1 + bw_2}{4 - b^2} + \frac{(-2 + b)\sigma_\mu}{b^2\rho + (-4 + b^2)\sigma_\varepsilon + 2(-2 + b^2)\sigma_\mu}(s_1 + s_2)$$

$$q_2 = \frac{2a_2 - ba_1 + bw_1 - 2w_2}{4 - b^2}$$

$$+ \frac{\sigma_\mu(b\rho + (-2 + b)\sigma_\varepsilon + 2(-1 + b)\sigma_\mu)}{(\rho + \sigma_\varepsilon + 2\sigma_\mu)(b^2\rho + (-4 + b^2)\sigma_\varepsilon + 2(-2 + b^2)\sigma_\mu)}(s_1 + s_2)$$

$$\begin{cases} E\pi_{D_1} = \left(\dfrac{2a_1 - 2w_1 - (a_2 - w_2)b}{4 - b^2}\right)^2 + \dfrac{2(2-b)^2\sigma_\mu^2(\sigma_\varepsilon - \rho)}{(4(\sigma_\mu + \sigma_\varepsilon) - b^2(\rho + 2\sigma_\mu + \sigma_\varepsilon))^2} \\[4mm] E\pi_{D_2} = \left(\dfrac{2a_2 - 2w_2 - (a_1 - w_1)b}{4 - b^2}\right)^2 + \dfrac{2\sigma_\mu^2(2(\sigma_\mu + \sigma_\varepsilon) - b(\rho + 2\sigma_\mu + \sigma_\varepsilon))^2}{(\rho + 2\sigma_\mu + \sigma_\varepsilon)(4(\sigma_\mu + \sigma_\varepsilon) - b^2(\rho + 2\sigma_\mu + \sigma_\varepsilon))^2} \end{cases}$$

上游企业 U 的预期利润为:

$$E\pi_U = \frac{2(a_1 - w_1)(w_1 - c) + 2(a_2 - w_2)(w_2 - c) - b(a_1(w_2 - c) + a_2(w_1 - c) + c(w_1 + w_2) - 2w_1w_2)}{4 - b^2}$$

从上面的分析可以得出:无论下游企业是否彼此分享信息,在事前上游企业 U 对下游市场销量的预期是相同的。由此,下游企业 D_1 和 D_2 是否分享信息不会影响上游企业 U 的批发价格合约。如果上游企业 U 使用批发价格合约 $\{w_1\}$ 和 $\{w_2\}$,那么下游企业 D_1 和 D_2 之间是否分享信息不影响上游企业 U 的合约,此时,$\{w_1\} = \left\{\dfrac{a_1 + c}{2}\right\}$ 和 $\{w_2\} = \left\{\dfrac{a_2 + c}{2}\right\}$。

同时可以看出,在下游企业 D_1 和 D_2 彼此是否分享信息的三种情形下都有着相同的基准利润,即无论做分享或不分享信息的决策,下游企业 D_1 一定能得到基准利润为 $\left(\dfrac{2a_1 - 2w_1 - (a_2 - w_2)b}{4 - b^2}\right)^2$,下游企业 D_2 一定能得到

基准利润为 $\left(\dfrac{2a_2 - 2w_2 - (a_1 - w_1)b}{4 - b^2}\right)^2$。同时，可以发现该基准利润是商品 1 和商品 2 的需求不存在不确定情形下，上游企业仅使用批发价格合约时下游企业 D_1 和 D_2 的市场均衡利润。

令 $x = \sigma_\mu + \sigma_\varepsilon$，$y = \sigma_\mu + \rho$，给定上游企业 U 的批发价格合约 $\{w_1\}$ 和 $\{w_2\}$，下游企业 D_1 和 D_2 选择分享和不分享信息时，扣除基准利润后的利润矩阵可由图 3-1 表示。通过分析图 3-1 可以得到下游企业 D_1 和 D_2 对于分享或不分享信息的决策。

下游企业 D_2

	分享	不分享
分享	$\dfrac{2\sigma_\mu^2}{(2+b)^2(x+y)}$, $\dfrac{2\sigma_\mu^2}{(2+b)^2(x+y)}$	$\dfrac{2(2-b)^2(x-y)\sigma_\mu^2}{(4x-b^2(x+y))^2}$, $\dfrac{2(2x-b(x+y))^2\sigma_\mu^2}{(x+y)(4x-b^2(x+y))^2}$
不分享	$\dfrac{2(2x-b(x+y))^2\sigma_\mu^2}{(x+y)(4x-b^2(x+y))^2}$, $\dfrac{2(2-b)^2(x-y)\sigma_\mu^2}{(4x-b^2(x+y))^2}$	$\dfrac{x\sigma_\mu^2}{(by+2x)^2}$, $\dfrac{x\sigma_\mu^2}{(by+2x)^2}$

图 3-1　企业 D_1 和 D_2 的策略矩阵

首先，给定对方 D_j 选择分享信息时，下游企业 D_i 向对方分享信息的利润为：$\dfrac{2\sigma_\mu^2}{(2+b)^2(x+y)}$，不向对方分享信息的利润为：$\dfrac{2\sigma_\mu^2(2x-b(x+y))^2}{(x+y)(4x-b^2(x+y))^2}$。简单比较，由 $\dfrac{2\sigma_\mu^2}{(2+b)^2(x+y)} > \dfrac{2\sigma_\mu^2(2x-b(x+y))^2}{(x+y)(4x-b^2(x+y))^2}$ 可以得出，给定对方 D_j 选择分享信息时，下游企业 D_i 一定会向对方分享信息。

其次，当给定下游企业 D_i 选择不分享信息时，下游企业 D_i 向对方分享信息的利润为：$\dfrac{2(2-b)^2(x-y)\sigma_\mu^2}{(4x-b^2(x+y))^2}$，不向对方分享信息的利润为：$\dfrac{x\sigma_\mu^2}{(by+2x)^2}$。简单比较后可以看出，下游企业 D_j 是否会分享信息取决于"替代效应" b 与"自方差效应" σ_ε 的大小关系。图 3-2 的 Ⅰ、Ⅱ 和 Ⅲ 区域中，$\dfrac{x\sigma_\mu^2}{(by+2x)^2} > \dfrac{2(2-b)^2(x-y)\sigma_\mu^2}{(4x-b^2(x+y))^2}$；图 3-2 的 Ⅳ、Ⅴ、Ⅵ 和 Ⅶ 区域

中，$\dfrac{x\sigma_\mu^2}{(by+2x)^2} < \dfrac{2(2-b)^2(x-y)\sigma_\mu^2}{(4x-b^2(x+y))^2}$，其中，$i=1$，$2$。

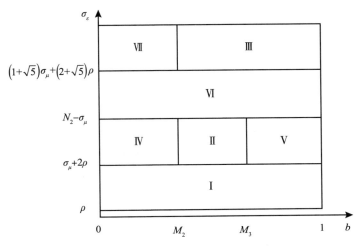

图 3 - 2　企业的利润区间

注：图 3 - 2 中，N_2 是 $-y^4+2y^3n-4y^2n^2-2yn^3+n^4=0$ 从小到大排列的第 2 个实数根；M_2 和 M_3 分别是 $-16x^3+32x^2y+(32x^3-64x^2y+32xy^2)m+(-16x^3+32x^2y-40xy^2+8y^3)m^2+(-8x^2y+16xy^2-8y^3)m^3+(x^3+2x^2y-xy^2+2y^3)m^4=0$

　　由此，给定上游企业 U 的批发价格合约 $\{w_1\}$ 和 $\{w_2\}$，在图 3 - 2 的 Ⅰ、Ⅱ 和 Ⅲ 区域，有两个纯策略 Nash 均衡（分享，分享）和（不分享，不分享），在图 3 - 2 的 Ⅳ、Ⅴ、Ⅵ 和 Ⅶ 区域，下游企业 D_1 和 D_2 有一个纯策略 Nash 均衡（分享，分享）。

　　同时可以发现，在图 3 - 2 的 Ⅳ、Ⅴ、Ⅵ 和 Ⅶ 区域，当 $b>\dfrac{2\sqrt{2}\sqrt{x(x+y)}-2x}{x+2y}$ 时，$\dfrac{x\sigma_\mu^2}{(by+2x)^2} > \dfrac{2\sigma_\mu^2}{(2+b)^2(x+y)}$，此时下游企业 D_1 和 D_2 的（分享，分享）纯策略 Nash 均衡是一个因徒困境。可以发现，察到 $\dfrac{2\sqrt{2}\sqrt{x(x+y)}-2x}{x+2y}$ 由 μ 的方差、ε_i 的方差（σ_ε）以及 ε_1 和 ε_2 的协方差 ρ 组成，故此，本书把 $\dfrac{2\sqrt{2}\sqrt{x(x+y)}-2x}{x+2y}$ 称为"交互方差效应"，该效应反

映了两家下游企业都拥有彼此私有信号，在更新了对产品真实市场总需求判断做出产量决策后企业利润的变化。

最后，可知在图 3 - 2 的 I 、II 和 III 区域，当"替代效应"<"交互方差效应"，即 $b < \dfrac{2\sqrt{2}\sqrt{x(x+y)} - 2x}{x+2y}$ 时，下游企业 D_1 和 D_2 的（分享，分享）是 Payoff Dominance 的 Nash 均衡；当"替代效应">"交互方差效应"，$b > \dfrac{2\sqrt{2}\sqrt{x(x+y)} - 2x}{x+2y}$ 时，（不分享，不分享）是 Payoff Dominance 的 Nash 均衡。

由此，可以得出：当上游企业 U 使用批发价格合约 $\{w_1\}$ 和 $\{w_2\}$ 时，下游企业 D_1 和 D_2 是否分享信息取决于商品 1 和商品 2 的"替代效应"b 与"自方差效应"σ_ε 的大小关系。

一是在图 3 - 2 的 I、II 和 III 区域，下游企业 D_1 和 D_2 的（分享，分享）和（不分享，不分享）都是纯策略 Nash 均衡，但是当"替代效应"<"交互方差效应"时，（分享，分享）是下游企业 D_1 和 D_2 的 Payoff Dominance 的 Nash 均衡；当"替代效应">"交互方差效应"时，（不分享，不分享）是下游企业 D_1 和 D_2 的 Payoff Dominance 的 Nash 均衡。

二是在图 3 - 2 的 IV、V、VI 和 VII 区域，下游企业 D_1 和 D_2 有一个纯策略 Nash 均衡（分享，分享），当"替代效应">"交互方差效应"时，下游企业 D_1 和 D_2 的（分享，分享）纯策略 Nash 均衡是一个"囚徒困境"。其中，$x = \sigma_\mu + \sigma_\varepsilon$，$y = \sigma_\mu + \rho$。

该结论给出了上游企业 U 使用批发价格合约时，下游企业 D_1 和 D_2 是否分享信息的市场均衡。商品 1 和商品 2 的"替代效应"、企业自己信号的"自方差效应"、企业彼此信号的"交互方差效应"共同影响了下游企业 D_1 和 D_2 是否分享信息的决策。

当上游企业 U 使用批发价格合约 $\{w_1\}$ 和 $\{w_2\}$ 时，事前上游企业 U 向下游企业 D_1 和 D_2 的联合预期利润小于一体化企业 $U - D_1 - D_2$ 的预期利润，即 $E\pi_U + E\pi_{D_1} + E\pi_{D_2} < E\Pi_{U-D_1-D_2}$。表明与完全信息下的 1×2 纵向结构相同，当上游企业 U 仅使用批发价格合约时，由于纵向外部性，纵向结

构会存在效率损失。

4. "批发价格 + 固定费"合约的市场均衡

下面再讨论上游企业 U 分别向下游企业 D_1 和 D_2 提出"批发价格 + 固定费"合约 $\{w_1, F_1\}$ 和 $\{w_2, F_2\}$ 时的市场均衡。

由上述分析可知,当上游企业 U 仅使用批发价格合约 $\{w_1\}$ 和 $\{w_2\}$ 时,上游企业 U 与下游企业 D_1 和 D_2 的联合预期利润小于一体化企业 $U - D_1 - D_2$ 的预期利润。由此,上游企业 U 可以使用"批发价格 + 固定费"合约 $\{w, F\}$ 进一步提高预期利润。

显然,如果上游企业 U 分别向下游企业 D_1 和 D_2 提出"批发价格 + 固定费"合约 $\{w_1, F_1\}$ 和 $\{w_2, F_2\}$,那么市场均衡取决于"替代效应" b 和"交互方差效应" $\dfrac{2\sqrt{2}\sqrt{x(x+y)}-2x}{x+2y}$ 的大小:

一是当"替代效应"<"交互方差效应"时,存在唯一的 PBE,下游企业 D_1 和 D_2 彼此分享信息。

二是当"替代效应">"交互方差效应"时,存在唯一的 PBE,下游企业 D_1 和 D_2 彼此不分享信息。

三是当"替代效应"="交互方差效应"时,存在两个的 PBE,下游企业 D_1 和 D_2 彼此不分享信息或彼此不分享信息是无差异的。

进而,也可得出市场均衡时上游企业 U 的具体合约条款,当"替代效应"<"交互方差效应",即 $b < \dfrac{2\sqrt{2}\sqrt{x(x+y)}-2x}{x+2y}$ 时,上游企业 U 分别向下游企业 D_1 和 D_2 提出"批发价格 + 固定费"合约为:

$$\{w_1, F_1\} = \left\{ \frac{(-2+b+b^2)c + b^2 a_1 - ba_2}{2(-1+b^2)}, \ \frac{((-1+b)c + a_1 - ba_2)^2}{4(-1+b^2)^2} + \frac{2\sigma_\mu^2}{(2+b)^2(x+y)} \right\}$$

$$\{w_2, F_2\} = \left\{ \frac{(-2+b+b^2)c - ba_1 + b^2 a_2}{2(-1+b^2)}, \ \frac{((-1+b)c - ba_1 + a_2)^2}{4(-1+b^2)^2} + \frac{2\sigma_\mu^2}{(2+b)^2(x+y)} \right\}$$

当"替代效应">"交互方差效应",即 $b > \dfrac{2\sqrt{2}\sqrt{x(x+y)}-2x}{x+2y}$ 时,上游企业 U 分别向下游企业 D_1 和 D_2 提出"批发价格 + 固定费"合约为:

$$\{w_1, F_1\} = \left\{ \frac{(-2+b+b^2)c+b^2a_1-ba_2}{2(-1+b^2)}, \quad \frac{((-1+b)c+a_2-ba_1)^2}{4(-1+b^2)^2} + \frac{x\sigma_\mu^2}{(by+2x)^2} \right\}$$

$$\{w_2, F_2\} = \left\{ \frac{(-2+b+b^2)c-ba_1+b^2a_2}{2(-1+b^2)}, \quad \frac{((-1+b)c-ba_1+a_2)^2}{4(-1+b^2)^2} + \frac{x\sigma_\mu^2}{(by+2x)^2} \right\}$$

其中，$x = \sigma_\mu + \sigma_\varepsilon$，$y = \sigma_\mu + \rho$。

最后分析上游企业 U 对批发价格合约 $\{w\}$ 与 "批发价格 + 固定费" 合约 $\{w, F\}$ 的选择，可以发现：与批发价格合约 $\{w\}$ 相比，如果上游企业 U 使用 "批发价格 + 固定费" 合约 $\{w, F\}$，在图 3 - 2 的 Ⅳ、Ⅴ、Ⅵ 和 Ⅶ 区域，当 "替代效应" > "交互方差效应"，即 $b > \frac{2\sqrt{2}\sqrt{x(x+y)}-2x}{x+2y}$ 时，上游企业 U 会阻止下游企业 D_1 和 D_2 分享信息。可以看出，在下游需求存在不确定的情形，上游企业 U 在纵向交易合约中加入固定费，可以迫使下游企业 D_1 和 D_2 在事前就对观察到需求信号以后是否进行信息分享或不分享的行为做出承诺，既避免了下游企业在信息分享选择中出现的 "囚徒困境"，也增加了自己的预期利润。

5. 纵向交易合约比较与社会福利

比较上游企业 U 使用 "批发价格" 合约 $\{w\}$ 和 "批发价格 + 固定费" 合约 $\{w, F\}$ 时的市场价格、社会福利，可以得到如下结论。

一是在 1×2 市场结构下，如果下游企业各自都存在不确定的需求，那么与事后使用 "批发价格 + 固定费" 合约相比，上游企业事前使用 "批发价格 + 固定费" 合约不仅可以获得更多的利润，而且不会降低社会福利。这表明，如果下游企业的需求存在着不确定性，上游企业为了更加精准地了解市场需求信息，等待在下游企业在观察到需求信号之后，再向他们提出购买信息的事后合约的做法并不能最大化利润。相反，上游企业并不需要了解下游企业的需求信息，只需要在事前使用 "批发价格 + 固定费" 就可以通过控制下游企业之间彼此分享信息的行为，促使下游企业做出有利于自己的分享信息或不分享信息的行为，从而给自己带来最大的利润。当企业都是风险中性时，面对需求的不确定，上游企业使用事前的 "固定费" 起到了两方面的作用：一方面，只要下游企业是交易合约的接受者，上游企业就可以通过一次性"固定费"获取下游企业的预期利润；另一方面，迫使下游企业在事前，即在观察到需求信号之前就对信息分享或不分享的行为做出承诺，避免了下游企业在信息分享选择中出现的"囚徒困境"。由此，上游企业使用事前的"批发价格 + 固定费"合约可以比事后的"批发价格 + 固定费"合约获得更多的利润。

二是当下游企业 D_1 和 D_2 的需求存在不确定性时，上游企业 U 使用"批发价格"合约 $\{w\}$，或"批发价格 + 固定费"合约 $\{w, F\}$ 时，都无法达到纵向一体化企业 $U - D_1 - D_2$ 的预期利润。这表明，由于需求的不确定性，使得上游企业无法像在确定性需求情形下一样仅使用"批发价格 + 固定费"合约 $\{w, F\}$ 就恢复纵向一体化效率。

三是与"批发价格"合约 $\{w\}$ 相比，上游企业使用"批发价格 + 固定费"合约 $\{w, F\}$ 时，提高了企业联合利润，降低了预期市场价格降低，增加了消费者剩余，增进了社会福利。与完全信息情形下的结论相同，即，上游企业使用"批发价格 + 固定费"合约 $\{w, F\}$，通过消除纵向外部性（Joseph J. Spengler，1950）和水平外部性（Lester G. Telser，1960），提高了企业利润，增加了消费者剩余（Bernheim Douglas and Michael Whinston，1985；1998；Jeanine Miklós – Thal，Patrick Rey and Thibaud Vergé，2011）。但是与完全信息情形相比，当下游企业的需求是不确定的情形时，上游企业使用"批发价格 + 固定费"合约 $\{w, F\}$ 比使用"批发价格"合约 $\{w\}$ 增加的利润，一方面来自消除了由于纵向和水平的外部性带来的利润损失，另一方面来自避免了下游企业之间因为信息分享的"囚徒困境"而造成的利润损失。

上面的分析，解释了企业之间分享信息或不分享信息的一个原因，同时也给出了纵向交易合约中固定费的一种解释。即，市场均衡中，下游企业是否进行信息分享的结果取决于上游企业的策略性交易合约。当所有企业都是风险中性时，面对不确定的市场需求，上游企业有动机使用交易合约控制下游企业之间做出对自己有利的信息分享或不分享决策。上游企业使用"批发价格 + 固定费"合约 $\{w, F\}$，可以在不需要了解下游企业事后私人信息的情形下，一方面，通过一次性固定费获取作为合约接受者的下游企业的所有预期利润；另一方面，迫使下游企业在事前对观察到需求信号以后进行信息分享或不分享的行为做出承诺，避免了下游企业在信息分享选择中出现"囚徒困境"，从而使自己获取更多的利润。控制下游企业之间信息分享的纵向交易合约不仅提高了上下游企业的联合利润，也增加了消费者剩余，增进了社会福利。

3.3　直接销售与间接销售选择

董烨然（2019）在消费者可以在不同商店搜寻商品的背景下，考察了一个上游生产商是否选择构建自己的渠道（自营店）与下游零售商同时向消费者销售商品，以及如何销售商品的问题①。董烨然（2019）发现：一是，把消费者搜寻与差别化定价在纵向结构的框架下结合在了一起，解释了市场中上游生产商建设自营店直接向消费者出售产品的可能动机，揭示了现实生活中同一商品在生产商自营店的价格往往高于零售商价格的可能原因；二是，给出了纵向结构下交易合约动机的新解释，即具有市场力量的上游企业可以利用交易合约与自营渠道相结合，在下游市场中构建起区分消费者的差别化定价机制；三是，给出了非完全垄断市场中出现差异化定价原因的新解释，即企业的销售渠道可以成为区分消费者，进而进行差别化定价的方法。下面基于董烨然（2019）的模型进行讨论。

3.3.1　上下游市场参与者与交易过程

上游有一个垄断的生产商 U，可以以固定的边际成本生产商品 X。下游有一个零售商 D_R 可以把生产商 U 的商品 X 销售给消费者。简单起见，假设生产商 U 生产商品 X 的边际成本为 0，零售商 D_R 销售商品也不承担额外成本，即销售成本为 0。

---

① 例如，苹果（Apple）在因特网上建设了自己的官网，也在各个城市开设了许多实体体验店。

假设上游生产商 U 除了可以通过下游零售商 D_R 把商品销售给消费者之外，也可以付出固定成本 $F(F>0)$ 在下游市场建设一个自营店（官网、体验店等）D_U，直接向消费者销售商品。

市场中的每位消费者最多对商品 X 存在 1 单位需求。假设消费者在了解商品之前不知道自己是否与商品匹配，只有在了解商品之后才知道自己是否与商品匹配[①]。假设商品与消费者匹配的概率为 α，如果消费者与商品匹配，那么消费者对商品会产生一个基准偏好 v，$v>0$；如果商品与消费者不匹配，那么消费者对商品的偏好为 0。

消费者在生产商 U 的自营店 D_U 购买商品与在零售商 D_R 的商店的区别是：在自营店 D_U，一方面消费者可以在购买之前触摸、感知和体验商品，另一方面自营店 D_U 的销售人员更加专业，可以为消费者提供详尽的服务，例如，商品的功能讲解、安装指导、维修保养等，由此，消费者可以在购买之前了解商品 A 对自己产生的效用。而在零售商 D_R 的商店，消费者只能在购买商品之后才了解商品 X 是否与自己匹配，以及对自己产生的效用。

假设零售商 D_R 只能提供满足消费者基础偏好 v 的商品 X，而生产商 U 的自营店 D_U 除了使消费者得到商品 A 的基础偏好外，还能对与商品匹配的消费者产生一个额外的效用增量 $\tilde{s}$。

与奥兹·夏尔（Oz Shy，2013；2014）不同的是，本书假设消费者在零售商购物不仅没有额外偏好增量，还需要付出运输成本 $t_r(t_r \geqslant 0)$[②]。同时，假设消费者到生产商 U 的自营店 D_U 购物需要付出固定的运输成本 $t_u(t_u \geqslant 0)$，但会产生额外的偏好增量 $\tilde{s}$。t_r 和 t_u 刻画了消费者搜寻不同商店的成本。假设消费者们对自营店购物的偏好不同，即消费者们的偏好增量 $\tilde{s}$ 在 $[0，s]$ 均匀分布，$\tilde{s} \in [0，s]$。由此，消费者对零售商 D_R 和自

[①]　可以想象商品 X 对于消费者是一种新商品，例如，一台新款的手机、新款打印机、新款服装等，消费者只有在看到真实商品的时候才知道该商品是否对自己适用。

[②]　Oz Shy（2013，2014）假设消费者在零售商购物的运输成本 $t_r = 0$，而本书假设消费者在商店购物都需要付出成本，这使得本书所讨论的现象更加普遍，例如，本书的零售商和生产商的自营店适用于现实生活中所有实体商店或网络商店的情形，即本书所讨论的自营店和零售店的形式都既可以是网络商店，也可以是实体店。

营店 D_U 的商品偏好是纵向差异的。下面的假设 3.1 和假设 3.2 给出了消费者对商品的偏好与购物成本的关系。

假设 3.1：$\alpha v > \max\{t_r, t_u\}$。该假设表示消费者有意愿前往零售商 D_R 或生产商的自营店 D_U 购物，这保证了消费者会购买商品。

假设 3.2：$\alpha s - (t_u - t_r) > 0$。该假设表示消费者在生产商的自营店 D_U 购物可以获得的最大偏好增量大于为了前往自营店 D_U 而不前往零售商 D_R 需要多付出的成本，这保证了会有消费者有前往自营店 D_U 购物的意愿。

最后，为了便于计算和比较，把消费者的数量单位化为 1。

市场中，生产商 U、零售商 D_R 和消费者的交易过程如下。

第一阶段：企业决策。首先，生产商 U 决定是否投资自营店 D_U。接下来，生产商决定是否单独销售商品，还是同时通过零售商 D_R 销售商品，如果决定还通过零售商 D_R 销售商品，那么决定给零售商 D_R 的批发价格合约 $\{w\}$。同时，如果生厂商 U 建设了自营店 D_U，那么自营店 D_U 是下游市场的价格领导者[①]。令 p_u 和 p_r 分别表示自营店 D_U 和零售商 D_R 出售商品的价格。由于，自营店 D_U 是生产商建设的，那么生产商 U 实际上是价格 p_u 的制定者。假设零售商 D_R 在销售和不销售生产商 U 的商品无差异的时候，会销售生产商的商品。

第二阶段：消费者搜寻与购买。在看到商品价格后，消费者决策前往生产商的自营店 D_U，或直接在零售商 D_R 购物[②]。如果前往零售商 D_R 购物，则购物结束，显然由于消费者在零售商 D_R 付款后才能了解和获得商品，且消费者只需要消费 1 单位商品，所以消费者在零售商 D_R 购物后不会在前往自营店 D_U。如果在自营店 D_U 购物，则有两种情况：一是发现商品与自己不匹配，则购物结束；如果发现商品与自己匹配，那么进一步选择是否前往在零售商 D_R 购买，或是在生产商 U 的自营店 D_U 购买。

下面在子博弈纳什均衡的定义下分析市场均衡。

[①] 假设来自生产商 U 的自营店 D_U 拥有着批发价格信息内部信息的事实（Rajeev Tyagi，2005；Yunchuan Liu and Z. John Zhang，2006）。同时，该假设也保证了纯策略 Nash 均衡的存在性。

[②] 据调查，有 18% 的消费者会在实体零售商搜寻商品，然后再在网络商店购买（"Get the best deal"，Consumer Reports，December 2012，p. 24.）。

3.3.2　上游生产商不投资自营店或只通过自营店销售

事前，能够成为均衡的上游生产商 U 选择有三个：一是不投资自营店 D_U，仅通过下游零售商 D_R 间接地把商品 X 销售给消费者（情形 1）；二是投资自营店 D_U，不通过下游零售商 D_R，直接把商品销售给消费者（情形 2）；三是投资自营店 D_U，同时通过自营店 D_U 和下游零售商 D_R 把商品销售给消费者（情形 3）。本部分先考虑情形 1 和情形 2，这两种情形是分析情形 3 的极端情形。

1. 生产商 U 不投资自营店

如果生产商 U 不投资自营店 D_R，那么只能通过下游零售商 D_R 销售商品。由于所有与商品 X 匹配的消费者在零售商 D_R 购买商品只获得商品的基准效用 v，那么消费者前往零售商 D_R 之前购买商品的预期效用 EU 为：

$$EU = \alpha v + (1 - \alpha) \times 0 - t_r - p_r = \alpha v - t_r - p_r$$

鉴于消费者净效用不小于 0 的约束，即 $EU \geq 0$，最大化预期利润的零售商 D_R 最高把零售价格定为 $p_r = \alpha v - t_r$。由此，生产商 U 会把批发价格定为 $w = \alpha v - t_r$，既保证零售商 D_R 会销售自己的商品，又能获取最大预期利润。显然，当生产商 U 会把批发价格定为 $w = \alpha v - t_r$ 时，零售商 D_R 的零售价格也为 $p_r = \alpha v - t_r$，此时，消费者的预期剩余为 0。即可发现：生产商 U 不投资自营店 D_R 时，事前预期利润为：$E\pi_U = \alpha v - t_r$；消费者事前预期剩余为：$CS = 0$。

2. 生产商 U 投资自营店 D_U 且不通过下游零售商 D_R 销售

如果生产商 U 投资自营店 D_U 后不通过下游零售商 D_R 销售商品，那么消费者只能前往生产商 U 的自营店 D_U 购物。此时，消费者在购买之前可以了解商品对自己的效用，与商品匹配的消费者的效用为 $v + \tilde{s}$，与商品不匹配的消费者的效用为 0。由于必须支出运输成本 t_u，给定生产商 U 的价格 p_u，消费者的预期效用为：

$$EU = \alpha(v + \tilde{s} - p_u) + (1 - \alpha) \times 0 - t_u = \alpha(v + \tilde{s} - p_u) - t_u$$

消费者前往自营店 D_U 的条件是 $EU \geqslant 0$，所以对商品评价超过 $p_u + \dfrac{t_u}{\alpha}$ 的消费者会前往生产商 U 购买商品。

与商品匹配的消费者的效用最低为 v，所以 $p_u = v - \dfrac{t_u}{\alpha}$ 是生产商 U 确保证所有消费者都来自己的自营店 D_U 时利润最大的价格，该价格也是生产商 U 不通过下游零售商 D_R 销售时对商品定的最低价格。由此，生产商 U 选择 p_u 最大化利润的问题为：

$$\underset{p_u}{\text{Max}}\, \pi_U(p_u) = \frac{\alpha}{s}\left(v + s - p_u - \frac{t_u}{\alpha}\right)p_u - F \text{ 且 } p_u \geqslant v - \frac{t_u}{\alpha}$$

由 $\dfrac{\partial \pi_U}{\partial p_u} = \dfrac{1}{s}(\alpha(v+s) - t_u - 2\alpha p_u)$，$\dfrac{\partial^2 \pi_U}{\partial p_u^2} = -2\dfrac{\alpha}{s} < 0$ 和假设 3.1 和假设

3.2，可得生产商 U 的最优定价为 $p_u = \dfrac{\alpha(v+s) - t_u}{2\alpha}$，此时，生产商 U 的事前预期利润为：

$$E\pi_U = \frac{1}{4s\alpha}(\alpha(v+s) - t_u)^2 - F$$

显然，如果没有下游零售商 D_R，只有当 $\dfrac{1}{4}\dfrac{(\alpha(v+s) - t_u)^2}{s\alpha} \geqslant F$ 时，生产商 U 才会投资建设自营店 D_U。从生产商的预期利润可以看出，$E\pi_U$ 随着消费者与商品的匹配概率 α、对商品的评价 v 和 s 提高而增加。

由于消费者对生产商自营店（体验店）的偏好是连续的，当生产商自己向消费者出售商品时，只能统一定价，无法对消费者进行有针对性的定价，所以只有消费者与商品匹配的概率 α，或对在自营店购物评价 v 和 s 足够高时，生产商才会投资自营店。

同时可以得到当价格为 $p_u = \dfrac{\alpha(v+s) - t_u}{2\alpha}$ 时，购买商品的消费者的数量为：$\dfrac{1}{s}\left(s - \dfrac{\alpha(s-v) + t_u}{2\alpha}\right) = \dfrac{\alpha(s+v) - t_u}{2s\alpha}$。

进一步，可知生产商 U 投资自营店 D_U 且不通过下游零售商 D_R 销售

时，生产商 U 的事前预期利润为：

$$E\pi_U = \frac{1}{4s\alpha}(\alpha(v+s) - t_u)^2 - F$$

消费者剩余为：

$$CS = \int_{\frac{\alpha(s+v)-t_u}{2s\alpha}}^{s}\left(\alpha\left(v + x - \frac{\alpha(v+s)-t_u}{2\alpha}\right) - t_u\right)\mathrm{d}x = \frac{(\alpha(s+v)-t_u)^2}{8\alpha}$$

3.3.3　生产商投资自营店情形

生产商 U 投资自营店 D_U 且同时通过下游零售商 D_R 销售时，会权衡批发价格 w 对零售商 D_R 的制定价格 p_r 的影响，同时也会考虑消费者看到零售商价格 p_r 和自营店价格 p_u 时对商店的选择。

下面用逆向归纳法首先分析消费者面对零售商价格 p_r 和自营店价格 p_u 的搜寻与购买选择，再分析生产商 U 和零售商 D_R 的交易与定价行为。

1. 消费者搜寻与购买决策

给定自营店 D_U 的价格 p_U 和零售商 D_R 的价格 p_r，消费者的策略有四个：(D_R, D_R)、(D_R, D_U)、(D_U, D_R)、(D_U, D_U)。其中，在（·，·）中，左边表示消费者前往自营店 D_U 或零售商 D_R 选择，右边表示如果消费者前往自营店 D_U 后，如果与商品匹配，是留在自营店 D_U 购买，还是返回零售商 D_R 处购买。

一方面，(D_R, D_R) 与 (D_R, D_U) 对消费者的支付是相同的；另一方面，如果消费者前往零售商 D_R，那么不会再去生产商 U 的自营店 D_U。故此，需要考虑的消费者策略为：一是 (D_R)，即直接前往零售商 D_R；二是 (D_U, D_R)，即前往自营店 D_U 发现与商品匹配后选择回到零售商 D_R 购买；三是 (D_U, D_U)，即前往自营店 D_U 发现与商品匹配后直接购买。

消费者在生产商 U 的自营店 D_U 获得的效用 $\tilde{s}$ 是连续分布的，可以猜想消费者搜寻商店购买商品的情形可能为：有一些消费者直接去零售商 D_R 购买；有一些消费者直接去自营店 D_U 购买商品；有一些消费者先去自营

店 D_U，但在零售商 D_R 购买的情形。

下面先分析市场均衡时共存的消费者购买商品的可能情形。

首先，尽管消费者在前往零售商 D_R 和自营店 D_U 之前不能确定商品与自己是否匹配，但都知道与商品匹配后在自营店购买的偏好增量是 $\tilde{s}$，故此，消费者选择商店的分布可能有三种情形：一是一部分消费者直接去自营店 D_U 购买商品，剩余的消费者直接去零售商 D_R 购买商品；二是所有消费者都先去自营店 D_U 搜寻，一部分消费者留在自营店 D_U 购买商品，剩余的消费者在搜寻后转往零售商 D_R 购买商品；三是一部分消费者直接去零售商 D_R 购买，一部分消费者直接去自营店 D_U 购买商品，还有一部分消费者先去自营店 D_U 搜寻，但在零售商 D_R 购买商品。

其次，消费者先去自营店 D_U，但在零售商 D_R 购买商品的预期效用为：

$$EU = \alpha(v - t_r - p_r) - t_u$$

消费者直接去零售商 D_R 购买商品的预期效用为：

$$EU = \alpha v - t_r - p_r$$

消费者直接去自营店 D_U 购买商品的预期效用为：

$$EU = \alpha(v + \tilde{s} - p_u) - t_u$$

给定 p_r，比较前两个式子的大小关系有三种情况：一是 $\alpha(v - t_r - p_r) - t_u = \alpha v - t_r - p_r$；二是 $\alpha(v - t_r - p_r) - t_u > \alpha v - t_r - p_r$；三是 $\alpha(v - t_r - p_r) - t_u < \alpha v - t_r - p_r$。

如果 $\alpha(v - t_r - p_r) - t_u > \alpha v - t_r - p_r$，那么不会存在消费者直接前往零售商 D_R 购买商品的情形。

如果 $\alpha(v - t_r - p_r) - t_u < \alpha v - t_r - p_r$，那么不会存在消费者前往自营店 D_U，但在零售商 D_R 购买商品的情形。

显然，不会存在消费者直接前往零售商 D_R 购买商品和消费者前往自营店 D_U 但在零售商 D_R 购买商品的共存的情形。故此，市场均衡时，消费者选择商店的分布只可能有两种情形。

一是一部分消费者直接去自营店 D_U 购买商品，剩余的消费者直接去零售商 D_R 购买商品；二是所有消费者都前往自营店 D_U 搜寻，其中一部分消费者会直接在自营店 D_U 购买商品，但剩余的消费者会转往零售商 D_R 购买商品。

（1）一部分消费者直接去自营店 D_U 购买商品，剩余的消费者直接去零售商 D_R 购买商品。

假设消费者搜寻商品选择后的均衡是一部分消费者直接去自营店 D_U 购买商品，剩余的消费者直接去零售商 D_R 购买商品。用 s^* 表示直接前往自营店 D_U 购买商品与直接前往零售商 D_R 购买商品无差异的消费者，则 s^* 满足：

$$\alpha v - t_r - p_r = \alpha(v + s^* - p_u) - t_u$$

由此，$\tilde{s} \geqslant s^* = \dfrac{\alpha p_u - p_r + t_u - t_r}{\alpha}$ 的消费者会直接前往自营店 D_U 购买商品，$\tilde{s} < s^*$ 的消费者会直接前往零售商 D_R 购买商品。

此时，生产商 U 的利润表示为：

$$\pi_U = \frac{\alpha}{s}\left(\left(s - \frac{\alpha p_u - p_r + t_u - t_r}{\alpha}\right)p_u + \frac{\alpha p_u - p_r + t_u - t_r}{\alpha}w\right)$$

零售商 D_R 的利润表示为：

$$\pi_{D_R} = \frac{\alpha}{s}\frac{\alpha p_u - p_r + t_u - t_r}{\alpha}(p_r - w)$$

鉴于消费者在零售商 D_R 购买商品，在购买之后才了解是否与商品匹配，且效用为 v，所以，面对消费者，零售商 D_R 的定价无法超过 $\alpha v - t_r$，即 $p_r \leqslant \alpha v - t_r$。

由生产商和零售商的利润，可以得到生产商 U 和零售商 D_R 的联合利润为：

$$\pi_U + \pi_{D_R} = \frac{\alpha}{s}\left(\left(s - \frac{\alpha p_u - p_r + t_u - t_r}{\alpha}\right)p_u + \frac{\alpha p_u - p_r + t_u - t_r}{\alpha}p_r\right)$$

显然，这也是生产商 U 和零售商 D_R 纵向一体化时的利润 Π_{U-D_R}，即，

$$\Pi_{U-D_R} = \frac{\alpha}{s}\left(\left(s - \frac{\alpha p_u - p_r + t_u - t_r}{\alpha}\right)p_u + \frac{\alpha p_u - p_r + t_u - t_r}{\alpha}p_r\right)$$

p_u 和 p_r 的一阶条件分别为：

$$\frac{\partial \Pi_{U-D_R}}{\partial p_u} = \frac{s\alpha + (1+\alpha)p_r - 2\alpha p_u - (t_u - t_r)}{s}$$

$$\frac{\partial \Pi_{U-D_R}}{\partial p_r} = \frac{(1+\alpha)p_u - 2p_r + t_u - t_r}{s}$$

猜想均衡时 p_u 不会低于 p_r，同时 $s^* = \frac{\alpha p_u - p_r + t_u - t_r}{\alpha} \geqslant 0$，显然，$\frac{\partial \Pi_{U-D_R}}{\partial p_r} > 0$，这表示给定 p_u 时，一体化企业会尽量提高 p_r。由于零售商的定价 p_r 无法超过 $\alpha v - t_r$，所以，一体化企业会使得 $p_r = \alpha v - t_r$。

同时，纵向一体化企业同时选择 p_r 和 p_u 实现的 Π_{U-D_R} 不会小于生产商 U 和零售商 D_R 分别决策 p_u 和 p_r 的联合利润。

由于 $\pi_U + \pi_{D_R}$ 与 Π_{U-D_R} 式相同，故此，生产商 U 可以把批发价格定为 $w = \alpha v - t_r$，就可以获得纵向一体化利润，这也是生产商 U 可以获得的最大利润。

显然，如果市场均衡时，一部分消费者直接去自营店购买商品，剩余的消费者直接去零售商 D_R 购买商品，那么生产商 U 会把批发价格定为 $w = \alpha v - t_r$。同时可以得到 $p_r = \alpha v - t_r$，$p_u = \frac{\alpha(s + v + v\alpha) - \alpha t_r - t_u}{2\alpha}$，显然，$p_u > p_r$。此时，生产商 U 利用零售商 D_R 的价格上限，可以把批发价格定为 $w = \alpha v - t_r$，获得纵向一体化利润。

在一部分消费者直接去自营店购买商品，剩余的消费者直接去零售商 D_R 购买商品的市场均衡中，生产商 U 向零售商 D_R 销售商品的批发价格为 $w = \alpha v - t$，自营店 D_U 和零售商 D_R 的定价分别为：

$$p_u = \frac{\alpha(s + v + v\alpha) - \alpha t_r - t_u}{2\alpha}, \quad p_r = \alpha v - t_r$$

前往自营店 D_U 和零售商 D_R 购买商品无差异的消费者 s^* 为：

$$s^* = \frac{\alpha(s - v(1 - \alpha) - t_r) + t_u}{2\alpha}$$

前往自营店 D_U 和零售商 D_R 购物的消费者比例分别为：

$$\frac{s - s^*}{s} = \frac{\alpha(s + v(1 - \alpha) + t_r) - t_u}{2s\alpha}, \quad \frac{s^*}{s} = \frac{\alpha(s - v(1 - \alpha) - t_r) + t_u}{2s\alpha}$$

给定 $p_u = \frac{\alpha(s + v + v\alpha) - \alpha t_r - t_u}{2\alpha}$ 和 $p_r = \alpha v - t_r$，如果市场均衡为一部分

消费者直接去自营店 D_U 购买商品，剩余的消费者直接去零售商 D_R 购买商品，那么不应存在消费者先去自营店，但在零售商购买商品的情形，此时需要 $\alpha(v - t_r - p_r) - t_u < 0$，即 $t_u - v\alpha(1 - \alpha) > 0$。

同时，如果 $\alpha t_r \leqslant t_u - v\alpha(1 - \alpha) - \alpha s$ 时，那么 $s^* \geqslant s$，此时所有消费者会都前往零售商 D_R 购买商品，此时的市场均衡被上游企业 U 完全通过零售商 D_R 销售商品占优；如果 $\alpha t_r \geqslant t_u - v\alpha(1 - \alpha) + \alpha s$ 时，那么 $s^* \leqslant 0$，所有消费者都会前往自营店 D_U 购买商品，此时的市场均衡被上游企业 U 完全通过自营店 D_U 销售商品占优；只有当 $t_u - v\alpha(1 - \alpha) - \alpha s < \alpha t_r < t_u - v\alpha(1 - \alpha) + \alpha s$ 时，$0 < s^* < s$，市场均衡才有可能为一部分消费者直接去自营店 D_U 购买商品，剩余的消费者直接去零售商 D_R 购买商品。

由此，可以得到：如果市场均衡为一部分消费者直接去自营店 D_U 购买商品，剩余的消费者直接去零售商 D_R 购买商品，那么必要条件为：$t_u > v\alpha(1 - \alpha)$ 且 $\frac{1}{\alpha}(t_u - v\alpha(1 - \alpha)) - s < t_r < \frac{1}{\alpha}(t_u - v\alpha(1 - \alpha)) + s$。

进一步，如果市场均衡为一部分消费者直接去自营店 D_U 购买商品，剩余的消费者直接去零售商 D_R 购买商品，那么生产商 U 和零售商 D_R 的利润分别为：

$$\pi_U = \frac{(\alpha(s + v(1 - \alpha) + t_r) - t_u)^2 + 4s(v\alpha - t_r)\alpha^2}{4s\alpha}, \quad \pi_{D_R} = 0$$

消费者剩余为：

$$CS = \int_{\frac{\alpha(s - v(1 - \alpha)) + t}{2\alpha}}^{s} \left(\alpha\left(v + x - \frac{\alpha(s + v + v\alpha) - t}{2\alpha} \right) - t \right) \mathrm{d}x$$

$$= \frac{(\alpha(s + v(1 - \alpha) + t_r) - t_u)^2}{8\alpha}$$

（2）所有消费者都先去自营店 D_U 搜寻，但其中部分消费者在搜寻后转往零售商 D_R 购买商品。

假设消费者选择后的均衡是所有消费者都先去自营店 D_U 搜寻，但其中部分消费者在搜寻后转往零售商 D_R 购买商品。用 s^{**} 表示前往自营店 D_u，在零售商 D_R 购买与在自营店 D_U 购买商品无差异的消费者，则 s^{**} 满足：

$$\alpha(v - t_r - p_r) - t_u = \alpha(v + s^{**} - p_u) - t_u$$

由此，$\tilde{s} \geq s^{**} = p_u - p_r - t_r$ 的消费者会直接前往自营店 D_U 购买商品，$\tilde{s} < s^{**}$ 的消费者会直接前往零售商 D_R 购买商品。

此时，生产商 U 的利润表示为：

$$\pi_U = \frac{\alpha}{s}((s + t_r - p_u + p_r)p_u + (p_u - p_r - t_r)w)$$

零售商 D_R 的利润表示为：

$$\pi_{D_R} = \frac{\alpha}{s}(p_u - p_r - t_r)(p_r - w)$$

用逆向归纳法分析该市场均衡时生产商 U 的批发价格。最后一阶段零售商 D_R 决定价格 p_r 的问题为：

$$\underset{p_r}{\text{Max}} \, \pi_{D_R} = \frac{\alpha}{s}(p_u - p_r - t_r)(p_r - w)$$

p_r 的一阶条件为：

$$\frac{\partial \pi_{D_R}}{\partial p_r} = \frac{\alpha(w - 2p_r + p_u - t_r)}{s}$$

可得 $p_r = \frac{1}{2}(w + p_u - t_r)$。

预期到零售商 D_R 的价格 $p_r = \frac{1}{2}(w + p_u - t_r)$，生产商 U 选择批发价格 w 和对自营店 D_R 选择 p_u 的问题为：

$$\underset{w, p_u}{\text{Max}} \, \pi_U = -\frac{\alpha(p_u^2 + w(w + t_r) - p_u(2(s + w) + t_r))}{2s}$$

p_u 和 w 的一阶条件分别为：

$$\frac{\partial \pi_U}{\partial p_u} = \frac{\alpha(2(s + w) - 2p_u + t_r)}{2s}$$

$$\frac{\partial \pi_U}{\partial w} = \frac{\alpha(2p_u - 2w - t_r)}{2s}$$

显然，$p_r + t_r \geq w + t_r$，同时猜想均衡时 p_u 不会低于 $p_r + t_r$，那么 $\frac{\partial \pi_U}{\partial w} = \frac{\alpha(2p_u - 2w - t_r)}{2s} \geq 0$，同时零售商的定价 p_r 无法超过 $v - t_r - \frac{t_u}{\alpha}$，所以生产

商 U 会使得批发价格 $w = v - t_r - \dfrac{t_u}{\alpha}$。进而，可知生产商 U 会把 p_u 定为 $\dfrac{s}{2} +$

$v - \dfrac{t}{\alpha}$。

另外，生产商 U 和零售商 D_R 纵向一体化时的利润 Π_{U-D_R} 为：

$$\Pi_{U-D_R} = \frac{\alpha}{s}((s + t_r - p_u + p_r)p_u + (p_u - p_r - t_r)p_r)$$

p_u 和 p_r 的一阶条件分别为：

$$\frac{\partial \Pi_{U-D_R}}{\partial p_u} = \frac{\alpha(s + 2p_r - 2p_u + t_r)}{s}$$

$$\frac{\partial \Pi_{U-D_R}}{\partial p_r} = \frac{\alpha(2p_u - 2p_r - t_r)}{s}$$

由 $s^{**} = p_u - p_r - t_r \geq 0$，显然，$\dfrac{\partial \Pi_{U-D_r}}{\partial p_r} > 0$，这表示给定 p_u 时，一体化

企业会尽量提高 p_r。由于零售商的定价 p_r 无法超过 $v - t_r - \dfrac{t_u}{\alpha}$，所以，一体

化企业会使得 $p_r = v - t_r - \dfrac{t_u}{\alpha}$。

故此，生产商 U 把批发价格定为 $w = v - t_r - \dfrac{t_u}{\alpha}$，可以获得纵向一体化

利润，这也是生产商 U 可以获得的最大利润。

同时可得 $p_r = v - t_r - \dfrac{t_u}{\alpha}$，$p_u = \dfrac{s}{2} + v - \dfrac{t_r}{2} - \dfrac{t_u}{\alpha}$，显然，如果市场均衡

时，有一部分消费者先去自营店 D_U 搜寻，但在零售商 D_R 购买商品，那么

生产商 U 会把批发价格定为 $w = v - t_r - \dfrac{t_u}{\alpha}$，表明生产商 U 利用零售商 D_R

的价格上限，可以把批发价格定为 $w = v - t_r - \dfrac{t_u}{\alpha}$，获得纵向一体化利润。

在有一部分消费者先去自营店 D_U 搜寻，但在零售商 D_R 购买商品的市

场均衡中，生产商 U 向零售商 D_R 销售商品的批发价格为 $w = v - t_r - \dfrac{t_u}{\alpha}$，

自营店 D_U 和零售商 D_R 的定价分别为：

$$p_u = \frac{s}{2} + v - \frac{t_r}{2} - \frac{t_u}{\alpha}, \quad p_r = v - t_r - \frac{t_u}{\alpha}$$

去自营店 D_U 和零售商 D_R 购买商品无差异的消费者 s^{**} 为：

$$s^{**} = \frac{1}{2}(s - t_r)$$

前往自营店 D_U 和零售商 D_R 购物的消费者比例分别为：

$$\frac{s - s^{**}}{s} = \frac{s + t_r}{2s}, \quad \frac{s^{**}}{s} = \frac{s - t_r}{2s}$$

给定 $p_u = \frac{s}{2} + v - \frac{t_r}{2} - \frac{t_u}{\alpha}$ 和 $p_r = v - t_r - \frac{t_u}{\alpha}$，如果市场均衡为所有消费者都先去自营店 D_U 搜寻，但其中部分消费者在搜寻后前往零售商 D_R 购买商品，那么不应存在一开始消费者直接去自营店 D_R 购买商品的情形，此时需要 $\alpha v - t_r - p_r < 0$，即 $t_u - v\alpha(1 - \alpha) < 0$。

同时，如果 $t_r \geqslant s$ 时，$s^{**} \leqslant 0$，所有消费者都会前往自营店 D_U 购买商品，此时的市场均衡被上游企业完全通过自营店 D_U 销售商品占优；只有当 $t_r < s$ 时，$0 < s^* < s$，市场均衡为所有消费者都先去自营店 D_U 搜寻，但其中部分消费者在搜寻后前往零售商 D_R 购买商品。由此，可以得到：如果市场均衡为所有消费者都先去自营店 D_U 搜寻，一部分消费者留在自营店 D_U 购买商品，剩余的消费者在搜寻后转往零售商 D_R 购买商品，那么必要条件为：$t_u < v\alpha(1 - \alpha)$ 且 $t_r < s$。表明所有消费者都先去自营店 D_U 搜寻，一部分消费者留在自营店 D_U 购买商品，剩余的消费者在搜寻后转往零售商 D_R 购买商品时的生产商 U 和零售商 D_R 的利润分别为：

$$\pi_U = \alpha\left(v + \frac{s}{4}\right) - \frac{\alpha t_r(2s - t_r)}{4s} - t_u, \quad \pi_{D_R} = 0$$

消费者剩余为：

$$CS = \int_{\frac{s}{2}}^{s} \left(\alpha\left(v + x - \left(\frac{s}{2} + v - t\right)\right) - t\right) dx = \frac{1}{8}\alpha(s + t_r)^2$$

在消费者前往零售商 D_R 购物的效用相同时，生产商 U 使用批发价格合约就可以实现一体化利润，同时零售商 D_R 的利润始终等于 0。

2. 生产商 U 投资自营店 D_U 后的定价选择

本部分讨论生产商 U 是投资自营店 D_U 后的销售渠道选择。

对比（1）和（2）中的生产商利润，可以发现，消费者与商品匹配的概率 α，前往零售商 D_R 和自营店 D_U 的成本 t_r 和 t_u，以及对匹配商品的偏好 v 和 s 的大小关系决定了生产商定价与销售渠道选择。图 3-3 和图 3-4 分别给出了生产商销售渠道选择与定价的两种情形。

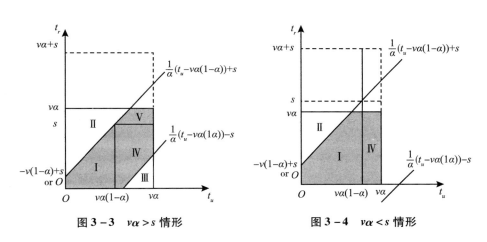

图 3-3　$v\alpha > s$ 情形　　　　图 3-4　$v\alpha < s$ 情形

由假设 1，$0 < t_r < v\alpha$，$0 < t_u < v\alpha$。当 $s < v\alpha$ 时，$0 < t_r < \frac{1}{\alpha}(t_u - v\alpha(1-\alpha)) + s$ 且 $0 < t_u < v\alpha(1-\alpha)$ 的部分构成了区域 I；$\frac{1}{\alpha}(t_u - v\alpha(1-\alpha)) + s < t_r < v\alpha$ 的部分构成了区域 II；$0 < t_r < \frac{1}{\alpha}(t_u - v\alpha(1-\alpha)) - s$ 且 $v\alpha(1-\alpha) < t_u < v\alpha$ 的部分构成了区域 III；$\max\left\{0, \frac{1}{\alpha}(t_u - v\alpha(1-\alpha)) - s\right\} < t_r < s$ 且 $v\alpha(1-\alpha) < t_u < v\alpha$ 的部分构成了区域 IV；$s < t_r < \min\left\{\frac{1}{\alpha}(t_u - v\alpha(1-\alpha)) + s, v\alpha\right\}$ 且 $v\alpha(1-\alpha) < t_u < v\alpha$ 的部分构成了区域 V。

当 $s > v\alpha$ 时，$0 < t_r < \min\left\{\frac{1}{\alpha}(t_u - v\alpha(1-\alpha)) + s, v\alpha\right\}$ 且 $0 < t_u < v\alpha(1-$

α）的部分构成了区域 I；$\frac{1}{\alpha}(t_u - v\alpha(1-\alpha)) + s < t_r < v\alpha$ 的部分构成了区域 II；$0 < t_r < v\alpha$ 且 $v\alpha(1-\alpha) < t_u < v\alpha$ 的部分构成了区域 IV。

比较（1）和（2）中的 s^* 和 s^{**} 成立的区域即可得到：如果生产商 U 投资了自营店 D_U，那么在图 3-3 和图 3-4 的区域 I 和区域 IV 中，生产商 U 同时通过自营店 D_U 和零售商 D_R 销售商品；区域 III 中，生产商 U 只通过零售商 D_R 销售商品；区域 II 和区域 V 中，生产商 U 只通过自营店 D_U 销售商品。表明在生产商 U 投资自营店 D_U 后，确实存在生产商 U 只通过自营店 D_U 销售商品的选择。另外，生产商 U 投资自营店 D_U 后，投资成本 F 成为沉没成本，仍会出现生产商 U 只通过零售商 D_R 销售商品的情形。

区域 I 中，市场均衡为一部分消费者直接去自营店 D_U 购买商品，剩余的消费者直接去零售商 D_R 购买商品；区域 IV 中，市场均衡为所有消费者都先去自营店 D_U 搜寻，但其中部分消费者在搜寻后前往零售商 D_R 购买商品。

3.3.4　生产商直接销售与间接销售选择

事前，生产商 U 考虑是否投资自营店 D_U 时，会预期图 3-3 和图 3-4 中的可能出现的 5 种情形。在区域 III，即使生产商 U 拥有自营店 D_U，也不会自己销售商品，鉴于在事前生产商 U 本来就有不建设自营店 D_U 的选择，所以在该区域，生产商 U 一定不会投资自营店。

显然，在区域 I、区域 II、区域 IV 和区域 V 中，扣除固定投资 F 后，生产商 U 的预期利润只有超过不投资自营店，仅通过零售商 D_R 销售商品时的事前预期利润时，才会投资自营店 D_U。简单比较，即可得到当 $F < (v-s)^2\alpha^2 + t_u^2 + 4s\alpha t_r - 2(v+s)\alpha t_u$ 时，生产商 U 会投资自营店 D_U。

决定生产商 U 是否投资自营店 D_U 的因素主要有两方面：一是自营店 D_U 能够给消费者提供的额外效用，二是前往自营店 D_U 与前往零售商 D_R 的相对成本。如果自营店 D_U 能够给消费者提供的额外效用 $\tilde{s}$ 足够高，或者前往自营店 D_U 与前往零售商 D_R 的相对成本相比不是很高，那么生产商

U 就会投资自营店 D_U。

当生产商 U 投资自营店 D_U 时，如果 $t_r > \frac{1}{\alpha}(t_u - v\alpha(1-\alpha)) + s$，那么生产商 U 仅通过自营店 D_U 销售商品；如果 $t_r < \min\left\{\frac{1}{\alpha}(t_u - v\alpha(1-\alpha)) + s, v\alpha\right\}$，那么生产商 U 会通过自营店 D_U 和零售商 D_R 一起销售商品。

显然，如果消费者前往零售商 D_R 的成本过高，那么生产商 U 更好的做法是建设自营店 D_U 销售商品。但是消费者前往零售商 D_R 的成本 t_r 适中时，即 $\max\left\{0, \frac{1}{\alpha}(t_u - v\alpha(1-\alpha)) - s\right\} < t_r < \min\left\{\frac{1}{\alpha}(t_u - v\alpha(1-\alpha)) + s, v\alpha\right\}$ 时，建设自营店 D_U，且通过自营店 D_U 与零售商 D_R 同时销售商品是最优选择。这也解释了生活中生产商 U 投资建设自营店 D_U 后仍然把部分商品通过零售商 D_R 销售的事实。

生产商 U 通过自营店 D_U 和零售商 D_R 一起销售商品的均衡出现在图 3-3 和图 3-4 的区域 I 和区域 IV。在区域 I，自营店 D_U 和零售商 D_R 的定价分别为：$p_u = \frac{\alpha(s+v+v\alpha) - \alpha t_r - t_u}{2\alpha}$，$p_r = \alpha v - t_r$。在区域 IV，自营店 D_U 和零售商 D_R 的定价分别为：$p_u = \frac{s}{2} + v - \frac{t_r}{2} - \frac{t_u}{\alpha}$，$p_r = v - t_r - \frac{t_u}{\alpha}$。显然，两种情形中的 p_u 均高于 p_r。即表明当生产商 U 通过自营店 D_U 和零售商 D_R 一起销售商品时，自营店 D_U 的商品价格 p_u 高于零售商 D_R 的商品价格 p_r。

与现实生活中生产企业在自营店的价格往往高于零售商价格的事实吻合。这也给出了生产商 U 通过自营店 D_U 和零售商 D_R 一起销售商品的动机之一，即自营店 D_U 和零售商 D_R 同时销售商品形成了一种区分消费者的机制，由于自营店 D_U 可以向消费者提供在购买之前了解商品的服务，使得对商品附加服务有更高偏好的消费者会前往自营店购买，而对商品附加服务偏好较低的消费者在权衡附加服务和搜寻成本后会选择前往价格较低的零售商购买。

进一步，比较区域 I、区域 IV 与区域 II、区域 V 的商品销售数量和消费者剩余，可以得到：消费者的搜寻行为使得更多消费者购买到了商品，但降低了整体消费者剩余。

比较图 3-3 和图 3-4 中各个可能的市场均衡区域商品销售数量和消费者剩余。可以发现，当消费者可以在生产商 U 的自营店 D_U 和零售商 D_R 进行商品搜寻时，区域 II、区域 V 成为市场均衡时所有消费者都会前往商店。由此可知，与消费者无法搜寻商品的情形相比，消费者的搜寻行为使得更多消费者购买到了商品。

区域 II、区域 V 的消费者剩余为：$\dfrac{(\alpha s + \alpha v - t_u)^2}{8\alpha}$；区域 I 的消费者剩余为：

$\dfrac{(\alpha s + \alpha t_r + \alpha v - \alpha^2 v - t_u)^2}{8\alpha}$，显然，$\dfrac{(\alpha s + \alpha v - t_u)^2}{8\alpha} > \dfrac{(\alpha s + \alpha t_r + \alpha v - \alpha^2 v - t_u)^2}{8\alpha}$。

区域 IV 的消费者剩余为：$\dfrac{1}{8\alpha}(\alpha s + \alpha t_r)^2$，且当区域 IV 成为市场均衡时，

生产商 U 向零售商 D_R 出售商品的批发价格为：$w = v - t_r - \dfrac{t_u}{\alpha} > 0$，所以可

得：$\dfrac{(\alpha s + \alpha v - t_u)^2}{8\alpha} > \dfrac{1}{8\alpha}(\alpha s + \alpha t_r)^2$，即可知区域 II、区域 V 的消费者剩余大于区域 IV 的消费者剩余。由此可知，当消费者可以在生产商 U 的自营店 D_U 和零售商 D_R 进行商品搜寻时，消费者的搜寻行为使得更多消费者购买到了商品，但整体的消费者剩余降低了。

消费者获取更高剩余的搜寻商品行为，使得生产商 U 可以通过建设自营渠道 D_U，与零售商 D_R 同时销售商品来区分消费者，这降低了整体消费者剩余。但是生产商 U 为了获取更多高偏好消费者的剩余，不得不增加最低偏好商品的供应数量，这也使得更多的消费者买到了商品。从社会福利的角度看，总体社会福利的大小是不确定的，取决于各种市场均衡情形时企业增加的利润与消费者降低的剩余的绝对值大小。

本节在纵向结构的框架下，把消费者搜寻与差别化定价现象结合在了一起，解释了市场中上游生产商建设自营店直接向消费者出售产品的可能动机，揭示了现实生活中产品在生产商自营店往往高于零售商的零售商的可能原因，给出了纵向结构下交易合约动机的新解释，即消费者对产品信

息搜寻的行为，恰好可以被上游生产商用来区分对产品附加服务偏好不同的消费者，拥有市场力量的生产商通过建设自营店，可以与下游零售商共同构建一个区分不同类型消费者偏好的机制，使得对产品服务偏好较低的消费者会在搜寻商品信息后前往零售商购物，而对产品服务偏好较高的消费者会直接到生产商的自营店购物。市场均衡时，上游生产商会获得比只通过自营店销售或只通过下游零售商销售商品更高的利润。尽管在不同商店进行搜寻的行为能使得更多的消费者买到商品，但也降低了整体消费者的剩余。

第 4 章

下游企业的纵向交易合约控制

　　下游企业使用纵向交易合约控制上游企业的行为，是与上游企业使用交易合约控制下游企业相对应的经济行为。在涉及上下游企业交易的合约设计过程中，无论合约是由上游企业（生产商）或是下游企业（零售商）提出的，只要下游企业有讨价还价的能力，在市场剩余分配中起着决定地位，那么由此形成的交易都是下游企业主导型交易。此时，下游企业与上游企业之间所涉及的合约称为"逆纵向控制"交易合约。在上游企业主导型交易中，生产商用来控制下游零售商的交易条款，也可以被下游零售商用来控制上游生产商。例如，固定费、批发价格限定、排他供货（或区域排他、市场圈定）等。其中，当下游零售商使用固定费控制上游生产商行为时，由于该费用由生产商向零售商支付，所以也被称为预付费、进场费或通道费。在各种下游企业控制上游企业的合约条款中，以固定费形式出现的预付费、进场费、通道费，是生活中和理论中关注的焦点，本章将着重对固定费（预付费、进场费、通道费）进行讨论。

　　尽管早在 1952 年，约翰·加尔布雷思（John Kenneth Galbraith，1952）在著作《美国资本主义：抗衡力量》中最先提出了市场中存在着下游企业"抗衡力量（Countervailing）"的概念。但是下游企业通过交易合约对上游企业进行控制现象，直到 21 世纪伴随着科技进步和经济发展才在生活中普及。下游企业（零售商）的"市场抗衡力量"主要来自以下方面。一是，随着信息科学技术的发展，下游零售企业装备了先进的信息处理系统，在控制订单、处理和收集商品信息和消费者信息等方面具备了相当高的效率，使零售企业可以通过增加营业面积，建立跨地区、跨国的分销网络，扩大商品经营范围来获取规模经济，大大提高了下游企业的市场谈判地位。二是，近年来，随着经济全球化步伐的加快以及连锁等新兴零售业态的不断涌现，市场中出现了一批超大型的零售商。21 世纪，沃尔玛几乎连年位居世界 500 强之首，成为最具有市场谈判势力的下游企业。三是，有条件的零售企业开始发展自己的品牌，可以不完全依赖生产商的供货，进一步增强了对供应商品的讨价还价能力。关于"货架空间稀缺"，主要指相对于越来越多的生产商的产品（特别是新产品）而言，零售店的货架空间越来越成为十分稀缺的资源。例如，自 20 世纪 70 年代初至 80 年代末，美国一个零售商店平均销售的商品已从 11800 种上升到 20000 种，平均一家典型的超市虽拥有摆放 30000 件到 40000 件商品的空间，但每年生产商提供可供选择的新产品数量已从 1978 年的 2600 种上升到 1987 年的 10200 种，进入 21 世纪更是达到了 100000 种（Greg Shaffer，1991；2004）。因此，与以往相比，零售商需要面对更多类别的商品和品牌。市场的变化，下游零售企业市场谈判地位的上升，不但造成了对上游生产商逆纵向控制现象的日益增多，而且有的已经成为经济生活中的焦点问题。

本章分为三节，分别讨论下游企业使用纵向交易合约来控制上游企业的商品质量、商品种类，对上游企业和竞争对手进行排他，以及促进价格合谋等问题。

马丁·拉里维埃和维·帕德马纳班（Martin A. Lariviere and V. Padma-nabhan，1997）考察了上游企业拥有商品质量信息的 1×1 纵向结构。由于下游企业不了解上游企业商品的质量信息，纵向结构存在着效率损失。马丁·拉里维埃和维·帕德马纳班比较了批发价格合约和"批发价格 + 固定费"合约，证明了市场均衡时，尽管交易合约是由上游企业向下游企业提出的，但固定费会由上游企业向下游企业支付，进而成为生活中常说的进场费（或通道费）。当下游企业外部机会较高的情况下，批发价格不足以向下游企业显示商品质量信号，而"固定费 + 批发价格"合约可以产生市场分离均衡，显示商品质量。与其他显示商品质量的方法（如做广告）相比，"固定费 + 批发价格"把利润留在了纵向结构内，是一种更有效率的做法。固定费是新产品需求信号显示的工具，生产商给予零售商进场费是对自己商品质量的一种可置信承诺，同时也是市场中层出不穷新产品与商场货架空间有限矛盾调和的结果，是零售商回避新产品风险和有利于提高整个市场效率的一种有效手段。陈智琦（Zhiqi Chen，2004）则认为（1 × 1市场）下游零售商的抗衡力量尽管可以减轻市场价格扭曲，但却会加剧产品多样化的扭曲，由于商品种类减少的效率损失比抗衡力量导致低的零售价格带来的收益更大，所以消费者的福利和企业的利润都会降低，社会福利也随之下降。格雷格·谢弗（Greg Shaffer，1991）通过对完全竞争的上游生产商与下游寡头垄断的零售商（$n \times 2$）交易合约选择的分析，指出当上游生产商可以通过合约来选择下游零售商时，进场费和转卖价格都可以作为"降低零售市场的竞争程度"，提高下游零售商利润的策略工具。如果转卖价格控制和进场费等控制工具都不允许使用，那么与边际的批发价格相比，进场费和转卖价格控制这两种工具都会降低福利，进场费甚至比转卖价格控制使社会福利降低得更多。莱斯利·马克思和格雷格·谢弗（Leslie M. Marx and Greg Shaffer，2007；2010）发现，在 2×1 的纵向结构市场中，下游企业讨价还价力量和进场费之间存在着逆向关系，下游企业讨价还价力量越大，就越不会使用进场费；尽管进场费会阻碍竞争，但并不会影响消费者支付的价格，在商品的选择过程中不会导致非效率。在稀缺的货架空间与预付费（进场费）的关系上，与其说进场费起因于稀缺的货架空间，不如说是因为下游零售商为了使用预付费（进场费）工具获取更大利润，才对其货架空间进行限制。预付费（进场费）使占优的零售商可以在获得正利润的同时，阻止生产商和自己的竞争对手结成利益联盟。珍妮·米克洛斯—塔尔、帕特里克·雷和蒂博德·韦尔盖（Patrick Rey，Jeanine Miklós – Thal and Thibaud Vergé，2005；2011）在 1×2 纵向结构中，比较了"批发价格 + 固定费""批发价格 + 视情形而定的固定费""批发价格 + 预付费 + 视情形而定的固定费"三种菜单式交易合约的市场均衡，发现当下游零售商拥有讨价还价的能力，可以向上游生产商提出"要么接受—要么离开"的合约时，预付费和视情形而定的固定费一起使用是实现整个上下游一体化利润的必要条件。

4.1　商品信息与种类

生活中，人们把生产商向零售商支付的一次性固定费称为"进场费""通道费"或"预付费"。这是零售企业利用其市场势力，对供应商的商品进入收取的一种费用，也是零售商主导型交易中最常见、最为典型的一种逆纵向合约控制工具。进场费通常包括各种不同种类名目繁多的支付，如新产品上架费、促销活动中的广告费、商场海报费、商品条码费、店庆费、摊头费、保位费等。在 20 世纪 80 年代的中期，生产商向零售商支付进场费现象还鲜为人知，但目前该费用在发达国家已相当普遍，成为在现有的商品类别中加入新商品的重要成本支出。根据美国联邦贸易委员会（FTC）2003 年公布的调研结果，五大类进场费的平均数额（每种商品、每个零售商、每个零售区域）在 2313～21768 美元之间。大多数被调查的生产商报告提出，在全国范围引入一种新商品需要 150 万～200 万美元的进场费①。在英国，2000 年，58% 的大型生产商报告有大型超市索要进场费的现象。据阿兰·玛丽·劳尔和克莱尔·查布尔（Allain Marie - Laure and Claire Chambolle，2005）对 1999 年法国超市零售商利润来源的分析，其隐藏性收入占总利润的 88%。如果进场费这一逆控制行为果真会像社会各界担忧的那样，产生新的市场垄断，那将会直接影响到居民生活和社会福利水平。本节将着重讨论双边垄断、上游竞争与下游局部市场垄断两类市场结构中的"进场费与新产品引入""垄断者的产品多样化选择和零售商反作用力对该选择的影响"，以及"进场费与稀缺货架空间"等相关问题。

---

① Federal Trade Commission. 2003. Slotting Allowances in the Retail Grocery Industry: Selected Case Studies in Five Product Categories.

4.1.1 新产品的质量信号

面对市场中层出不穷新产品与商场货架空间稀缺矛盾，当零售商具有讨价还价能力时，预付费（进场费）可能成为生产商主动向零售商支付的策略性工具。马丁·拉里维埃和维·帕德马纳班（Martin A. Lariviere and V. Padmanabhan，1997）认为，由于市场中每天会有大量的新产品被开发出来，如果零售商不加选择的购入产品，就有可能因产品失败而遭受损失。通过收取新产品进场费，生产商既可以向零售商传递可行的产品信息，又可以与零售商共同分担新产品风险，还可以把不能或不愿意支付较高进场费的较低质量的产品拒之门外。因此，进场费是有利于提高整个市场的效率的一种有效手段。

马丁·拉里维埃和维·帕德马纳班（1997）对进场费与新产品进入市场问题进行了研究，指出新产品的进场费来源于生产商与零售商关于商品的非对称信息，以及零售商货架空间较高的机会成本。如果生产商是交易合约的提出者，那么当生产商和零售商对产品的需求信息是对称的时候，交易条款中不会使用进场费；当生产商对于产品的需求信息多于零售商，且零售商的机会成本较高时，进场费会出现在合约中，作用为：一是可以成为向零售商传递产品需求信息的工具，二是承担了零售商的部分机会成本。进场费与其他信号传递工具（诸如广告等）相比，主要优点是把市场剩余保留在了分销渠道内。在马丁·拉里维埃和维·帕德马纳班的模型中，进场费是生产商主动愿意给零售商的支付，但进场费并不是零售商的意外收获，因为进场费仅仅实现了零售商的正常利润。

假设 1 家上游生产商 U 通过 1 家下游零售商 D 销售一种新产品 X，生产商 U 生产商品承担不变的边际成本 c。生产商向零售商提出交易合约，合约包括"批发价格 w + 固定费（进场费）F"。零售商选择是否接受合约；如果接受，零售商制定零售价格 p，选择销售的努力 e；销售努力私人信息，不可被证实。

零售商面临的需求曲线为：$q = a + f(e) - bp$，其中，a 表示市场容量大小，b 衡量价格对需求的敏感程度。假设 $f(e) \geq 0$，$f'(e) > 0$ 和 $f''(e) < 0$，显然零售商可以通过销售努力扩大市场容量。

1. 完全信息的基准情形

如果生产商和零售商对产品的需求是完全信息的。用 K 表示零售商货架空间的机会成本，此时零售商的利润 π_D 为：

$$\pi_D = (p - w)(a + f(e) - bp) - F - e$$

价格和努力程度依赖生产商的批发价格，而不依赖进场费或机会成本。在预计到零售商最优化行为的情况下，生产商提出交易合约 $\{w, F\}$ 来最大化自身的利润。完全信息时，可以得到：

一是零售商的努力 e 随着市场容量 a 增加而增加，随着批发价格 w 增加而降低。

二是当 $(f'(e))^2 \leq -2b(p - w)f''(e)$ 时，零售价格随着市场容量和批发价格而增加。

三是生产商不会支付进场费，即 $F = 0$。反而，当零售商的参与约束不紧的时候，生产商会把批发价格定在 $w = c$，然后向零售商收取一个特许费，大小为 $F = e - \dfrac{1}{4b}(a + f(e) - bc)^2$。

四是如果有参与约束限制，w 和生产商的利润随着零售商的机会成本 K 的提高而降低。这表明，当零售商和生产商都了解商品的需求信息时，生产商不需要使用进场费来弥补零售商的机会成本，降低批发价是一种重新分担新产品成本的更有效率的方式。

2. 产品需求信息不对称的情形

如果生产商对新产品的市场需求是私人信息，那么零售商不能确定在一定的销售努力和价格下能够出售多少新商品。此时的市场交易的过程如下。

第一阶段，生产商了解新产品的市场需求。

第二阶段，生产商向零售商提出"批发价格 + 固定费（进场费）"的

合约 $\{w, F\}$。

第三阶段，零售商接受或拒绝新产品，如果接受，零售商付出销售努力 e，并制定零售价格 p。在零售商制定策略变量以后，实现市场需求。

假设生产商生产产品的边际生产成本 c 不是商品类型的函数，即生产高需求的商品与生产低需求的商品付出的成本是相同的。

假设新产品的市场需求只有两个取值，高的市场需求和低的市场需求，那么在需求函数上，市场容量 a 有两个取值：a_H 或 $a_L (a_H > a_L)$，零售商对 $a = a_H$ 有一个先验概率 ρ，令 p_i 和 e_i 为零售商在完全信息下最优的价格和提供的销售努力，令 w_i 为市场容量 a_i 时生产商在完全信息下制定的批发价格，$i = H, L$。

假定高需求的产品给生产商和零售商带来的联合利润超过零售商的机会成本，低需求的产品给生产商和零售商带来的联合利润小于零售商的机会成本。即，

$$(p_L - c)(a_L + f(e_L) - bp_L) - e_L < K$$
$$(p_H - w_H)(a_H + f(e_H) - bp_H) - e_H \geq K$$

显然，在完全信息的情况下，零售商会很乐于接受高需求的产品，拒绝低需求的产品。但是如果零售商把低需求的商品按照高需求产品进行定价和提供销售努力，那么低需求产品的生产商会获得利润，即 $(w_H - c)(a_L + f(e_H) - bp_H) > 0$。此时，低需求产品的生产商有激励去模仿高需求产品生产商的行为。高需求产品的生产商需要把信息传递给零售商，以便于和低需求产品的生产商区分开来。

如果存在生产商提出交易合约 (w^s, F^s) 的分离均衡，那么均衡时，零售商的信念必须是任何 (w^s, F^s) 以外的交易合约必然来自低需求产品的生产商，而 (w^s, F^s) 来自高需求产品的生产商。生产商选择合约 (w^s, F^s) 的问题可以表示为：

$$\max_{w, F} \pi_{U_1}(w, F) = \frac{1}{2}(w - c)(a_H + f(e) - bw) - F$$

生产商约束条件为：

$$\frac{1}{4b}(a_H + f(e) - bw)^2 + F - e \geq k, \quad \frac{1}{2}(w - c)(2a_L - a_H + f(e) - bw) - F \leq 0$$

其中，e 是最大化 $\dfrac{1}{4b}(a_H + f(e) - bw)^2 + F - e$ 的值。

在求解该问题时可以证明，在删除劣策略的过程中留下来是最低成本的分离均衡，任何零售商信念支撑的均衡如果不满足 $\dfrac{1}{2}(w - c)(2a_L - a_H + f(e) - bw) - F \leqslant 0$，那么生产商的产品必然是低需求的。

存在着一个零售商机会成本的临界值 $\bar{K}$，使得对于所有的 $K \leqslant \bar{K}$，生产商只通过批发价格就能显示出商品的需求类型，此时的批发价格 $\bar{w}$ 高于完全信息下的批发价格 w_H，即 $\bar{w} > w_H$，且生产商不需要向零售商支付进场费，$F = 0$。当 $K > \bar{K}$，生产商会使用"批发价格 w + 固定费（进场费）w"的合约来显示自己产品的需求类型，此时的批发价格 $\overline{\overline{w}}$ 小于 $\bar{w}$，但仍然高于完全信息下的批发价格，即 $\bar{w} > \overline{\overline{w}} > w_H$，且 $F < 0$，表示生产商向零售商支付固定费。

由此可以看出，在非对称信息下，当零售商具有外部机会时，生产商必须向零售商传递自己产品的信息。通常，在零售商机会成本不是很高的情况下，生产商可以通过抬高批发价格来证明自己的产品是受消费者欢迎的，并且低需求产品的生产商在该批发价格下是无利可图的。如果零售商的机会成本高到一定程度，仅用批发价格来传递产品需求信号就不行了，因为即使零售商相信该商品是高质量的新产品，其批发价格也不能补偿机会成本。生产商的一个比较好的办法就是，加入其他传递产品信息的工具。进场费在均衡中起到既传递信息，又弥补零售商机会成本两个作用。

同时，马丁·拉里维埃和维·帕德马纳班还比较了进场费和广告作为信号传递的区别。生产商也可以使用广告使高需求产品生产商与低需求生产商形成分离均衡，使零售商相信自己的产品是高需求的。但生产商会更偏好使用进场费，因为高需求产品的生产商为了保证不使低需求的生产商进入市场，花在广告上的支出要多于进场费。从社会角度而言，如果广告对产品的需求不起作用，那么这样的广告就是一种烧钱的行为。进场费下的批发价格扭曲较小，也同时使市场剩余留在流通渠道里。

4.1.2 商品种类的选择

陈智琦（2004）就零售商的市场抗衡力量对垄断生产商的产品多样化选择的影响进行了研究，认为零售商的抗衡力量会降低消费者的购买价格和产品的多样性。或者说零售商的抗衡力量并不能使社会福利变得更好，事实上反而加剧了对产品多样化的扭曲，由此造成额外的效率损失比带来的低零售价格产生的收益更大，由于消费者的福利和企业的利润都下降了，所以社会福利也会下降。

下游零售商具有讨价还价的能力后如何影响市场价格和商品品种是人们关心的问题。陈智琦（2004）通过建模论证得出，尽管占优零售商增加的市场抗衡力量可以导致消费者的零售价格降低，但由于存在效率损失，所以总剩余不是总随着反力量的增加而增加的。托马斯·恩根—斯腾伯格（Thomas von Ungern – Sternberg，1996）、保罗·多布森和迈克尔·沃特森（Paul W. Dobson and Michael Waterson，1997）发现零售层次的集中可能给消费者带来高的价格。萨拉·埃利森和克里斯托弗·斯奈德（Sara Fisher Ellison and Christopher M. Snyder，2010）考察了医药行业的市场抗衡力量和商品价格关系，认为与其说是零售商的力量，不如说是由于医药连锁店和美国的医疗保健计划等原因降低了药品的价格。尽管有些学者认为零售商的抗衡力量对消费者有利，但有的学者和组织则在该抗衡力量会对产品多样化产生长期影响方面表现出了担忧，特别担心的是大型零售商对生产商利润的挤出可能会造成消费者所选择商品品种的减少。那么，垄断者会选择合适的产品多样化吗？其对产品多样化选择是否会导致额外的效率损失？这样的效率损失会不会超过垄断定价造成的扭曲？零售商的抗衡力量会减轻还是会加剧垄断的效率损失？

陈智琦（2004）考察了垄断生产商和具有区域市场垄断力量的市场，并就生产商对产品多样化的选择以及零售商的抗衡力量如何影响这些选择等问题进行了研究，并指出零售商的抗衡力量可以削弱垄断定价，但该力量也会对产品多样化产生不利影响。零售商的抗衡力量降低了消费者的购买价格，但也会降低产品的多样性。因此，尽管它减轻了价格的扭曲，但却加剧了产品多样化的扭曲。并且后一种效应会超过前一种效应，抗衡力量使消费者的境况变差，或者说零售商的抗衡力量并不能使情况变得更好。

1. 上下游市场参与者与交易过程

上游 1 家生产商 U 生产 n 个差异化的产品，并通过下游区域垄断的零售商将这些产品出售给 m 个相同的区域市场中（每个市场中有一个零售商）的消费者。消费者的偏好由迪克西特—斯提格利茨—斯宾塞效用函数（Dixit – Stiglitz – Spence 效用函数）来表示，即

$$u = u(q_0, (\sum_{i=1}^{n} q_i^{\sigma})^{\frac{1}{\sigma}})$$

其中，q_0 表示计价商品的数量，q_i 表示差异化商品 i 的数量，$i = 1, 2, \cdots, n$。令计价商品的价格为 1，差异化产品 i 的价格为 p_i，I 代表消费者收入，其预算约束为 $q_0 + \sum_{i=1}^{n} p_i q_i = I$。于是可以得到消费者的效用最大化问题的一阶条件，推导出当所有差异化产品都会以相同的价格 p 出售，商品 i 的需求函数 $q_i = q(p, n) = \dfrac{S(h)I}{pn}$，以及消费者的间接效用函数 $V(p, I, n)$，其中 $S(h)$ 的形式依赖于效用 u，$h = pn^{\frac{\sigma-1}{\sigma}}$，表示价格指数。假设利润均等地分配给 m 个市场中的代表性消费者，可以得到社会福利函数：

$$W(p, n) = V\left(p, I + \frac{\Pi_{U-nD_i}}{m}, n\right) = V\left(I_0, I + \frac{\Pi_{U-nD_i}}{m} - npq(p, n), n^{\frac{1}{\sigma}}q(p, n)\right)$$

其中 Π_{U-nD_i} 表示生产商和所有零售商的联合利润，I_0 表示消费者从其他地方获得的收入，$\dfrac{\Pi_{U-nD_i}}{m}$ 表示的是一个市场上的代表性消费者的效用。

假设在生产商生产每个差异化产品的边际成本是固定的，并且正规化为 0。此外，生产每种产品时需消耗一个固定成本 C。则生产 n 个产品的总成本为 nC。零售商出售一单位任何产品的成本为 c_d。在市场 j 中，零售商 i 制定零售价格 p_j，$j = 1, 2, \cdots, n$。

生产商和零售商的交易过程为三阶段博弈。

第一阶段，生产商选择生产的产品数量。

第二阶段，生产商和每个零售商对交易合约进行谈判，谈判过程为一个一般的纳什讨价还价问题。在市场 j 中，生产商和零售商使用"批发价格＋固定费"作为合约条款 $\{w_j, F_j\}$，其中，w_j 是每单位的批发价格，F_j 是一次性费用。

第三阶段，每个零售商设定它所在的市场中商品的价格，消费者做出他们的购买决策。使用两部费可以消除双重边际加价问题。在均衡时，生产商和每个零售商讨价还价的合约条款以最大化它们的联合利润。拥有抗衡力量的零售商可以得到联合利润中较大的份额。因此，可以用零售商获得较大份额的联合利润来表示抗衡力量。

2. 基准情形：上下游企业一体化情形

作为基准情形，零售商不存在抗衡力量，生产商可以控制每个市场中的零售商，决定产品的数量和价格。由于所有市场是相同的，因此一个纵向一体化的生产商将对所有市场选择相同的产品数量和价格，利润 Π_{UD} 为：

$$\Pi_{UD} = m(p-c)\frac{S(h)I}{p} - nC$$

p 和 n 的一阶条件为：

$$\frac{p-c}{p} = \frac{1}{1 - \dfrac{S'(h)}{S(h)}}, \quad -m(p-c)S'(h)I\frac{1-\sigma}{\sigma}n^{-\frac{1}{\sigma}} - C = 0$$

用 p^m、q^m 和 n^m 分别表示纵向一体化的垄断者选择的产品的价格、数量以及产品的种类。用 p^W、q^W 和 n^W 最大化社会福利函数 $W(p, n)$ 的解。那么，与社会福利最大化的最优值相比，纵向一体化垄断者将制定较高的价格、生产较少产品种类，但每种产品的数量相同，即 $p^m > p^W$，$n^m > n^W$，$q^m > q^W$。可见，纵向一体化的垄断会造成产品种类和价格的扭曲。

3. 下游零售商的纵向交易合约控制

用 λ_j 表示零售商 j 可以分得与生产商联合利润 Π_{U-nD_i} 的比例，也反映

了零售商 j 的抗衡力量的大小。生产商与零售商讨价还价交易过程的子博弈纳什均衡可以用逆向归纳求解。由于不同市场中的零售商的抗衡力量可能是不同的。所以，需要回答如果某一个市场的零售商的讨价还价地位上升将会发生什么。

当生产商选择产品种类 n 是固定的时候，零售商 j 的讨价还价能力只会影响联合利润在上游企业和下游企业之间的分配，对零售价格和社会福利没有影响。此时，零售价格 p 和联合利润 Π_{U-nD_i} 独立于 λ_j，社会福利也独立于 λ_j。

当生产商选择产品种类是内生的时候，有如下三种影响。

一是某个市场零售商讨价还价力量增强，会减少所有市场中的均衡的产品种类，商品的零售价格也会降低，但是在一个市场中出售的每种产品的销售数量可能会更多。直觉上，零售商讨价还价力量的增强会降低生产商从零售商抽走的利润，从而降低生产商多提供一种产品的边际收益，但由此造成的产品种类的减少会使得剩下每种产品的需求变得更富有弹性，这将强迫零售商削减零售价格。注意到，即使是某一个市场中零售商的讨价还价能力发生了改变，尽管所有市场的商品需求是相互独立的，因为相同种类的产品在所有市场中出售，所以产品种类多样性的减少会影响所有市场，使得所有区域市场中的价格都会下降。

二是某一个市场中零售商 j 的讨价还价能力增强会降低生产商的利润以及除零售商 j 以外的所有其他零售商的利润。当零售商 j 的讨价还价力量相对较小时，将导致所有企业的联合利润下降，同时零售商 j 的利润也会降低。

三是某个零售商的抗衡力量的增强会降低所有市场中的消费者福利和社会福利。直觉上，更低的价格对消费者有利，但是产品种类的减少对消费者是不利的。在模型中，由于产品多样性种类减少的影响占主导，所以消费者会遭受损失，消费者福利以及生产商和零售商的联合总利润减少，社会福利也减少。和基准情形相比，在一体化垄断下，较高的价格和产品多样性的减少会造成价格和产品多样化的两种扭曲。零售商的抗衡力量尽管会减弱前一种扭曲，降低了商品的零售价格，但是会加剧后一种扭曲，进一步减少产品的多样性，两者总体上使社会福利的境况变得更差。

4.2 市 场 排 他

如果说以进场费为主的预付费与零售商的讨价还价能力之间有着密切的关系。那么，对于处在寡头竞争状态的零售商而言，为什么生产商（甚至是垄断的生产商）还会接受零售商的进场费合约呢？

莱斯利·马克思和格雷格·谢弗（Leslie M. Marx and Greg Shaffer，2007）对拥有完全讨价还价力量的零售商使用预付费的动机进行了考察，得出如果生产商可以提出合约的话，上下游交易的合约均衡中不会出现预付费，两个零售商都可以销售相同的产品，不会形成排他；但零售商拥有讨价还价能力，可以索要预付费时，实力较强的大零售商可以把实力较弱的零售商从市场中排除出去。

珍妮·米克洛斯—塔尔、帕特里克·雷和蒂博德·韦尔盖（Patrick Rey，Jeanine Miklós – Thal and Thibaud Vergé，2011）则认为预付费和视条件而定的固定费是实现上下游一体化垄断利润的必要条件，在决定市场结构和零售价格上起着重要的作用。格雷格·谢弗（1991）的分析还表明，进场费可以避免下游零售商之间竞争而造成的损失，生产商会使用进场费作为提高零售商利润、获得零售商货架空间的工具。

4.2.1 选择上游生产商与剩余榨取

在进场费与稀缺货架资源关系上，存在着多种观点，整理如下。

一是进场费是市场中数不胜数的产品与商场货架空间有限矛盾调和的结果。此时，零售商需要一些机制（正式的和非正式的）来帮助筛选商品。在新产品方面，一种解释是进场费可作为下游厂商甄别高质量的商品的显示工具。

二是进场费是生产商为了获得货架空间，向零售商支付的一次性费用。在这种观点下，自然会导出以下结论：大的生产商会赢得货架空间的投标，不是因为他们的商品更好，而是因为他们比小的生产商更愿意支付更多的费用来保护自己的垄断地位。与此相关的观点是，大生产商能够更容易地进入资本市场，比小生产商拥有更多的优势。以此可以推断，社会效益更好的商品和小的竞争对手被排除出市场了。

三是根据传统的价格理论，玛丽·沙利文（Mary W. Sullivan，1997）认为进场费可以作为稀缺资源（货架空间）的市场价格，有最优的分配权。在这种观点下，出价最高的厂商是其产品能带来最大私人、社会效益的生产商，由此，提供最优商品的生产商会获得货架空间。上述观点的共同点是认为进场费起源于稀缺的货架空间。莱斯利·马克思和格雷格·谢弗（2010）得到了与以上观点不同的、并可适用于任何商品的研究结果，他们认为货架空间的稀缺是可能不是导致进场费的原因，而是因为进场费工具可以提高利润，而使得零售商有意识地限制自己的货架空间；零售商决定是否使用进场费，是否限制货架空间，还依赖于零售商与每位生产商的讨价还价力量。与传统认为恰恰相反，莱斯利·马克思和格雷格·谢弗认为，零售商讨价还价力量和进场费之间存在着的是逆向关系，零售商的讨价还价力量越大，零售商就越不会使用进场费；尽管进场费会阻碍竞争，但并不会影响消费者支付的价格，在商品的选择过程中不会导致非效率。

1. 上下游市场参与者与交易过程

市场中，有 2 家上游生产商 U_1、U_2 和 1 家垄断的下游零售商 D，两位生产商分别生产商品 1 和商品 2。如果零售商购买生产商 U_1、U_2 的商品数量为 q_1 和 q_2，那么生产商 U_1、U_2 的成本分别为 $c_1(q_1)$ 和 $c_2(q_2)$。假设 $c_1(q_1)$ 和 $c_2(q_2)$ 是递增的，连续的，无界的，且 $c_1(0) = c_2(0) = 0$。对于消费者而言，两种产品是无关的，生产商之间只有在为获取相同货架空间的时候才会成为竞争者。

零售商与生产商之间交易过程为四阶段博弈：

　　第一阶段，零售商决定货架数量和进场费。简单起见，假设零售商可以建造 0 个、1 个或 2 个货架，即最多有 2 个摆放商品的货架。生产商拥有 1 个货架就足以满足其商品的摆放，换言之，如果零售商建造 2 个货架，那么对于市场而言，货架空间是充足的；如果没有货架，商品就会有效地被排除在了市场之外。生产商在观察到货架空间是否充足之后，有机会通过支付进场费来购买或租赁货架。如果零售商接受进场费，那么货架的控制权转到了生产商。如果零售商只有 1 个货架，那么它最多只能接受一份进场费。如果零售商不接受任何进场费，那么就可以在博弈过程中一直拥有货架。合约的讨价还价发生在第二阶段和第三阶段。

　　第二阶段，零售商选择和生产商 U_1 或 U_2 讨价还价购买商品 i 的合约 T_i，$i = 1$，2。

　　第三阶段，生产商 j 在观察到 T_i 后，和零售商讨价还价购买商品 j 的合约 T_j，i，$j = 1$，2，$i \neq j$。

　　第四阶段，零售商选择从生产商购买商品的数量，交易发生，零售商根据 T_1 或 T_2 向生产商 1 或商品 2 支付。如果零售商与生产商 U_i 没有签约，那么生产商 U_i 的利润为 0。否则，生产商 U_i 的所得为 $T_i(q_i) - c_i(q_i)$，其中，q_i 表示零售商购买生产商 U_i 商品的数量。

　　令 $R(q_1, q_2)$、$R_1(q_1)$ 和 $R_2(q_2)$ 分别表示零售商购买商品的数量为 (q_1, q_2)、$(q_1, 0)$ 和 $(0, q_2)$ 时的最大收入。

　　因为产品必须摆放在货架上，如果货架空间是充足的，那么 $R(q_1, q_2) = R_1(q_1) + R_2(q_2)$。如果货架空间是稀缺的，则 $R(q_1, q_2) = \max\{R_1(q_1), R_2(q_2)\}$。

　　如果零售商与两位生产商都签订了合约，那么利润为 $R(q_1, q_2) - T_1(q_1) - T_2(q_2)$。

　　如果零售商只与生产商 U_1 成功签约，则利润为 $R_1(q_1) - T_1(q_1)$，类似地，如果零售商只与生产商 U_2 成功签约，则利润为 $R_2(q_2) - T_2(q_2)$。

　　如果两位生产商都没有签约成功，那么零售商的利润为 0。

　　假设 $R_i(q_i)$ 是连续的、无界的，$R_i(0) = 0$。令 $\Pi_{U_1-U_2-D}(q_1, q_2) = R(q_1, q_2) - c_1(q_1) - c_2(q_2)$ 表示零售商 D 与生产商 U_1、U_2 的联合利润，

$\overline{\Pi}_{U_1-U_2-D}$ 表示最大联合利润的最大值。如果零售商和只购买生产商 U_1 或生产商 U_2 的产品，那么最大的联合利润分别为 $\overline{\Pi}_{U_1-D}$ 和 $\overline{\Pi}_{U_2-D}$。如果货架空间是充分的，那么 $\overline{\Pi}_{U_1-U_2-D}=\overline{\Pi}_{U_1-D}+\overline{\Pi}_{U_2-D}$；如果货架空间是稀缺的，那么 $\overline{\Pi}_{U_1-U_2-D}=\max\{\overline{\Pi}_{U_1-D},\ \overline{\Pi}_{U_2-D}\}$。

2. 上游生产商的行为

在给定 $R_i(q_i)$ 和 $c_i(q_i)$ 的假设下，假设零售商与生产商 U_i 讨价还价时，双方先选择 $T_i(q_i)$ 最大化联合利润，然后双方分割创造的市场剩余，生产商 $T_i(q_i)$ 获得 λ_i 比例（$\lambda_i\in[0,1]$）的份额，零售商获得剩余部分。λ_i 衡量了双方讨价还价的力量。例如，生产商 U_i 拥有完全讨价还价力量，那么可以对零售商提出要么接受或离开的合约，$\lambda_i=1$；如果零售商对生产商 U_i 提出要么接受或离开的合约，那么 $\lambda_i=0$；如果双方平分剩余，那么 $\lambda_i=\dfrac{1}{2}$。

假设零售商先在第二阶段与生产商 U_1 讨价还价，在第三阶段与生产商 U_2 讨价还价。用逆向归纳法便可得出零售商和生产商 U_1、U_2 的均衡策略。在均衡时，零售商的利润 π_D 等于自己与两位生产商联合利润减去两位生产商各自获得的利润，即

$$\pi_D=\overline{\Pi}_{U_1-U_2-D}-\overline{\Pi}_{U_1-D}-\overline{\Pi}_{U_2-D}$$

生产商 U_1 的利润为零售商与两个生产商的联合利润减去生产商 U_2 的利润，再减去零售商谈判破裂的外部所得，即

$$\pi_{U_1}=\lambda_1(\overline{\Pi}_{U_1-U_2-D}-\pi_{U_2}-(1-\lambda_2)\overline{\Pi}_{U_2-D})$$

生产商 U_2 的利润是：

$$\pi_{U_2}=\max\{0,\ \min_{x\geqslant0}\max_{y\geqslant0}(R(q_1,\ q_2)-c_1(q_1)-R_1(q_1))\}$$

零售商对货架数量的决策依赖于其预期利润的大小。

如果零售商建设了两个货架，那么在连续博弈中零售商与生产商的联合利润为 $\overline{\Pi}_{U_1-U_2-D}=\overline{\Pi}_{U_1-D}+\overline{\Pi}_{U_2-D}$。

如果零售商只建立一个货架，那么联合利润为 $\overline{\Pi}_{U_1-U_2-D}=\max\{\overline{\Pi}_{U_1-D},\ \overline{\Pi}_{U_2-D}\}$，这意味着零售商会在第一阶段得做出权衡，要么从小的联合收益

中得到一个较大份额，要么从较大的联合收益中得到一个较小的份额。零售商货架的数量决策依赖于 $\overline{\Pi}_{U_1-D}$ 对 $\overline{\Pi}_{U_2-D}$ 的比率，讨价还价的参数，以及是否可以使用进场费。

如果零售商选择提供两个货架，那么 $R(q_1, q_2) = R_1(q_1) + R_2(q_2)$，均衡时，零售商与生产商讨价还价的次序不影响均衡利润。生产商 U_1 获得 $\lambda_1\overline{\Pi}_{U_1-D}$，生产商 U_2 获得 $\lambda_2\overline{\Pi}_{U_2-D}$，零售商获得 $(1-\lambda_1)\overline{\Pi}_{U_1-D} + (1-\lambda_2)\overline{\Pi}_{U_2-D}$。当零售商只提供一个货架的时候，讨价还价的次序会改变均衡所得。

当 $\overline{\Pi}_{U_2-D} > \overline{\Pi}_{U_1-D}$，那么当且仅当 $\lambda_1 < 1$ 和 $\lambda_2\min\{\max\limits_{x\geq 0}R_1(q_1), \overline{\Pi}_{U_2-D}\}$ 时，零售商偏好于只建立一个货架。零售商会先与生产商 U_1 讨价还价，当 $\max\limits_{x\geq 0}R_1(q_1) > \overline{\Pi}_{U_2-D}$，生产商 U_2 的剩余将被零售商和生产商 U_1 全部抽取，零售商的所得为 $(1-\lambda_1\lambda_2)\overline{\Pi}_{U_2-D}$；如果 $\max\limits_{x\geq 0}R_1(q_1) < \overline{\Pi}_{U_2-D}$，生产商 U_2 的剩余不会被零售商和生产商 U_1 完全抽取，零售商的所得为 $\lambda_2(1-\lambda_1)\max\limits_{x\geq 0}R_1(q_1) + (1-\lambda_2)\overline{\Pi}_{U_2-D}$。如果 $\lambda_2\min\{\max\limits_{x\geq 0}R_1(q_1), \overline{\Pi}_{U_2-D}\} = \overline{\Pi}_{U_1-D}$，零售商对建立一个还是两个货架是无差异的。对于其他可选择的参数，零售商偏好于建立 2 个货架。当 $\overline{\Pi}_{U_2-D} > \overline{\Pi}_{U_1-D}$，$\overline{\Pi}_{U_1-D}$ 越大，零售商越有可能只设立 1 个货架，如果给定 $\overline{\Pi}_{U_1-D}$，则 λ_2 越大，零售商在提供 2 个货架时候获得的份额就越小。尽管当零售商只提供 1 个货架的时候，零售商的利润份额随着 λ_2 减小而递减，因此，λ_2 较大时，零售商越有可能只设立一个货架。由于货架空间的短缺是利润最大化行为的零售商在有势力的市场中可以得到的一个均衡，所以只要存在能保护获得长期利润的进入壁垒，货架空间的短缺就不会自我纠正。

假设生产商在观察到零售商的货架数量后，有机会用进场费来购买货架；如果零售商接受了某个生产商的进场费，则必须出售该生产商的产品。因为生产商会不需要拥有两个货架，所以当零售商有 2 个货架的时候，不会有进场费发生。但是，当货架空间是稀缺的时候，必然有一家生产商会被排除在市场之外，所以生产商会展开争夺货架的竞争。令 F_1 和 F_2 分别表示生产商 U_1 和生产商 U_2 向零售商支付的进场费。

如果零售商接受生产商 U_1 的进场费，则零售商的利润为 $(1-\lambda_1)$ $\overline{\Pi}_{U_1-D}+F_1$，生产商 U_1 的利润为 $\lambda_1\overline{\Pi}_{U_1-D}-F_1$，生产商 U_2 的利润为 0。

如果零售商接受生产商 U_2 的进场费，那么零售商、生产商 U_2 和生产商 U_1 的所得分别为 $(1-\lambda_2)\overline{\Pi}_{U_2-D}+F_2$、$\lambda_2\overline{\Pi}_{U_2-D}-F_2$ 和 0。

如果零售商不接受生产商的进场费，那么零售商的利润为 π_D，生产商 U_1 的利润为 $\lambda_1\lambda_2\min\{\max\limits_{x\geqslant 0}R_1(q_1),\ \overline{\Pi}_{U_2-D}\}$，生产商 U_2 的利润为 $\max\{0,$ $\lambda_2(\overline{\Pi}_{U_2-D}-\max\limits_{x\geqslant 0}R_1(q_1))\}$。

显然，如果 $\overline{\Pi}_{U_2-D}>\overline{\Pi}_{U_1-D}$，不会存在零售商只建立 1 个货架且接受生产商 U_1 的进场费的均衡状态；类似地，如果 λ_1，$\lambda_2>0$，也不会存在零售商只建立 1 个货架且同时拒绝两位生产商进场费的均衡状态。换言之，在货架是稀缺的时候，零售商可以选择讨价还价的次序，并且可以在合约中使用进场费，那么零售商的情形总会变得更好些。因为甚至在生产商具备所有或大部分讨价还价能力的时候，零售商也可以使用进场费，使与零售商联合利润较小的生产商失去全部利润。

进场费扩大了零售商选择限制货架空间的参数取值范围。可以计算出，当零售商可以使用进场费的时候，如果 $\overline{\Pi}_{U_2-D}>\overline{\Pi}_{U_1-D}$，当且仅当 $\lambda_1<1$ 和 $\lambda_2\min\{\max\limits_{x\geqslant 0}R_1(q_1),\ \overline{\Pi}_{U_2-D}\}>\overline{\Pi}_{U_1-D}$，或者 $\lambda_1\overline{\Pi}_{U_1-D}>(1-\lambda_2)\overline{\Pi}_{U_2-D}$ 时，零售商偏好于设立 1 个货架。另外，如果 $\lambda_1\overline{\Pi}_{U_1-D}=(1-\lambda_2)\overline{\Pi}_{U_2-D}$ 或者 $\lambda_1=1$，或者 $\lambda_2\min\{\max\limits_{x\geqslant 0}R_1(q_1),\ \overline{\Pi}_{U_2-D}\}=\overline{\Pi}_{U_1-D}$ 的时候，零售商对于建立 1 个或 2 个货架是无差异的。

进场费与稀缺货架的一起使用为零售商提供了获取生产商租金工具。零售商提前销售货架，可以在生产商之间建立竞争，赢家必须支付输家获得货架时零售商的所得，这提高了零售商的机会成本，保证了零售商可以得到与其中一个生产商一体化的垄断利润。显然，如果没有进场费，无论货架是充足的还是稀缺的，零售商都得不到该利润。在没有进场费的时候，零售商的所得随着生产商的讨价还价能力而递减，如果生产商可以提出要么接受或离开的合约，零售商的所得为 0。相反的是，在有进场费的时候，无论零售商讨价还价能力的大小，总是可以获得正的利润。在这个意义上，进场费工具导致了零售商选择稀缺的货架，这与传统上认为进场费起因于稀缺的货架空间的结论相反。

3. 上下游企业的讨价还价能力与剩余分配

零售商与每位生产商的讨价还价能力会影响进场费的大小，以及是否决定限制货架空间的决策。人们可能会想象，拥有较强讨价还价能力的零售商会比拥有较弱讨价还价能力的零售商收取更高的进场费。但是这只是在一定情况下才成立的，从总体上看零售商讨价还价能力与进场费的大小并没有单调关系。而且在某些时候，生产商的讨价还价能力越大，零售商收取的进场费会越小。例如，当 $\overline{\Pi}_{U_2-D} > \overline{\Pi}_{U_1-D}$，货架空间是稀缺的时候，零售商的利润为：

$$(1-\lambda_2)\overline{\Pi}_{U_2-D} + F_2 = \max\left\{\overline{\Pi}_{U_1-D}, \ \min\left\{(1-\lambda_1\lambda_2)\overline{\Pi}_{U_2-D}, \right.\right.$$
$$\left.\left.(1-\lambda_2)\overline{\Pi}_{U_2-D} + \lambda_2(1-\lambda_1)\max_{x\geq 0}R_1(q_1)\right\}\right\}$$

该式决定了 F_2 的大小。从等式两边替代出，得出：

$$F_2 = \max\left\{\overline{\Pi}_{U_1-D} - (1-\lambda_2)\overline{\Pi}_{U_2-D}, \right.$$
$$\left.(1-\lambda_1)\lambda_2\min\left\{\overline{\Pi}_{U_2-D}, \ \overline{\Pi}_{U_2-D}, \ \max_{x\geq 0}R_1(q_1)\right\}\right\}$$

从中可以得出 F_2 随 λ_2 递增，但随 λ_1 弱递减（如果零售商的所得超过 $\overline{\Pi}_{U_2-D}$ 就是严格递减的）。直觉上也可以看出，零售商与生产商 U_1 谈判破裂后的所得就越少，生产商 U_2 需要支付的进场费就越少。另一方面，λ_2 越大，零售商接受生产商 U_2 的合约的收益就越少，所以生产商 U_2 需要支付的进场费就越多。

关于讨价还价参数是如何相互影响的，可以考虑 $\lambda_1 = \lambda_2$ 时的情形，此时零售商对两位生产商的讨价还价能力相同。那么，随着零售商讨价还价力量的增加，如果零售商的所得超过 $\overline{\Pi}_{U_1-D}$，初始时进场费会增加，然后会减少，最大的时候在 $\lambda_1 = \lambda_2 = \dfrac{1}{2}$。

如果当如果货架空间是充足的，那么零售商出售两种商品，零售商与生产商的联合利润为 $\overline{\Pi}_{U_1-D} + \overline{\Pi}_{U_2-D}$。如果货架空间是稀缺的，那么零售商出售生产商 U_2 的产品，零售商与生产商的联合利润为 $\overline{\Pi}_{U_2-D}$。在以上两种情形下，不管是否有进场费，消费者都要面对垄断价格。所以，进场费并不影响零售价格。但由于进场费会影响零售商对货架空间的选择，那么在可以使用进场费的时候，零售商更愿意限制货架空间，此时消费者可以购买的商品种类减少，境况会变得糟糕。

另外，进场费会改变零售商和生产商之间的利润分配，在可以使用进场费的时候，零售商的境况总会变得更好；当 $\overline{\Pi}_{U_2-D} > \overline{\Pi}_{U_1-D}$ 时，生产商的境况一定不会比不允许零售商使用进场费的时候好。但生产商的利润变化是不确定的，当 $\lambda_1 \overline{\Pi}_{U_1-D} > (1-\lambda_2) \overline{\Pi}_{U_2-D}$，生产商的利润会下降。

4.2.2　竞争性合约与排除竞争对手

但是为什么一些零售商乐于索要预付费，而不是迫使生产商降低批发价格呢？莱斯利·马克思和格雷格·谢弗（2007）对相对于生产商拥有完全讨价还价能力的零售商使用预付费的动机进行了考察，通过对两个竞争的零售商对同一个生产商提出"要么接受—要么离开"合约的分析，指出预付费是上下游交易均衡合约的一种形式，在所有的均衡中，只有一位零售商能从生产商购买产品。该结果不依赖于生产商是否能进入资本市场，排他的机制也不依赖于规模经济或者是稀缺的货架。不管零售商之间展开的数量竞争还是价格竞争，也不管零售商之间的差异程度有多大（尽管一定的需求替代是必要的），还不管是否生产商或分销商是否有规模经济，都会发生下游市场的排他。此外，小生产商（或者是相对于零售商没有讨价还价能力的生产商），甚至生产的产品是社会所需要的，也会在均衡中被排除在市场之外。所以，阻碍竞争的问题出在买方力量，不应该责备资本市场或大生产商，而应关注下游的购买力量在排除竞争对手和限制小生产商产品分销的作用。该结论与传统的认识相反。在传统看来，理解预付费是否阻碍竞争，在于知道哪一方先使用预付费，即当零售商要求预付费的时候，该费用被认为是无辜的（不可能导致排他），但是当生产商提出预付费的时候会有潜在的伤害，会排除上游的竞争对手。

莱斯利·马克思和格雷格·谢弗得到的结论是，实力较强的零售商向生产商索要预付费，可以把实力较弱的零售商从市场中排除出去，即在下游市场产生排他。如果生产商可以提出合约的话，均衡中不会出现预付费，两个零售商都可以销售相同的产品，不会形成排他；预付费使占有的零售商可以在获得正利润的同时阻止生产商和自己的竞争对手结成利益联盟，由于生产商会面临失去占有零售商的危险，以及零售商可能不仅在低的零售价格上，而且会在产品差异上对销量做出贡献，所以不会与较弱小的零售商打交道。

1. 上下游市场参与者与交易过程

假设市场由一个上游生产商 U 与两个竞争的下游零售商 D_1 和 D_2 组成，零售商除了购进产品的花费以外，销售过程不需承担其他费用；生产商 U 的生产成本为 $c(q_1, q_2)$，零售商 D_i 的购买商品的数量为 q_i，$i = 1, 2$。

生产商 U 和零售商 D_i 签订合约 $\{w_i, F_i, A_i\}$，其中，A_i 是签约时支付的事前固定费（预付费），w_i 是批发价格，F_i 是事中固定费，w_i 和 F_i 只有在交易时才发生。当 $q_i > 0$ 时，生产商 U 和零售商 D_i 的交易支付为 $T_i(q_i) = F_i + A_i + w_i q_i$；当 $q_i = 0$ 时，生产商 U 和零售商 D_i 的交易支付为 $T_i(q_i) = A_i$。合约中没有明确的排他经营条款，所以零售商向生产商的支付仅依赖于购买产品的数量，而不依赖于竞争对手购买的数量。简单起见，假设每位零售商在观察到竞争对手与生产商的合约之后做出购买数量的选择。同时也假设只要签订合约，事前固定费（预付费）A_i 即成为沉没成本。令 $\pi_{D_i}(w_1, w_2)$ 表示零售商 D_i 的均衡利润，对于所有的 (w_1, w_2)，零售商从生产商购买的结果为：

$$\pi_{D_1}(w_1, w_2) < \pi_{D_1}(w_1, \infty) \text{ 和 } \pi_{D_2}(w_1, w_2) < \pi_{D_i}(\infty, w_2)$$

用 $q_i(w_1, w_2)$ 表示在批发价格下零售商 D_i 的均衡需求，那么生产商 U 的均衡利润为：

$$\pi_U(w_1, w_2) = w_1 q_1 + w_2 q_2 - c(q_1(w_1, w_2), q_2(w_1, w_2))$$

假设两位零售商从生产商购买产品的数量为正时，即 $q_i > 0$，则生产商的总利润为：$\pi_U(w_1, w_2) + F_1 + A_1 + F_2 + A_2$；零售商 D_i 的总利润为 π_{D_i}

$(w_1, w_2) - F_i - A_i$；生产商和零售商的联合利润为 $\Pi_{U - D_1 - D_2}(w_1, w_2) = \pi_{D_1}(w_1, w_2) + \pi_{D_2}(w_1, w_2) + \pi_U(w_1, w_2)$。

假设三个厂商的联合利润是严格凹的，所以存在唯一的最大化利润 $\overline{\Pi}_{U - D_1 - D_2}(w_1^*, w_2^*)$。因为假设中暗含着 $\pi_{D_1}(\infty, w_2) = \pi_{D_2}(w_1, \infty) = 0$，所以当零售商 D_1 或 D_2 不与生产商 U 交易的时候，零售商 D_2 与生产商 U 的联合利润 $\Pi_{U - D_2}(\infty, w_2)$、零售商 D_1 与生产商 U 的联合利润 $\Pi_{U - D_1}(w_1, \infty)$ 分别为：

$$\Pi_{U - D_2}(\infty, w_2) = \pi_{D_2}(\infty, w_2) + \pi_U(\infty, w_2) \text{或}$$
$$\Pi_{U - D_1}(w_1, \infty) = \pi_{D_1}(w_1, \infty) + \pi_U(w_1, \infty)$$

用 $\overline{\Pi}_{U - D_1}(w_1^m, \infty)$ 和 $\overline{\Pi}_{U - D_2}(\infty, w_2^m)$ 分别表示零售商 D_1 或零售商 D_2 不与生产商 U 交易的时候，零售商 D_1 与生产商 U 的最大联合利润、零售商 D_2 与生产商 U 的最大联合利润。

与两个零售商都购买的情形相对比，为避免双重边际加价，可以预期 w_1^m 和 w_2^m 等于生产商的边际成本。

生产商与零售商交易过程为三阶段博弈。第一阶段，零售商 D_1 和零售商 D_2 同时向生产商 U 提出合约 $\{w_1, F_1, A_1\}$ 和 $\{w_2, F_2, A_2\}$。第二阶段，生产商 U 接受或拒绝零售商 D_1 和零售商 D_2 提出的合约。如果生产商拒绝零售商 D_i 的合约，则零售商 D_i 的利润为 0，不与生产商发生交易。如果生产商接受零售商 D_i 的合约，则签约时，零售商 D_i 向生产商支付 A_i（均衡的时候 $A_i < 0$，所以事实上是生产商给零售商一个支付）。第三阶段，所有接受的合约，拒绝的合约成为公开信息。被生产商接受合约的零售商购买产品，根据合约向生产商支付，即零售商 D_i 支付 $w_i q_i + F_i$ 或 0。

用逆向归纳法求解子博弈纳什均衡，首先求解第三阶段的均衡结果；其次考虑第二阶段，生产商在预期第三阶段的结果时，接受或拒绝合约时的最大化联合利润；最后求解第一阶段零售商在对以后博弈的预期基础上的最大化利润。通过求解均衡结果，可以得出如下结论。

一是在任何合约为 $\{w_1, F_1, A_1\}$ 和 $\{w_2, F_2, A_2\}$ 时，零售商从生产商购买产品的均衡中，生产商的利润为：

$$\pi_U(w_1, w_2) + F_1 + A_1 + F_2 + A_2 = \pi_U(w_1, \infty) + F_1 + A_1$$
$$= \pi_U(\infty, w_2) + F_2 + A_2$$

表示在任何两位零售商提出合约的均衡中，生产商对接受两位零售商的合约与直接受一位零售商的合约应该是无差异的。

二是如果生产商同时接受这两个合约，每位零售商都从生产商购买正数量的产品。那么，零售商 D_1 和生产商的联合利润 $\pi_U(w_1, \infty) + \pi_{D_1}(w_1, w_2) < \pi_U(w_1, \infty) + \pi_{D_1}(w_1, \infty) \le \overline{\Pi}_{U-D_1}$，表示在任何两个零售商都从生产商购买的均衡中，零售商 1 和生产商的联合利润小于 $\overline{\Pi}_{U-D_1}$，即零售商 D_1 和生产商都乐于没有零售商 2 的情形。即给定合约 $\{w_1, F_1, A_1\}$ 和 $\{w_2, F_2, A_2\}$，零售商 D_1 有着向生产商提供"排他合约"的利润动机。该排他合约为 $A_1 < 0$、$w_1 = w_1^m$、$F_1 = \pi_{D_1}(w_1^m, \infty)$。

三是如果零售商 D_1 向生产商提出合约，用预付费来交换第三阶段自己的所有利润。因为 $A_1 < 0$，生产商只有预期到零售商 D_1 会购买产品时，接受合约才是最优的。但零售商 D_1 只有在生产商不向零售商 D_2 出售产品的时候才会购买产品（因为只要生产商购买了零售商 D_2 的产品，零售商的所得就会小于 F_1）。于是，给定零售商提出的合约，生产商最优的做法是只接受一位零售商的合约。又因为只接受零售商 D_1 的合约的联合利润要大于只接受零售商 D_2 的合约后的联合利润，所以零售商 D_1 的合约会使得自己和生产商的境况都严格改善。

由此可得，在三阶段博弈中，不会存在两个零售商都购买生产商产品的纯策略均衡，即只有一位零售商购买生产商的产品。如果 $\overline{\Pi}_{U-D_1}(w_1^m, \infty) > \overline{\Pi}_{U-D_2}(\infty, w_2^m)$，那么：

零售商 D_1 提出合约为 $\{w_1, F_1, A_1\} = \{w_1^m, \pi_{D_1}(w_1^m, \infty), \overline{\Pi}_{U-D_1} - \overline{\Pi}_{U-D_2}\}$；

零售商 D_2 提出合约为 $\{w_2, F_2, A_2\} = \{w_1^m, \pi_{D_2}(\infty, w_2^m), 0\}$。

如果 $\overline{\Pi}_{U-D_1}(w_1^m, \infty) = \overline{\Pi}_{U-D_2}(\infty, w_2^m)$，对于零售商 D_i，$\{w_i, F_i, A_i\} = \{w_i^m, \pi_{D_i}(w_i^m, \infty), 0\}$，$i = 1, 2$。

在这些纯策略均衡中，生产商的均衡所得为 $\overline{\Pi}_{U-D_2}$，零售商 D_1 的所得

为 $\overline{\Pi}_{U-D_1} - \overline{\Pi}_{U-D_2}$，零售商 D_2 的所得为 0。可以看出，在所有的纯策略均衡中都会发生排他，且排他降低了效率。相反，如果生产商可以提出合约，模型的其他部分都相同，那么生产商会向两个零售商都出售产品，批发价格为 w_1^m 和 w_2^m，可以使零售商最大化三个厂商的联合利润。以上结论甚至在零售商不能观察到竞争对手所提出合约的时候结论仍然成立。因为在均衡中存在着排他，所以在均衡中合约并没有被观察到，每位零售商预期到排他会发生，所以观察不到合约并不影响零售商的最优反应。

预付费在保证不会有两位零售商同时购买生产商的产品中起到了核心作用。即当且仅当 $\overline{\Pi}_{U-D_1} > \overline{\Pi}_{U-D_2}$ 时，预付费出现在均衡中，大小为 $\overline{\Pi}_{U-D_1} - \overline{\Pi}_{U-D_2}$，起着使零售商 D_1 获得正的利润，并把零售商 D_2 排除在市场之外的作用。由于只有零售商购买产品时，生产商才会获得利润。零售商是否会得到预付费依赖于 $\overline{\Pi}_{U-D_1}$ 和 $\overline{\Pi}_{U-D_2}$ 的差。即当 $\overline{\Pi}_{U-D_1} = \overline{\Pi}_{U-D_2}$ 时，两位零售都不会获得正的利润，也无法向生产商索要预付费。

2. 上下游企业的讨价还价力量与排除竞争对手

从前面可以看出两点：一是零售商或生产商拥有讨价还价力量对于市场均衡有着重要的影响。零售商可以向生产商提出"要么接受—要么离开"合约时，所有的纯策略均衡中都会有排他发生。但如果生产商可以提出合约 $\{w_i, F_i, A_i\} = \{w_i^*, \pi_{D_i}(w_1^*, w_2^*), 0\}$，那么不会出现排他，两位零售商都会接受合约，联合利润 $\overline{\Pi}_{U-D_1-D_2}(w_1^*, w_2^*) > \overline{\Pi}_{U-D_1}$。表示只有在零售商有足够讨价还价能力的时候，在均衡中才会出现排他。

二是零售商 D_2 的讨价还价能力大小是决定生产商与零售商 D_1 是否排他的重要因素。在一个生产商与两位零售商轮流讨价还价的序贯签约非合作博弈中，如果生产商知道零售商 D_2 在第二阶段会提出合约，那么生产商和零售商 D_1 会在第一阶段签订一个排他性合约。如果生产商知道自己会在第二阶段提出合约，那么市场中就不会出现排他，第一阶段生产商和零售商 D_1 会选择合约，以实现最大化联合利润。

3. 禁止使用预付费的情形

此时，只考虑两部费合约 $\{w_i, F_i\}$。如果零售商同时提出"要么接受—

要么离开"的合约，没有预付费，市场中不会存在排他的纯策略均衡。

在生产商与零售商交易的序贯博弈中，第二阶段零售商 D_2 选择 w_2 和 F_2，最大化为：

$$\pi_{D_2}(w_1, w_2) - F_2$$

约束条件为：

$$\pi_U(w_1, w_2) + F_1 + F_2 \geq \pi_U(w_1, \infty) + F_1 + F_2$$

给定零售商 D_2 的最优合约，在第一阶段，零售商 D_1 最大化为：

$$\pi_{D_1}(w_1, w_2(w_1)) - F_1$$

约束条件为：

$$\pi_U(w_1, w_2(w_1)) + F_1 + F_2(w_1) \geq 0$$

假设 $\pi_{D_1}(w_1^m, \infty)$，此时对于所有可行的 $w_2 \geq 0$，当批发价格为 w_1^m 时，零售商 D_1 的利润是正的。如果零售商 D_1 提出合约 $\{w_1^m, \pi_{D_1}(w_1^m, \infty)\}$，在固定费等于利润的时候，零售商 D_1 的所得为 0。但因为零售商 D_1 可以提出其他的合约，使自己获得正的利润，所以该排他合约不会出现在均衡中。即在任何没有预付费时，两位零售商都会购买生产商的产品，不会出现市场排他现象。

4.2.3 菜单合约与排除竞争对手

为深入了解进场费以及与之相关的零售商市场抗衡力量的作用，莱斯利·马克思和格雷格·谢弗（2004）、珍妮·米克洛斯—塔尔、帕特里克·雷和博蒂德·韦尔盖（2011）等对上游垄断和下游寡头竞争零售商之间的纵向合约关系问题进行了富有创新性的研究。他们对逆纵向控制多种工具进行了组合研究，分别讨论了两部费（"批发价格＋固定费"）、三部费（"批发价格＋固定费＋预付费（进场费）"）以及排他合约等问题。下面就预付费与上下游效率、排他问题进行讨论。

1. 进场费与视情形固定费

珍妮·米克洛斯—塔尔、帕特里克·雷和博蒂德·韦尔盖（2005）分析了由寡头竞争的零售商向生产商提出"要么接受—要么离开"的合约，生产商向零售商支付预付费的竞争性问题，发现均衡的结果可以最大化生产商和零售商组成的整个产业的利润，但需要更复杂的合约来消除共同代理造成的外部性。预付的进场费对于达到充分的效率是必须的，但福利结果是不确定的：一方面，进场费消除了排他代理在阻碍竞争上的风险；另一方面，这种合约允许生产商和零售商能够在一个共同代理情况下完全串谋。

（1）上下游市场参与者与交易过程。

考察由 1 家上游生产商 U 和 2 家下游有差异的零售商 D_1 和 D_2 构成的市场，生产商生产某种产品的边际成本为 c。生产商的产品由零售商销售给消费者，零售商不负担销售成本。零售商拥有同生产商完全的讨价还价能力，市场的交易过程如下。

第一阶段，零售商 D_1 和 D_2 同时向 U 提出"要么接受—要么离开"（接受或不接受）的合约。零售商可以依据市场结构提出合约，即零售商 D_i 的合约为 $\{C_i^C, C_i^E\}$，上标 C 或 E 分别表示共同代理或排他代理，即当生产商同时接受两位零售商，或只接受零售商 D_i 合约时的交易条款。

第二阶段，生产商 U 决定是否同时接受两个合约、一个合约，或者一个也不接受。所有的合约和生产商的决策都是公开的。

第三阶段，零售商在下游市场展开竞争和执行相关合约。定义 $p_i(q_i, q_{-i})$ 表示零售商 D_i 的反需求函数，q_i 表示零售商 D_i 销售商品的数量，$i = 1, 2$。

令 Π_{UD} 表示上下游一体化的利润为，即

$$\Pi_{UD} = (p_1(q_1, q_2) - c)q_1 + (p_2(q_1, q_2) - c)q_2$$

令 Π_{UD_i} 表示当下游只有零售商 D_i 时候的上下游纵向一体化利润，则：

$$\Pi_{UD_i} = (p_i(q_i, 0) - c)q_i$$

假设两个零售商是不完全替代的，不失一般性，令下游只有零售商 D_1 时候的纵向一体化利润至少和下游只有零售商 D_2 时候的纵向一体化利润一样多，即 $\Pi_{UD_1} + \Pi_{UD_2} > \Pi_{UD} > \Pi_{UD_1} \geqslant \Pi_{UD_2}$。式中严格的不等号排除了两个市场独立或者两位零售商完全替代的情形。

共同代理下，零售商 D_1 和零售商 D_2 同时销售生产商产品均衡的联合利润 $\Pi_{U-D_1-D_2}$ 不会超过一体化垄断利润 Π_{UD}，但是当 $\Pi_{U-D_1-D_2} > \Pi_{UD_1}$ 时，市场中会出现共同代理的均衡。令 π_{D_1}、π_{D_2} 和 π_U 表示零售商 D_1、零售商 D_2 和生产商 U 在共同代理时的利润。在任何共同代理均衡中，零售商 D_i 和生产商 U 的联合利润必然要超过排除零售商 D_{-i} 时的纵向垄断利润，于是当且仅当 $\pi_{D_i} + \pi_U \geq \Pi_{UD_i}$（对于 $i = 1$，2）时，市场中才不会偏离到排他经营的结构，此时，零售商 D_i 的均衡利润不会超过对联合利润的贡献，即 $\pi_{D_i} \leq \Pi_{U-D_1-D_2} - \Pi_{UD_{-i}}$（对于 $i = 1$，2）。下面分别讨论两部费合约、视情形而定的两部费合约、三部费合约等情形。

（2）"固定费 + 批发价格"交易合约的市场均衡。

零售商 D_i 提出的菜单合约为：$\{\{F_i^C, w_i^C\}, \{F_i^E, w_i^E\}\}$，如果生产商 U 选择接受 $\{F_i^k, w_i^k\}$，那么零售商 D_i 最终会支付 $T_i^k(q_i) = F_i^k + w_i^k q_i$，$i = 1$，2，$k = C$，$E$。

首先，考察排他经营的情形。如果零售商 D_i 选择排他经营，零售商 D_{-i} 的最优做法也是选择排他经营。此时，生产商 U 按照成本把商品出售给零售商 D_i，生产商 U 与零售商 D_i 获得最大化联合利润 Π_{UD_i}，零售商和生产商用固定费 F_i^k 来分享预期的利润。

所以在两部费合约下总是存在排他经营均衡：如果 $\Pi_{UD_1} > \Pi_{UD_2}$，那么均衡时生产商 U 接受零售商 D_1 的合约，零售商 D_1 得到的利润为 $\Pi_{UD_1} - \Pi_{UD_2}$，生产商 U 得到 Π_{UD_2}，零售商 D_2 的利润为零；如果 $\Pi_{UD_1} = \Pi_{UD_2}$，存在两个排他经营均衡，零售商之间展开 Bertrand 竞争，都得到零利润，生产商 U 得到全部的一体化利润。

其次，考察共同代理的情形。假设对于任何 (w_1, w_2)，存在一个唯一的下游零售商竞争均衡，零售商 D_i、生产商 U 和整个产业的利润分别为：$\pi_{D_i}(w_1, w_2)$、$\pi_U(w_1, w_2)$ 和 $\Pi_{U-D_1-D_2}(w_1, w_2)$。可以证明，与排他经营环境不同的是，在共同代理情形下，边际成本价格不能导致上下游一体化的垄断结果。原因是，对于零售商 D_i，如果 $w_1 = c$，零售商的竞争将会使零售价格低于垄断水平。此时如果生产商拥有完全讨价还价力量，可以提出"要么接受—要么离开"的合约，那么存在一个高于成本的批发价格可以用来平衡零售竞争对零售价格的影响，并维持垄断结果。但由于零售商拥有完全讨价还价力量，每位零售商在内部化生产商对自己的价格效应的时候，还存在着搭竞争对手便车的激励。零售商 D_i 的批发价格都会影响对手的零售价格，导致均衡时不会得到一体化的垄断价格。假设在两部费合约下，至少存在一个解 $(\tilde{w}_1, \tilde{w}_2)$ 是使上下游联合利润最大化的解，同时定义 $\Pi_{U-D_1-D_2}(\tilde{w}_1, \tilde{w}_2)$ 为此时的联合利润，由此 $\Pi_{U-D_1-D_2}(\tilde{w}_1, \tilde{w}_2) < \Pi_{UD}$。

显然，当且仅当 $\Pi_{U-D_1-D_2}(\tilde{w}_1, \tilde{w}_2) > \Pi_{UD_1}$ 时，存在两位零售商都偏好于共同代理均衡，每位零售商 D_i 获得联合利润的边际贡献 $\Pi_{U-D_1-D_2}(\tilde{w}_1, \tilde{w}_2) - \Pi_{UD_{-i}}$，而生产商 U 获得 $\Pi_{UD_1} + \Pi_{UD_2} - \Pi_{U-D_1-D_2}(\tilde{w}_1, \tilde{w}_2)$；如果 $\Pi_{U-D_1-D_2}(\tilde{w}_1, \tilde{w}_2) = \Pi_{UD_1}$，唯一的共同代理均衡时零售商的利润与排他经营时的利润相同。

（3）视情形而定的"固定费 + 批发价格"交易合约的市场均衡。

本部分考察依赖于严格正的购买数量条件上的固定支付，这种固定支付会消除合约的外部性，使得参与者有着高的价格和高的利润。

相对于两部费合约，零售商可以通过提出一个高的、视情形而定的"固定费 + 批发价格"合约 $\{\{F_i^C, w_i^C\}, \{F_i^E, w_i^E\}\}$ 以应对对方在下游市场的攻击行为，从而保护自身。

最终零售商 D_i 向生产商 U 的支付为：当 $q_i = 0$ 时，$T_i^k(q_i) = 0$；当 $q_i > 0$ 时，$T_i^k(q_i) = F_i^k + w_i^k q_i$。即零售商 D_i 只有在购买生产商 U 产品是才支付固定费 F_i^k，$i = 1, 2$，$k = C, E$。

排他经营的情形。当固定费是视情形而定的时候，当 $\Pi_{UD_1} > \Pi_{UD_2}$ 时，均衡时仍然是生产商 U 接受零售商 D_1 的合约，零售商 D_1 得到的利润为 $\Pi_{UD_1} - \Pi_{UD_2}$，生产商 U 得到 Π_{UD_2}，零售商 D_2 的利润为零。尽管零售商 D_2 可以把合约中的固定费超过 Π_{UD_2}，但理性的生产商 U 会预计他在下一阶段不会购买产品。因此零售商 D_1 合约中的固定费也不会超过 Π_{UD_2}。

共同代理的情形。在均衡时，零售商都购买大于零数量的产品，此时 $\pi_{D_i}(w_1, w_2) \geq F_i^C$。该式对零售商 D_i 的约束不会是紧的。如果 $\Pi_{UD_1} > \Pi_{UD_2}$，在共同代理的均衡中，生产商 U 与两位零售商都有交易，或只与零

售商 D_2 交易是无差异的。否则，零售商 D_1 可以通过稍稍降低固定费 F_1^C 而获利，但生产商 U 在零售商 D_2 的排他性经营中利润不会超过 Π_{UD_2}。因此，在共同代理均衡时，生产商 U 的收益不会超过 Π_{UD_2}。由于零售商可以选择在第三阶段不购买商品，所以零售商 D_1 可以选择一个批发价格 $\hat{w}_1$ 得到一个更高的联合利润 $\Pi_{U-D_1-D_2}(\hat{w}_1, w_2)$。

可以证明，当且仅当 $\Pi_{U-D_1-D_2}(\hat{w}_1, w_2) > \Pi_{UD_1}$ 的时候，存在共同代理均衡。即如果 $\Pi_{U-D_1-D_2}(\hat{w}_1, w_2) > \Pi_{UD_1} > \Pi_{U-D_1-D_2}(\tilde{w}_1, \tilde{w}_2)$，帕累托占优均衡时，零售商 D_2 得到零利润，生产商 U 利润为 Π_{UD_2}，零售商 D_1 的利润为 $\Pi_{U-D_1-D_2}(\hat{w}_1, w_2) - \Pi_{UD_2}$。如果 $\Pi_{U-D_1-D_2}(\tilde{w}_1, \tilde{w}_2) > \Pi_{UD_1}$，则存在两个帕雷托占优共同代理均衡：一个均衡为零售商 D_1 的利润为 $\Pi_{U-D_1-D_2}(\hat{w}_1, w_2) - \Pi_{UD_2}$，零售商 D_2 得到零利润；另一个均衡和两部费合约时的一样，零售商 D_1 获得利润 $\Pi_{U-D_1-D_2}(\tilde{w}_1, \tilde{w}_2) - \Pi_{UD_2}$，零售商 D_2 获得利润 $\Pi_{U-D_1-D_2}(\tilde{w}_1, \tilde{w}_2) - \Pi_{UD_1}$。可见，视情形而定的固定费增加了共同代理均衡的范围，并且在视情形而定的两部费下，上下游的联合利润提高了 $\Pi_{U-D_1-D_2}(\hat{w}_1, w_2) - \Pi_{U-D_1-D_2}(\tilde{w}_1, \tilde{w}_2)$。

（4）视情形而定的"固定费 + 进场费 + 批发价格"的三部费情形交易合约的市场均衡。

零售商 D_i 使用的合约形式为 $\{\{F_i^C, A_i^C, w_i^C\}, \{F_i^E, A_i^E, w_i^E\}\}$，向生产商 U 支付的费用为：当 $q_i = 0$ 时，$T_i^k(q_i) = 0$；当 $q_i > 0$ 时，$T_i^k(q_i) = F_i^k + A_i^k + w_i^k q_i$。即零售商 D_i 只有在购买生产商 U 产品时才支付固定费 F_i^k，$i = 1, 2, k = C, E$。

在三部费的情形下，存在着实现上下游一体化垄断利润 Π_{UD} 的共同代理均衡。此时生产商向零售商支付进场费（可以把该费用看作为负的固定费）。

生产商 U 在接受零售商合约时，先向每位零售商 D_i 支付 $\Pi_{UD} - \Pi_{UD_{-i}}$ 的进场费，然后零售商 D_i 选择可以实现上下游一体化利润的商品数量和零售价格，同时把获得的销售利润作为视情形而定的固定费支付给生产商 U。均衡时，零售商通过进场费（负的固定费）获得共同代理下上下游联合利润的贡献，利润为 $|F_i^C| = \Pi_{UD} - \Pi_{UD_{-i}}$，生产商 U 的利润为 $\Pi_{UD} - \Pi_{UD_1} -$

Π_{UD_2}，由于在第三阶段，一旦零售商向生产商购买了商品，就必须支付等于最大化联合利润的视情形而定的固定费，所以零售商选择商品数量和价格不会偏离实现上下游一体化利润时的商品数量和价格。视情形而定的固定费和进场费在合约里一起使用起到了支撑上下游一体化垄断利润的作用。

通过以上分析，珍妮·米克洛斯—塔尔、帕特里克·雷和蒂博德·韦尔盖（2011）考察了进场费和视条件而定的固定费在决定市场结构和零售价格上的作用。如果在上游拥有讨价还价能力时，不使用进场费，使用两部费就可以实现垄断结果。但是零售商拥有讨价还价能力，在可以向生产商提出合约的情形下，传统的两部费不能支撑共同代理结构实现上下游产业达到一体化垄断，此时进场费是保持垄断价格的必要条件，如果合约形式不受限制，对于零售商而言，一个包括进场费（预付费）的三部费合约可以实现上下游一体化结果。不过尽管进场费（预付费）对于达到上下游充分效率是必须的，但福利结果是不确定的：一方面，进场费消除了排他代理在阻碍竞争上的风险；另一方面，这种合约允许生产商和零售商能够在一个共同代理情况下完全串谋。尽管当存在视条件而定的固定费时，预付费并不会导致无效率的排他代理，但预付费会潜在地伤害社会福利，因为它消除了零售商之间的竞争。

禁止进场费的福利结果是未定的。与视情况而定的固定费结合在一起的进场费（预付费）在有些情况下会导致共同代理，可以实现上下游的效率。但给定共同代理，三部费会消除下游竞争，这显然是对消费者和总的福利有害的。所以，任何具体市场的政策选择应该视零售商竞争的程度，即替代程度和对称程度而定。当零售商替代程度较低、成本结构非常对称时，三部费几乎对社会福利是有害的。然而，三部费并不是在共同代理时产生垄断结果的唯一方法。更加一般的非线性费用，或者是与转卖价格控制在一起的两部费也可以产生类似的结果。

2. 预付费与下游市场排他

关于预付费的作用，学术界存在着两类截然不同的看法。一类看法认为，预付费是生产商为了获得货架空间、垫付成本、支持下游促销而向零售商支付的费用。生产商通过支付预付费，可以把商品质量可行信息传递给零售商；零售商通过索要预付费，可以有效地甄别生产商产品的优劣，所以预付费是为零售商提供的有效分配稀缺货架的手段，能增进社会福利。如果缺乏讨价还价力量的小生产商不想被排除在市场之外，那么它必须生产出比竞争对手更能被市场接受的产品。该观点在第一节中做了讨论。

另一类看法认为，预付费阻碍了竞争。相对于大生产商，由于小生产商缺乏进入资本市场的能力，无法支付零售商索要的高额预付费，所以预付费潜在地阻碍了小生产商获得充分的分销渠道。并且大生产商在使用预付费购买稀缺的货架空间时，可能会滥用优势地位，提高竞争对手的成本，排除竞争对手。显然，问题出在占优生产商。

4.3　价格合谋

格雷格·谢弗（1991）分析了完全竞争的生产商在争夺零售商的货架空间时的进场费和转卖价格控制问题。市场中零售层次是寡头垄断的，零售商可以选择从哪一位生产商购买商品。他发现：当所有生产商都使用相同形式合约时，"进场费 + 批发价格"合约或"转卖价格 + 批发价格"合约各自存在唯一均衡。均衡时，这两种合约都可以提高批发价格，进而提高市场上的商品价格，最终增加零售商的总利润，进场费和转卖价格都可以作为策略工具用于降低零售市场的竞争程度。如果合约是可观察的，生产商彼此批发价格的反应函数向上倾斜，那么所有生产商都会偏好进场费合约。如果生产商—零售商之间的批发价格是不可被其他对手观察到的，那么在市场均衡中出现的会是转卖价格控制，但不是所有的生产商都会使用转卖价格控制。如果转卖价格控制和进场费等控制工具都是不允许使用的，那么在市场均衡中，生产商的批发价格等于边际成本。与边际的批发价格相比，进场费和转卖价格控制这两种工具都会降低福利，进场费甚至比转卖价格控制使社会福利降低得更多。

4.3.1 生产商为获得零售商的策略竞争

市场中完全竞争的生产商生产一种同质产品，并出售给有差异的双寡头垄断零售商 D_1 和 D_2，如果考虑消费者对商店的偏好、运输成本等因素，那么可以认为消费者在不同的零售商购买的商品是有差异的。

市场交易过程分为三阶段博弈：第一阶段，生产商同时向零售商 D_1 和 D_2 提出销售合约，合约中包括单位商品批发价格、固定费（进场费）和转卖价格等；第二阶段，零售商选择从哪位生产商购买产品；第三阶段，零售商之间进行非合作的价格博弈。假设每一阶段参与者知道自己的行为对以后阶段的影响，所有的信息是共同知识。

假设零售商的需求函数 $q_i(p_1, p_2)$ 是可微的、向下弯曲的，两个零售商销售的商品是替代的，满足 $\dfrac{\partial q_i}{\partial p_i} < 0$，$\dfrac{\partial q_i}{\partial p_j} > 0$，为确保了利润最大化条件，假设 $\dfrac{\partial q_i}{\partial p_i}\dfrac{\partial q_j}{\partial p_j} \geqslant \dfrac{\partial q_i}{\partial p_j}\dfrac{\partial q_j}{\partial p_i}$，$i = 1$，$2$。

令 w_i 为单位批发价格，F_i 表示零售商 D_i 与生产商签订合约的固定费，那么，零售商 D_i 的利润为：

$$\pi_{D_i}(p_1, p_2, F_i) = (p_i - w_i)q_i(p_1, p_2) - F_i$$

进一步，令 $\Delta = \dfrac{\partial^2 \pi_{D_i}}{\partial p_i^2}\dfrac{\partial^2 \pi_{D_j}}{\partial p_j^2} - \dfrac{\partial^2 \pi_{D_i}}{\partial p_i \partial p_j}\dfrac{\partial^2 \pi_{D_j}}{\partial p_i \partial p_j}$，并假设 $\dfrac{\partial^2 \pi_{D_i}}{\partial p_i^2} < 0$，$\dfrac{\partial^2 \pi_{D_i}}{\partial p_i \partial p_j} > 0$，

$\Delta > \dfrac{\partial q_i}{\partial p_j}\dfrac{\partial^2 \pi_{D_j}}{\partial p_i \partial p_j}$，表明零售商的边际利润随着竞争对手价格的上升而上升，该条件确保了 Bertrand 竞争的反应函数向上倾斜，保证了纳什均衡的唯一性，也确保了生产商和零售商之间不存在固定的转移费用，每位零售商的均衡利润随着其边际成本 w_i 而递减。

令 c 表示所有生产商固定的单位商品成本，那么，出售给零售商 D_i 产品的生产商的收益为 $(w_i - c)q_i(p_1, p_2) + F_i$。令 $\mathbf{p} = (p_1(w_1, w_2), p_2(w_1, w_2))$ 表示零售商的销售价格；令 $\pi_D = (\pi_{D_1}(\mathbf{p}, F_1), \pi_{D_2}(\mathbf{p}, w_2))$

表示零售商的利润。

4.3.2　进场费和转卖价格控制工具比较

接下来，分别对有或没有进场费和转卖价格控制工具可能形成的 4 种组合情况的均衡价格和利润进行比较分析。

1. 没有转卖价格控制，没有进场费

假设合约中不能使用转卖价格控制，生产商也不能够设定固定费，即 $F_i = 0$，此情形可以作为比较的基准。由于上游市场是完全竞争的，如果任何生产商想以提高批发价格的方式获得利润，那么别的生产商就可以用较低的批发价格向零售商提供产品，为获得零售店的货架，生产商向零售商提供的合约必须使得零售商获得的利润不低于从其他生产商进货所获得的利润。同时，生产商提供的合约也不会使自己的所得为负。

市场均衡时，生产商供货合约中的批发价格等于边际成本，即 $w_i = c$。那么此时：$\mathbf{p}^c = (p_1(c, c), p_2(c, c))$，$\boldsymbol{\pi}_D^c = (\pi_{D_1}(\mathbf{p}, F_1 = 0), \pi_{D_2}(\mathbf{p}, w_2 = 0))$。

在生产商和零售商只用批发价格交易时，尽管生产商提出合约，但下游零售商拥有所有的讨价还价能力，并且获得全部销售渠道的利润。

2. 有进场费，没有转卖价格控制

在使用两部费合约时，生产商会在自己获取非负利润的约束条件下，通过选择 (w, F) 来最大化零售商的利润 $\pi_{D_i} = (p_i - w_i)q_i(p_1, p_2) - F_i$。生产商约束条件为：$(w_i - c)q_i(p_1, p_2) + F_i \geqslant 0$。

w_i 的一阶条件为：

$$(w_i - c)\frac{\partial q_i}{\partial p_i}\frac{\partial p_i}{\partial w_i} + (p_i - c)\frac{\partial q_i}{\partial p_j}\frac{\partial p_j}{\partial w_i} = 0$$

由于 $\dfrac{\partial q_i}{\partial p_i} < 0$ 和 $\dfrac{\partial q_i}{\partial p_j} > 0$，再通过全微分第三阶段零售商利润最大化的一阶条

件，可以得到 $\frac{\partial p_i}{\partial w_i} > 0$ 和 $\frac{\partial p_j}{\partial w_i} > 0$。进而上式可以分解为生产商 U_i 自身的价格上升而导致的利润损失的负直接效应，以及由于生产商 U_j 价格上升而导致生产商 U_i 获得正利润的间接效应。

在均衡时，生产商的批发价格高于边际成本固定费为负值，即 $w_i > c$ 和 $F_i < 0$。$w_i > c$ 意味着生产商 U_i 向零售商 D_i 提供了提高价格的激励，这对于零售商 D_i 也有着正的一阶效应，同时损失的利润还可以通过生产商支付的进场费弥补。类似地，零售商 D_j 也有着同样的激励。市场均衡时，两个零售商都会选择 $w > c$，即当生产商可以使用进场费来获得货架时，会使零售商的价格和利润都比不可以使用进场费时高。

令 $\mathbf{w}^s = (w_1^s, w_2^s)$ 和 $\mathbf{F}^s = (F_1^s, F_2^s)$ 分别表示有进场费时纳什均衡的批发价和固定费，此时 $\pi_D^s > \pi_D^c$ 且 $\mathbf{p}^s > \mathbf{p}^c$。当然，以上的分析必须严格依赖于零售商能否观察到零售商与生产商合约的能力。如果 w_i 不能被观察到，那么 $\frac{\partial p_j}{\partial w_i} = 0$，则 $w_i = c$。

3. 有转卖价格控制，没有进场费

在允许使用转卖价格控制，但是不能使用固定费时会有三种可能：零售商都不使用转卖价格控制，零售商都使用转卖价格控制，或只有一位零售商使用转卖价格控制。

情形一：当零售商都不使用转卖价格控制时，那么，$\mathbf{p}^c = (p_1(c, c),$ $p_2(c, c))$，$\pi_D^c = (\pi_{D_1}(\mathbf{p}, F_1 = 0), \pi_{D_2}(\mathbf{p}, w_2 = 0))$。

情形二：如果两个零售商都使用转卖价格控制，与零售商 D_i 建立供应关系的生产商在给定自己盈亏平衡的条件下选择 (p, w) 来最大化零售商 D_i 利润 $\pi_{D_i} = (p_i - w_i) q_i(p_1, p_2)$。生产商的约束条件为 $(w_i - c) q_i(p_1, p_2) \geq 0$。

求解该问题的纳什均衡，可以得到 $w_i = c$，$\mathbf{p} = \mathbf{p}^c$ 和 $\pi_D = \pi_D^c$。这和基准情形的纳什解完全相同，即有转卖价格控制的情形与没有转卖价格控制和固定费用的情形一样。

情形三：考虑只在一家零售店使用转卖价格控制的情形。如果零售店 D_1 使用转卖价格控制，不使用转卖价格控制的零售店 D_2 选择 p_2 最大化自己的利润 $\pi_{D_2} = (p_2 - w_2)q_2(p_1, p_2)$。零售商 2 选择的价格为 $p_2 = p_2(p_1, w_2)$。

生产商的博弈可以分为两个部分。首先，考虑被零售商 D_2 选择的生产商，该生产商会最大化 $(p_2(p_1, w_2) - w_2)q_2(p_1, p_2(p_1, w_2))$，约束条件为 $(w_2 - c)q_i(p_1, p_2) \geq 0$。再考虑被零售商 D_1 选择的生产商，为保证拥有零售商的货架，必须在自己零利润的条件下选择 p_1 来最大化零售商 D_1 的利润，即 $(p_1 - c)q_1(p_1, p_2(p_1, w_2))$，$p_1$ 的一阶条件为：

$$\left((p_1 - c)\frac{\partial q_1}{\partial p_1} + q_1 \right) + (p_1 - c)\frac{\partial q_1}{\partial p_2}\frac{\partial q_1}{\partial p_1} = 0$$

第二项表明被零售商 D_1 选择的生产商要考虑零售商 D_2 的价格反应。可以证明：$p_2(p_1, c) > p_2(c, c)$，且 $\pi_D(p_1, c) > \pi_D^c$。

进而可得出：当转卖价格控制是合法的，固定费被禁止时，至少有一个零售商会选择价格控制；当转卖价格控制是合法，但是有一个零售商没有使用转卖价格控制时，与基准情况相比，两个零售价格和利润要更高。

4. 有进场费，有转卖价格控制

当允许生产商把转卖价格控制和固定费列在合约中时，谢弗（Shaffer，1991）得到以下结论。

一是如果零售商 D_2 选择两部费合约，零售商 D_1 对生产商是通过转卖价格控制还是通过两部费合约来最大化自己的利润是无差异的。

二是如果零售 D_1 商选择转卖价格控制合约，零售商 D_2 对生产商是通过转卖价格控制还是通过两部费合约来最大化自己的利润是无差异的。

三是当固定费和转卖价格控制被允许的时候，市场中存在着 3 种均衡：如果零售商都没有选择转卖价格控制，那么进场费的结果是一个唯一的均衡；两个零售商都选择转卖价格控制可以构成一个均衡，此时价格等于基准水平，原因是与生产商边际成本相等的批发价格足以使零售商获得最大的利润；只有一个零售商选择转卖价格控制也可以构成一个均衡。所以 3 种均衡的结果是：两位零售商都选择进场费合约；两位零售商都选择转卖价格控制合约；只有一位零售商选择转卖价格控制。

四是如果生产商的批发价格反应函数向上倾斜，零售商的价格和利润在进场费均衡的时候要比选择转卖价格控制的时候要高。

从社会福利角度看，没有转卖价格控制时，等于边际成本的批发价格使社会福利最大，而使用进场费时的社会福利最差。

第 5 章

上下游企业交互交易合约控制

在上游生产企业与下游商业企业间的市场交易过程中，如果既存在"正纵向控制"合约安排，又有"逆纵向控制"合约安排，那么，可将此类交易称为生产企业与商业企业交互主导型交易。相对于单一的上游企业或下游企业主导型交易，生产企业与商业企业交互主导型交易是市场中更为复杂和普遍存在的一种经济行为。

现实生活中，下游零售市场结构一般是由一个占优大零售商和众多中小零售商组成的垄断竞争型结构。下游占优的大零售商对于上游生产商拥有讨价还价力量，上游占优生产商又会对下游中小零售商拥有市场势力。本章将对这一较为逼近现实的上游生产商与下游零售商交互主导型交易及其合约条款组合（如由线性批发价、固定费、包含进场费在内的预付费等组成的两部费和三部费）进行讨论。

5.1 节着重介绍董烨然（2012）的模型，分析比较了大零售商市场主导下的有关进场费的四组纵向合约的市场均衡和社会福利，证明了在 1 个供应商（或生产商）、1 个大零售商和 n 个小零售商的市场中：一是大零售商在批发价格合约、两部费合约、三部费合约和排他合约等四组合约选择次序中，严格偏好于包含预付费（即进场费）的三部费合约，并且均衡时，三部费可以实现上下游纵向一体化利润；二是与供应商对下游完全拥有市场力量的情形相比，消费者剩余不会降低，市场价格不会上升，供应商获得的利润也不会减少；三是社会福利与大零售商选择的合约以及小零售商的数量有关。市场中存在着一个小零售商数量的值，当超过这一数量值时，社会福利会高于上下游一体化时的情形。政府的反垄断与竞争政策的重点放在支持小零售商发展上，对提高社会福利更有效果。

5.2 节基于董烨然（2019）的模型，考察 1 个拥有完全买方力量的占优零售商、n 个无买方力量的小零售商和 1 个上游生产商构成的纵向市场结构。占优零售商和 n 个小零售商都从生产商采购商品，在把商品转售给消费者的过程中，占优零售商是零售市场的价格领导者。初始时（上下游企业之间签约前），小零售商的数量是生产商的私人信息，由此，占优零售商不了解零售市场中小零售商的数量，也不了解零售市场的剩余需求。占优零售商的买方力量体现在能够在生产商与 n 个小零售商签约之前，向生产商提出"要么接受—要么拒绝"的合约。尽管占优零售商不了解零售市场中小零售商的数量 n，但是如果与自己交易的上游生产商了解小零售商的数量 n，当下游占优零售商有能力向上游生产商提出交易合约的时候，可以利用生产商为了最大利润而选择是否接受合约，以及选择哪一项交易条款的行为，来甄别小零售商的数量 n 和零售市场剩余需求。结论表明，小零售商的数量 n 是生产商和占优零售商之间的非对称信息时，无论小零售商数量 n 的分布是离散的还是连续的，当占优零售商和 n 个小零售商同时销售商品比 n 个小零售商独自销售商品更有效率时，占优零售商可以通过向上游生产商提出"通道费＋批发价格"的菜单合约来甄别生产商所拥有的小零售商数量信息。由此，给出了下游企业向上游企业提出菜单合约的动机是获取市场剩余需求信息的正式解释。

5.1　完全信息下上下游企业的交互合约控制

目前经济生活中的一个事实是，世界零售市场结构形成了跨国零售巨头（如沃尔玛、家乐福等）与数量众多的小零售商（小超市、小便利店）共存的市场结构。本节在上游由 1 家生产商 U、下游由 1 家大零售商 D_0 和 n 家小零售商 D_i 构成的纵向结构（以下简称" $U - D_0 - nD_i$ 纵向结构"）中，讨论上下游企业的交互控制的合约问题，即下游占优的大零售商对于上游生产商拥有讨价还价力量，可以提出"要么接受—要么离开"的合约，上游垄断的生产企业又会对下游小零售商拥有市场势力，可以向 n 家小零售商 D_i 提出"要么接受—要么离开"的合约。

5.1.1　上下游市场参与者与交易过程

在 1 个生产商 U、1 个大零售商 D_0 和 n 个小零售商 $D_i(i \in [1, n])$ 组成的 $U - D_0 - nD_i$ 市场中，生产商生产 1 种商品 X，假设生产商不能直接把商品出售给最终消费者，必须通过下游零售商转售给消费者。市场的逆需求曲线为 $p = a - bq$。生产商、大零售商和小零售商的成本是公共信息。生产商供应的商品只承担固定的边际成本 c_u，简单起见，令 $c_u = 0$。大零售商销售商品只承担一个固定的边际成本 c_0，每个小零售商 D_i 都具有相同的成本结构，即 $c_i(q_i) = \frac{1}{2}dq_i^2$。该假设意味着，从销量与成本的关系看，小零售商适宜小规模经营，大零售商适宜大规模经营。零售市场中，大零售商是价格领导者，小零售商是价格接受者，且大零售商和小零售商之间不能买卖商品。生产商对小零售商拥有完全讨价还价力量，可以向小零售商提出"要么接受—要么离开"合约。但大零售商对生产商拥有完全讨价还价能力，可以向生产商提出"要么接受—要么离开"合约。同时假设需求、企业的成本、合约都是公开的。

生产商 U、大零售商 D_0 和 n 个小零售商 D_i 之间的商品 X 买卖交易过程如下：第一阶段：大零售商 D_0 向生产商 U 提出合约。第二阶段：生产商 U 决定是否接受大零售商 D_0 的合约，并决定是否同时把商品出售给小零售商 D_i。如果生产商 U 拒绝大零售商 D_0 的合约，则只把商品出售给小零售商。第三阶段：如果生产商 U 接受大零售商 D_0 的合约，可能有两种情形。一是生产商 U 不把商品出售给小零售商 D_i 时，大零售商 D_0 制定零售价格把商品出售给消费者；二是生产商 U 把商品出售给小零售商 D_i 时，大零售商 D_0 成为价格领导者，制定市场价格，小零售商接受市场价格。用 w_0 和 w_i 表示生产商 U 销售给大零售商 D_0 和小零售商的批发价格，用 p 表示最终零售市场中商品的价格。

　　生产商 U 对商品 X 的销售途径的选择可能会导致 $U - D_0 - nD_i$ 市场结构退化为两种极端情形：一是 1 家生产商 U 和 n 家小零售商 D_i 的市场结构（以下简称"$U - nD_i$ 市场结构"）；二是 1 家生产商 U 和 1 家大零售商 D_0 的市场结构（以下简称"$U - D_0$ 市场结构"）。可见，小零售商 D_i 的存在使生产商 U 有着不接受大零售商 D_0 合约的外部机会。

　　同时，假设在 $U - D_0 - nD_i$ 市场结构中，当生产商 U 通过大零售商 D_0 和 n 个小零售商 D_i 一起销售商品所获得的利润与只通过 n 个小零售商 D_i 销售商品所获得的利润相等时，会选择把商品通过所有零售商销售商品。

5.1.2　两种基准情形分析

　　在 $U - D_0 - nD_i$ 市场结构中，上下游纵向一体化（即生产商 U、大零售商 D_0 和 n 个小零售商 D_i 合并为一家企业 UD）和无合约安排的非纵向一体化是两种极端的市场情形，这也是接下来展开问题分析的基准。

　　1. $U - D_0 - nD_i$ 纵向一体化

　　当生产商 U、大零售商 D_0 和 n 个小零售商 D_i 合并为一家企业 UD，一体化企业 UD 利润最大化的条件为：$MR(Q) = MC_i(q_i) = MC_0(q_0)$，其中 $Q = q_0 + nq_i$。由此可以得出：当小零售商数量 $n \leqslant \dfrac{d(a - c_0)}{2bc_0}$，市场价格为 $p^v = \dfrac{1}{2}(a + c_0)$，大零售商 D_0 销售商品数量为 $q_{R_0}^v = \dfrac{1}{2bd}(d(a - c_0) - 2nbc_0)$，每个小零售商 D_i 销售商品数量为 $q_{R_i}^v = \dfrac{c_0}{d}$；当小零售商 D_i 数量 $n > \dfrac{d(a - c_0)}{2bc_0}$，所有商品都由小零售商销售。

　　2. $U - D_0 - nD_i$ 无合约安排的非纵向一体化

　　当 $U - D_0 - nD_i$ 市场结构无合约安排、非纵向一体化时，生产商 U 设定批发价格 w_0^c 和 w_i^c 把商品分别出售给大零售商 D_0 和 n 个小零售商 D_i，大

零售商 D_0 设定市场价格 p^c 谋求最大化利润。市场均衡时生产商 U 最优的批发价格为：$w_0^c = \frac{1}{2}(a - c_0)$，$w_i^c = \frac{a}{2}$。此时，市场价格为：$p^c = \frac{ad}{4(d + bn)} + \frac{2a + c_0}{4}$。显然，当 $n \leq \frac{d(a - c_0)}{2bc_0}$，$p^c > p^v$。表明 $U - D_0 - nD_i$ 市场结构无合约安排，非纵向一体化时，一方面上下游存在着纵向边际加价的纵向外部性；另一方面下游存在着水平外部性。

显然，$U - D_0 - nD_i$ 市场结构中，上下游纵向一体化时，纵向利润一是来源于消除了生产商和零售商之间、零售商之间竞争的外部性，二是来源于所销售的商品在大零售商和小零售商之间的合理安排，充分利用了小零售商在销售少量商品时边际成本较低的优势。

5.1.3　上下游企业交互提出合约的市场均衡

在 $U - D_0 - nD_i$ 市场结构中，当生产商 U 拥有对下游零售商完全讨价还价力量时，可以通过两部费合约获得纵向一体化利润 $\Pi_{U-D_0-nD_i}^v$（Bernheim and Whinston，1985；1988）。但下游大零售商 D_0 对生产商 U 具有市场势力，可以向生厂商 U 提出合约时，结果会有所不同。

一般而言，大零售商 D_0 可以选择"批发价格合约" $\{w_0\}$、"事中进场费 + 批发价格"两部费合约 $\{F_0, w_0\}$、"事前进场费 + 事中进场费 + 批发价格"的三部费合约 $\{S_0, F_0, w_0\}$、排他合约 $\{E\}$ 等多种合约形式。F_0 和 S_0 的差别在于：S_0 在第二阶段签约的时候发生，无论大零售商 D_0 是否向生产商购买商品 X；F_0 只有在大零售商 D_0 向生产商购买商品时才发生。对 S_0 和 F_0 的符号没有限制，负号则表示该费用由生产商 U 向大零售商 D_0 支付。

在 $U - D_0 - nD_i$ 市场结构中，对 n 个小零售商 D_i 拥有完全的讨价还价能力的生产商 U 如果只把商品 X 出售给小零售商 D_i，那么必然可以通过两部费合约 $\{F_i, w_i\}$ 获得 $U - nD_i$ 市场结构的纵向一体化利润 $\Pi_{U-nD_i}^v$（Bernheim and Whinston，1985；1988）。简单起见，假定无论大零售商 D_0

使用何种合约，生产商 U 只向小零售商 D_i 提出合约 $\{F_i,\ w_i\}$。由此，当生产商 U 面对大零售商 D_0 合约时，外部机会为 $\Pi^v_{U-nD_i}$，$\pi^{\{\cdot\}}_U \geqslant \Pi^v_{U-nD_i}$ 是大零售商 D_0 提出合约的约束条件。

1. 大零售商提出批发价格合约

在 $U-D_0-nD_i$ 市场结构中，生产商、大零售商 D_0 和 n 个小零售商 D_i 的利润之和为：$\Pi^{\{w_0\}}_{U-D_0-nD_i} = \pi^{\{w_0\}}_U + \pi^{\{w_0\}}_{D_0} + n\pi^{\{w_0\}}_{D_i}$。

由于小零售商 D_i 是生产商合约 $\{F_i,\ w_i\}$ 的接受者，所以只能得到零利润，即 $\pi^{\{w_0\}}_{D_i} = 0$。大零售商 D_0 第一阶段提出的合约 $\{w_0\}$ 会影响第二阶段生产商选择 $\{F_i,\ w_i\}$，进而影响第三阶段市场价格 $p^{\{w_0\}}$，用逆向归纳法求解三阶段博弈，$\pi^{\{w_0\}}_U$、$\pi^{\{w_0\}}_{D_0}$、$\Pi^{\{w_0\}}_{U-D_0-nD_i}$ 和 $p^{\{w_0\}}$ 都可以表示为 w_0 的函数。

第一阶段，大零售商 D_0 选择 w_0 最大化 $\pi^{\{w_0\}}_{U_0}$。给定第二阶段生产商 U 给小零售商 D_i 的批发价格 w_i，大零售商 D_0 面对的市场剩余需求曲线为：$p = \dfrac{ak+bw_i}{b+k} - \dfrac{bk}{b+k}q$，令 $k = \dfrac{d}{n}$。由此，大零售商 D_0 的利润为：

$$\pi^{\{w_0\}}_{U_0}(w_0) = \max_{w_0}(p-c_0-w_0)\left(\frac{ak+bw_i}{bk} - \frac{b+k}{bk}p\right)$$

大零售商 D_0 选择 w_0 的约束条件是使得生产商 U 的利润不小于不通过自己出售商品时的利润，即 $\pi^{\{w_0\}}_U \geqslant \Pi^v_{U-nD_i}$。

第二阶段，生产商 U 选择 $\{F_i,\ w_i\}$ 最大化 $\pi^{\{w_0\}}_U$，$\pi^{\{w_0\}}_U$ 来源于两部分：一是以 w_0 从大零售商 D_0 获得的收益 $Z^{\{w_0\}}_{D_0}$，二是以 $\{F_i,\ w_i\}$ 从小零售商获得的收益 $Z^{\{w_0\}}_{nD_i}$，即

$$\pi^{\{w_0\}}_U = Z^{\{w_0\}}_{D_0} + Z^{\{w_0\}}_{nD_i}$$

其中，$Z^{\{w_0\}}_{D_0} = \left(\dfrac{ak+bw_i}{bk} - \dfrac{b+k}{bk}p\right)w_0$，$Z^{\{w_0\}}_{nD_i} = \dfrac{1}{2}\dfrac{b+k}{bk}(p+w_i)$。

第三阶段，大零售商 D_0 选择 p 最大化利润 $\pi^{\{w_0\}}_{D_0}$，即

$$\pi^{\{w_0\}}_{D_0}(p) = \max_p(p-c_0-w_0)\left(\frac{ak+bw_i}{bk} - \frac{b+k}{bk}p\right)$$

由 $\dfrac{\mathrm{d}\pi_{D_0}^{\{w_0\}}(p)}{\mathrm{d}p^2} = -\dfrac{2(b+k)}{bk} < 0$，可知 $\pi_{D_0}^{\{w_0\}}$ 存在最大值。第三阶段大零

售商 D_0 选择 $p = \dfrac{ak + (b+k)c_0 + (b+k)w_0 + bw_i}{2(b+k)}$，进一步可得出用 w_i 表示

生产商 U 的利润为：

$$\pi_U^{\{w_0\}} = \frac{1}{8k}\left[\frac{4w_0(ak - (b+k)(c_0 + w_0) + bw_i)}{b}\right.$$
$$\left.+\frac{(ak + (b+k)(c_0 + w_0) - (b+2k)w_i)(ak + (b+k)(c_0 + w_0) + (3b+2k)w_i)}{(b+2k)^2}\right]$$

w_i 的一阶条件为：

$$\frac{\mathrm{d}\pi_U^{\{w_0\}}}{\mathrm{d}w_i} = \frac{abk + b(b+k)c_0 + (3b+2k)((b+k)w_0 - (b+2k)w_i)}{4k(b+k)^2}$$

由 $\dfrac{\mathrm{d}^2\pi_U^{\{w_0\}}}{\mathrm{d}w_i^2} = -\dfrac{(b+2k)(3b+2k)}{4k(b+k)^2} < 0$，可以得出，给定大零售商 D_0 的

合约 $\{w_0\}$，给定 w_0，生产商 U 把批发价格 $w_i(w_0)$ 定为：

$$w_i(w_0) = \frac{abk + (b+k)(bc_0 + (3b+2k)w_0)}{(b+2k)(3b+2k)}$$

该式给出了生产商 U 对大零售商 D_0 选择批发价格的反应函数。由 $\dfrac{\mathrm{d}w_i}{\mathrm{d}w_0} =$

$\dfrac{b+k}{b+2k} > 0$，可知生产商 U 制定的批发价格 w_i 随 w_0 的增加而增加。最后，

可得给定大零售商 D_0 的合约 $\{w_0\}$，生产商利润为：

$$\pi_U^{\{w_0\}} = \frac{b(ak + (b+k)c_0)^2 + 2k(b+k)(3b+2k)(a - c_0)w_0 - 2k(b+k)(3b+2k)w_0^2}{2bk(b+2k)(3b+2k)}$$

由 $\dfrac{\mathrm{d}^2\pi_U^{\{w_0\}}}{\mathrm{d}w_0^2} = -\dfrac{2(b+k)}{b(b+2k)} < 0$，可知 $\pi_U^{\{w_0\}}$ 是 w_0 的凹函数。同时可得给

定大零售商 D_0 的合约 $\{w_0\}$，市场价格为：

$$p(w_0) = \frac{(b+k)(2ak + 2(b+k)c_0 + (3b+2k)w_0)}{(b+2k)(3b+2k)}$$

由 $\dfrac{\mathrm{d}p}{\mathrm{d}w_0} = \dfrac{b+k}{b+2k} > 0$，可知 $p^{\{w_0\}}$ 是 w_0 的增函数。

最后，可以把大零售商第一阶段的利润表示为批发价格 w_0 的函数：

$$\pi_{D_0}^{\{w_0\}} = \frac{(b+k)\left(-2ak(b+k)+(b^2+4bk+2k^2)c_0+k(3b+2k)w_0\right)^2}{bk(b+2k)^2(3b+2k)^2}$$

约束条件仍然是，大零售商 D_0 选择 w_0 必须使得生产商 U 的利润不小于不通过自己出售商品时的利润，即 $\pi_U^{\{w_0\}} \geqslant \Pi_{U-nD_i}^v$。

由 $\dfrac{\mathrm{d}^2\pi_{D_0}^{\{w_0\}}}{\mathrm{d}w_0^2} = \dfrac{2k(b+k)}{b(b+2k)^2} > 0$，可知 $\pi_{D_0}^{\{w_0\}}$ 是 w_0 的凸函数。可得生产商、大零售商和 n 个小零售商的利润之和 $\Pi_{U-D_0-nD_i}^{\{w_0\}}$ 为：

$$\Pi_{U-D_0-nD_i}^{\{w_0\}} = \pi_U^{\{w_0\}} + \pi_{D_0}^{\{w_0\}} + n\pi_{D_i}^{\{w_0\}}$$

$$= \frac{(b+k)\left(-2ak(b+k)+(b^2+4bk+2k^2)c_0+k(3b+2k)w_0\right)^2}{bk(b+2k)^2(3b+2k)^2}$$

$$+ \frac{b(ak+(b+k)c_0)^2+2k(b+k)(3b+2k)(a-c_0)w_0-2k(b+k)(3b+2k)w_0^2}{2bk(b+2k)(3b+2k)}$$

由 $\dfrac{\mathrm{d}^2\Pi_{U-D_0-nD_i}^{\{w_0\}}}{\mathrm{d}w_0^2} = -\dfrac{2(b+k)^2}{b(b+2k)^2} < 0$，可知生产商、大零售商和 n 个小零售商的利润之和 $\Pi_{U-D_0-nD_i}^{\{w_0\}}$ 是 w_0 的凹函数。

通过上述分析，可以发现：第一，生产商利润 $\pi_U^{\{w_0\}}$ 是 w_0 的凹函数，大零售商利润 $\pi_{D_0}^{\{w_0\}}$ 是 w_0 的凸函数，$\Pi_{U-D_0-nD_i}^{\{w_0\}}$ 是 w_0 的凹函数；第二，市场价格 $p^{\{w_0\}}$ 是大零售商批发价格 w_0 的增函数；第三，小零售商的批发价格 w_i 是大零售商批发价格 w_0 的增函数。

由于 $\pi_U^{\{w_0\}}$ 和 $\Pi_{U-D_0-nD_i}^{\{w_0\}}$ 都是 w_0 的凹函数，那么存在不同的 w_0 使得 $\pi_U^{\{w_0\}}$ 和 $\Pi_{U-D_0-nD_i}^{\{w_0\}}$ 分别达到最大值。令 $\pi_U(\widetilde{w}_0, w_i(\widetilde{w}_0))$ 表示大零售商的批发价格为 $\widetilde{w}_0$ 时的生产商的最大值利润。令 $\widehat{\Pi}_{U-D_0-nD_i}(\widehat{w}_0, w_i(\widehat{w}_0))$ 表示大零售商的批发价格为 $\widehat{w}_0$ 时生产商、大零售商和 n 个小零售商的利润之和的最大值，此时，对应的市场价格为 $\widehat{p}$，生产商的利润为 $\pi_U(\widehat{w}_0, w_i(\widehat{w}_0))$，大零售商的利润为 $\pi_{R_0}(\widehat{w}_0, \widehat{w}_i)$。由于大零售商利润 $\pi_{D_0}^{\{w_0\}}$ 是 w_0 的凸函数，那么存在 w_0 使得 $\pi_{D_0}^{\{w_0\}}$ 达到最小值，令 $\overline{w}_0$ 表示 $\pi_{D_0}^{\{w_0\}}$ 大零售商利润最小时的批发价格。

同时也可以发现：当 $n \leqslant \dfrac{d(a-c_0)}{2bc_0}$ 时，一是 $\min\limits_{w_0}\pi_{D_0}(\overline{w}_0, w_i(\overline{w}_0)) =$

0；二是 $\pi_U(\tilde{w}_0, w_i(\tilde{w}_0)) > \Pi^v_{U-nD_i}$；三是 $\Pi^v_{U-nD_i} < \hat{\Pi}_{U-D_0-nD_i}(\hat{w}_0, w_i(\hat{w}_0)) < \Pi^v_{U-D_0-nD_i}$；四是 $0 < \hat{w}_0 < \tilde{w}_0 < \overline{w}_0 < a - c_0$。其中，$\overline{w}_0 = \text{argmin}_{w_0} \pi_{D_0}(w_0, w_i(w_0))$，$\tilde{w}_0 = \text{argmax}_{w_0} \pi_U(w_0, w_i(w_0))$，$\hat{w}_0 = \text{argmax}_{w_0} \Pi_{U-D_0-nD_i}(w_0, w_i(w_0))$。

进一步可以证明，当 $n \leqslant \dfrac{d(a-c_0)}{2bc_0}$ 时，存在大零售商提出合约 $\{w_0\}$ 时，使得生产商把商品出售给自己和小零售商后的利润等于只通过小零售商出售商品的利润的市场均衡，令 $\hat{w}_0$ 满足：$\pi_U(\hat{w}_0, w_i(\hat{w}_0)) = \Pi^v_{U-nD_i}$，市场均衡时，$\{w_0\} = \{\hat{w}_0\}$，$\pi_{D_0}(\hat{w}_0, w_i(\hat{w}_0)) > 0$，$\pi_{D_i} = 0$。当 $n > \dfrac{d(a-c_0)}{2bc_0}$ 时，不存在大零售商提出批发价格合约 $\{w_0\}$ 的均衡。

令 $\hat{\hat{\Pi}}_{U-D_0-nD_i}$ 表示大零售商的批发价格为 $\hat{w}_0$ 时，生产商、大零售商和 n 个小零售商的利润之和，即 $\hat{\hat{\Pi}}_{U-D_0-nD_i} = \pi_{R_0}(\hat{w}_0, w_i(\hat{w}_0)) + \pi_M(\hat{w}_0, w_i(\hat{w}_0))$。显然，$\hat{\hat{\Pi}}_{U-D_0-nD_i} < \hat{\Pi}_{U-D_0-nD_i} < \Pi^v_{U-D_0-nD_i}$，可知在线性需求下，尽管一定存在大零售商可以被生产商接受的批发价格合约 $\{w_0\}$，但批发价格合约没有最大化上下游的利润之和。

2. 大零售商提出的"事中固定费（进场费）+ 批发价格"合约

在 $U-D_0-nD_i$ 市场结构中，当大零售商向生产商提出合约 $\{F_0, w_0\}$ 时，生产商、大零售商和 n 个小零售商的利润之和为 $\Pi^{\{F_0, w_0\}}_{U-D_0-nD_i}$，即：

$$\Pi^{\{F_0, w_0\}}_{U-D_0-nD_i} = \pi^{\{F_0, w_0\}}_M + \pi^{\{F_0, w_0\}}_{R_0} + n\pi^{\{F_0, w_0\}}_{R_i}$$

考虑生产商对大零售商的反应后，大零售商第一阶段的利润为：

$$\max_{w_0} \pi^{\{F_0, w_0\}}_{D_0} = \frac{(b+k)(-2ak(b+k) + (b^2+4bk+2k^2)c_0 + k(3b+2k)w_0)^2}{bk(b+2k)^2(3b+2k)^2} - F_0$$

其中，$F_0 \geqslant \Pi^v_{U-nD_i} - \pi^{\{F_0, w_0\}}_U$。

显然 $F_0 = \Pi^v_{U-nD_i} - \pi^{\{F_0, w_0\}}_U$ 时，大零售商利润最大。由于小零售商利润 $\pi^{\{F_0, w_0\}}_{D_i} = 0$，由此，大零售商的问题转化为：$\max_{w_0} \Pi^{\{F_0, w_0\}}_{U-D_0-nD_i} - \Pi^v_{U-nD_i}$。当小零售商数量 n 一定时，$\Pi^v_{U-nD_i}$ 为固定值，大零售商使用 $\{F_0, w_0\}$ 的目的可以解释为，通过设定适当的 w_0 最大化生产商、大零售商和 n 个小零售商

的利润之和为 $\Pi_{U-D_0-nD_i}^{\{F_0,w_0\}}$，然后再通过 F_0 使生产商的利润等于 $\Pi_{M-nR_i}^v$。由此，当 $n \leqslant \dfrac{d(a-c_0)}{2bc_0}$ 时，存在大零售商向生产商提出合约 $\{F_0,w_0\}$ 的市场均衡；当 $n > \dfrac{d(a-c_0)}{2bc_0}$ 时，不存在大零售商提出"事中进场费 + 批发价格"合约 $\{F_0,w_0\}$ 的均衡。

比较大零售商使用合约 $\{F_0,w_0\}$ 和合约 $\{w_0\}$ 时的利润，可得：$\pi_{D_0}^{\{w_0\}} < \pi_{D_0}^{\{F_0,w_0\}}$，表明在合约中加入事中进场费使大零售商获得了更高的利润。大零售商使用合约 $\{F_0,w_0\}$ 均衡时，F_0 为负值，表示大零售商会向生产商收取事中进场费。此处给出了零售商收进场费的一个动机解释，或者可理解为进场费是大零售商为了增加利润而挖掘市场效率的一种机制设计。

不过，仍然可以看出大零售商使用合约 $\{F_0,w_0\}$ 时，$\Pi_{U-D_0-nD_i}^{\{F_0,w_0\}} < \Pi_{U-D_0-nD_i}^v$，表明上下游仍存在外部性，存在着纵向效率的损失，这为大零售商进一步提出"事前预付费（进场费）+ 事中固定费 + 批发价格"的机制设计来进一步挖掘市场效率，提高自身利润提供了可能。

3. 大零售商提出"事前预付费 + 事中固定费 + 批发价格"合约

大零售商 R_0 向生产商提出合约 $\{S_0,F_0,w_0\}$，生产商接受大零售商合约后获得利润必满足 $\pi_U^{\{S_0,F_0,w_0\}} \geqslant \Pi_{U-nD_i}^v$。小零售商 R_i 是生产商提出合约的接受者，利润 $\pi_{D_i} = 0$。生产商、大零售商和 n 个小零售商的利润之和为：$\Pi_{U-D_0-nD_i}^{\{S_0,F_0,w_0\}} = \pi_U^{\{S_0,F_0,w_0\}} + \pi_{D_0}^{\{S_0,F_0,w_0\}} + n\pi_{D_i}^{\{S_0,F_0,w_0\}}$。

在上下游无合约安排、非纵向一体化时，如果考虑生产商、大零售商、n 个小零售商的利润之和 $\Pi_{U-D_0-nD_i}(w_0,w_i)$ 的最大值，可以证明存在唯一的批发价格 $(w_0^v, w_i^v) = \left(\dfrac{bn(a+c_0)}{2(d+bn)}, \dfrac{a-c_0}{2} \right)$ 使得 $\Pi_{U-D_0-nD_i}(w_0,w_i)$ 等于纵向一体化利润，即 $\Pi_{U-D_0-nD_i}(w_0^v, w_i^v) = \Pi_{U-D_0-nD_i}^v$。但由于上下游纵向和水平的外部性，$(w_0^v, w_i^v)$ 不会出现在无合约安排，以及大零售商使用 $\{w_0\}$ 或 $\{F_0,w_0\}$ 合约的均衡中，即在 $U-D_0-nD_i$ 市场结构

中，大零售商的合约不会影响小零售商的利润，但会影响生产商给小零售商的批发价格和商品数量，大零售商和生产商都只考虑自己利润最大化，但不考虑对方利润造成了市场效率的损失。所以大零售商想获得比使用 $\{F_0, w_0\}$ 时更高的利润，必须尽量消除上下游的外部性。

大零售商 R_0 向生产商提出合约 $\{S_0, F_0, w_0\}$ 的支付分两个阶段完成。由于 S_0 是在第二阶段与生产商发生的一次性支付，所以不会进入大零售商第三阶段利润最大化的目标函数。大零售商只在第一阶段考虑 S_0 的大小，其第一阶段和在第三阶段的目标函数相差一个 S_0。又因为实现 $\Pi_{U-D_0-nD_i}^v(w_0, w_i)$ 的 w_0^v 和 w_i^v 是唯一的。那么，大零售商可以设定 $S_0 = -(\Pi_{U-D_0-nD_i}^v - \Pi_{U-nD_i}^v)$、$w_0 = w_0^v$、$F_0 = \Pi_{U-D_0-nD_i}^v - \pi_U(w_0^v, w_i^v)$。此时，只有生产商向小零售商设定的批发价格为 $w_i = w_i^v$ 时，大零售商在第三阶段的销售收入 $T_{D_0}(w_0^v, w_i^v) \geqslant \Pi_{U-D_0-nD_i}^v - \pi_M(w_0^v, w_i^v) + (c_0 + w_0^v)q_0^v$。从某种意义上，$S_0$ 可视为生产商向大零售商做出的将来向小零售商提出 $w_i = w_i^v$ 的一个承诺，如果生产商向小零售商提出其他的 w_i，必然使得大零售商在第三阶段的销售收入 $T_{R_0}(w_0^v, w_i^v) < \Pi_{U-D_0-nD_i}^v - \pi_M(w_0^v, w_i^v) + (c_0 + w_0^v)q_0^v$，那么大零售商在第三阶段就不会购买生产商的商品，生产商的利润必然会小于 $\Pi_{U-nD_i}^v$。由此，当 $n \leqslant \dfrac{d(a-c_0)}{2bc_0}$ 时，存在大零售商 R_0 向生产商提出合约 $\{S_0, F_0, w_0\}$ 的市场均衡，且恢复了上下游一体化效率；当 $n > \dfrac{d(a-c_0)}{2bc_0}$ 时，不存在大零售商提出合约 $\{S_0, F_0, w_0\}$ 的均衡。

直觉解释是：在 $U-D_0-nD_i$ 市场结构中，小零售商是生产商提出合约的接受者，生产商可以用 F_i 获取小零售商的利润，所以，小零售商始终得到零利润。大零售商实际上获得的是 $\Pi_{U-D_0-nD_i}$ 相对于 Π_{M-nR_i} 的增加部分，而 $\Pi_{U-D_0-nD_i}$ 的最大值是 $U-D_0-nD_i$ 市场结构的纵向一体化利润 $\Pi_{U-D_0-nD_i}^v$。为实现纵向一体化利润 $\Pi_{U-D_0-nD_i}^v$，大零售商必须作如下机制设计：通过批发价格 w_0^v 把商品最终的市场价格维持在 p^v，同时必须使事前进场费等于 $|S_0| = \Pi_{U-D_0-nD_i}^v - \Pi_{U-nD_i}^v$。由于生产商与大零售商签订合约时已经支付了 $|S_0|$，生产商只有把出售给小零售商的批发价格定在 w_i^v 才能保

证商品市场价格维持在 p^v，保证大零售商在第三阶段的销售收入减去成本，即 $T_{D_0}(w_0^v, w_i^v) - (c_0 + w_0^v)q_0^v$ 正好等于事中进场费 F_0。所以，当大零售商向生产商提出合约 $\{S_0^{III}, F_0^{III}, w_0^{III}\}$ 时，下游市场中商品的销售价格等于 p^v，即 $p^{\{S_0, F_0, w_0\}} = p^v$。

4. 大零售商提出的排他合约

如果大零售商使用排他合约 $\{E\}$，此时 $U - D_0 - nD_i$ 市场结构的联合利润上限为一体化利润 $\Pi_{M-R_0}^v$。由于生产商仅把商品出售给小零售商时，可以获得 $\Pi_{M-nR_i}^v$，所以只有 $\Pi_{M-R_0}^v > \Pi_{M-nR_i}^v$ 时，大零售商才有可能使用排他合约 $\{E\}$，且大零售商的最大利润为 $\Pi_{M-R_0}^v - \Pi_{M-nR_i}^v$。

5.1.4　合约选择与社会福利比较

基于上述分析，下面给出下游占优大零售对交易合约的偏好次序，以及占优大零售上选择各个交易合约时的社会福利排序。

1. 大零售商的交易合约偏好序

用 $\pi_{D_0}^{\{w_0\}}$、$\pi_{D_0}^{\{F_0, w_0\}}$、$\pi_{D_0}^{\{S_0, F_0, w_0\}}$、$\pi_{D_0}^{\{E\}}$ 分别表示大零售商使用批发价格合约 $\{w_0\}$、$\{F_0, w_0\}$、$\{S_0, F_0, w_0\}$、$\{E\}$ 时的利润，可以发现：$\pi_{D_0}^{\{w_0\}} < \pi_{D_0}^{\{S_0, F_0, w_0\}}$、$\pi_{D_0}^{\{F_0, w_0\}} < \pi_{D_0}^{\{S_0, F_0, w_0\}}$。

大零售商使用合约 $\{E\}$ 的最大利润为 $\Pi_{U-D_0}^v > \Pi_{U-nD_i}^v$，由于 $\Pi_{U-D_0}^v < \Pi_{U-D_0-nD_i}^v$，即 $U - nD_i$ 结构的一体化利润小于 $U - D_0 - nD_i$ 结构一体化利润，所以，$\pi_{D_0}^{\{E\}} = \Pi_{U-D_0}^v - \Pi_{U-nD_i}^v < \Pi_{U-D_0-nD_i}^v - \Pi_{U-nD_i}^v = \pi_{D_0}^{\{S_0, F_0, w_0\}}$。

比较大零售商分别使用 $\{w_0\}$、$\{F_0, w_0\}$、$\{S_0, F_0, w_0\}$ 和 $\{E\}$ 时候的利润，可以得出：当 $n \leqslant \dfrac{d(a-c_0)}{2bc_0}$ 时，对大零售商而言，合约 $\{S_0, F_0, w_0\}$ 优于 $\{w_0\}$、$\{F_0, w_0\}$ 和 $\{E\}$，即如果不限制大零售商合约的选择，大零售商始终会选择 $\{S_0, F_0, w_0\}$ 合约。

同时可得，随着小零售商的数量增多，大零售选择合约 $\{w_0\}$、$\{F_0$，

$w_0\}$ 和 $\{E\}$ 的排序为：当 $0 < n < \dfrac{d(a-3c_0)}{5bc_0}$ 时，$\{E\} > \{F_0, w_0\} > \{w_0\}$。

当 $\dfrac{d(a-3c_0)}{5bc_0} < n < \hat{n}$ 时，$\{F_0, w_0\} > \{E\} > \{w_0\}$。当 $\hat{n} < n < \dfrac{d(a-c_0)^2}{2b(2a-c_0)}$

时，$\{F_0, w_0\} > \{w_0\} > \{E\}$。当 $\dfrac{d(a-c_0)^2}{2b(2a-c_0)} < n < \dfrac{d(a-c_0)}{2bc_0}$ 时，$\{F_0，w_0\} >$

$\{w_0\}$，大零售商无法使用排他合约 $\{E\}$。当 $n > \dfrac{d(a-c_0)}{2bc_0}$ 时，大零售商无

法使用上述三种合约。即合约 $\{E\}$、$\{w_0\}$ 和 $\{S_0, F_0, w_0\}$ 给大零售商带来的利润大小与小零售商的数量有关，随着小零售商数量增加，$\{E\}$ 给大零售商带来的利润会逐渐小于两部费合约 $\{F_0, w_0\}$ 和批发价格合约 $\{w_0\}$ 的利润。只要小零售商的数量不是很大时，与 $U-nD_i$ 市场结构的一体化利润相比，$U-D_0-nD_i$ 市场结构的一体化利润会更高些。对于大零售商而言，合约 $\{F_0, w_0\}$ 一定优于合约 $\{w_0\}$。

2. 大零售商合约的社会福利比较

令 $CS^{\{w_0\}}$、$CS^{\{F_0, w_0\}}$、$CS^{\{S_0, F_0, w_0\}}$ 和 $CS^{\{E\}}$ 分别表示大零售商使用合约 $\{w_0\}$、$\{F_0, w_0\}$、$\{S_0, F_0, w_0\}$ 和 $\{E\}$ 时的消费者剩余。类似地，令 $W^{\{w_0\}}$、$W^{\{F_0, w_0\}}$、$W^{\{S_0, F_0, w_0\}}$ 和 $W^{\{E\}}$ 分别表示对应的社会福利。

简单比较，可以发现，大零售商使用 $\{S_0, F_0, w_0\}$、$\{F_0, w_0\}$ 和 $\{E\}$ 的均衡时，$p^{\{S_0, F_0, w_0\}} = p^{\{F_0, w_0\}} = p^{\{E\}} = \dfrac{a+c_0}{2}$，由此，$CS^{\{S_0, F_0, w_0\}} = CS^{\{F_0, w_0\}} = CS^{\{E\}}$。如果不禁止大零售商使用排他合约 $\{E\}$，单一禁止大零售商收取进场费，由于大零售商无法使用两部费合约 $\{F_0, w_0\}$ 和三部费合约 $\{S_0, F_0, w_0\}$。社会福利严格低于允许大零售商使用进场费时的情形，市场价格反而会上升，并且当小零售商数量小于一定值时，市场中还会出现排他的现象。

3. 一个简单的数值例子

依据以上模型以及假设的市场交易过程，代入如下简单的数值：假设

区域零售市场由 1 个供应商 U、1 个大零售商 D_0 和 3 个小零售商 $D_i(i \in [1, n]; n = 3)$ 组成。市场逆需求曲线为 $p = 212 - 1.6q$。简单起见，假设供应商供应商品不承担固定成本，且边际成本为 $c_u = 0$；大零售商销售商品只承担边际成本 $c_0 = 12$；小零售商都具有相同二次曲线成本结构 $c_i(q_i) = 6q_i^2$。

显然，由于下游市场存在小零售商，供应商存在着可以不接受大零售商合约的外部机会。通过计算和证明可以得到：市场均衡时，供应商销售给大零售商和小零售商的批发价格分别为 $w_0 = 32$ 和 $w_i = 100$；市场总销售量 $Q = 62.5$，其中大零售商销量 $q_i = 59.5$，占 95.2%；每个小零售商销售 1 个商品；最终零售市场中商品的价格为 $p = 112$，该零售价是大零售商支付批发价 $w_0 = 32$ 的 3.5 倍；供应商获得利润 $\pi_U = 3121$，大零售商获得利润 $\pi_{D_0} = 3147$，小零售商利润为零。

从利润大小比较看，并没有出现供应商苦不堪言的局面。如果此时市场中不存在大零售商，市场结构变化为 1 个供应商与 3 个小零售商组成的 $U - nD_i$ 结构，由于供应商对小零售商拥有完全讨价还价能力，可以获取上下游一体化利润（大小仍为 3121）。此时，与存在大零售商的 $U - D_0 - nD_i$ 市场相比，市场价格却上升到 165，上升 47.3%；市场销售量降低到 29.4，下降 53%。显然，消费者并没有因为市场中缺失大零售商、没有进场费而得到好处。在 $U - D_0 - nD_i$ 市场中，尽管大零售商收取了进场费，零售价是批发价的 3.5 倍，比较各种情况，没有出现大零售商一方面不断侵占生产商的利润，另一方面盘剥消费者的结果。在 $U - D_0 - nD_i$ 市场结构中，供应商仍然得到了 $U - nD_i$ 结构（没有大零售商）时的垄断利润，大零售也没有因为收取了 3147 的进场费（恰好等于所获利润，其值与供应商所获利润相近）而大赚一把，或者成为物价上升的推手，此时的市场价格远低于缺失大零售商时的市场价格，商品销售量也大大增加。

从上述数值例子还可以看出，一是如果不禁止大零售商使用排他合约 $\{E\}$，单一禁止大零售商收取进场费，由于大零售商无法使用两部费合约 $\{F_0, w_0\}$ 和三部费合约 $\{S_0, F_0, w_0\}$，社会福利严格小于 6268，即允许大零售商使用进场费时的情形。二是在不同效率的市场结构中供应商得到的利润是不同的。如随着小零售商数量的增加，供应商摆脱大零售商的外部机会增多，大零售商收取的进场费会逐渐减少，供应商获取利润也会上升。如果小零售商数量由 3 个增加到 5 个（或 15 个），市场均衡时的市场价格均为 112，是大零售商支付批发价 $w_0 = 44.8$（或 $w_0 = 74.7$）的 2.5 倍（或 1.5 倍）；供应商获利 $\pi_U = 4012$（或 $\pi_U = 5618$）；大零售商收取进场费 $S_0 = 2268$（或 $S_0 = 722$），分别是零售额的 32.2%（或 10.3%），小零售商的利润仍为零。当小零售商数量超过 62 时，供应商不会接受大零售商的合约，只通过小零售商出售商品。可见，为缓解零供矛盾，与其简单地取消进场费（进场费），还不如改善市场结构，增进市场效率更合理。另外，在 $U - D_0 - nD_i$ 市场结构中，由于大零售商的存在，市场效率得到了提高，供应商获得的利润并没有减少，所得与 $U - nD_i$ 市场结构下的垄断利润相同。此时大零售商收取进场费所得的利润来自 $U - D_0 - nD_i$ 结构中市场一体化利润与 $U - nD_i$ 结构下一体化利润的差值。从这个意义上讲，进场费可视作为大零售商为自己获得更多收益而设计的挖掘市场效率的一种机制。应该指出的是，其社会福利的提高，同样不能认为这是来自大零售商的仁慈。

通过数值例子和对 $U - D_0 - nD_i$ 市场结构中大零售商提出的四组合约不同情形的考察，证明了如下结论：一是当大零售商使用包含进场费在内的"三部费"合约 $\{S_0, F_0, w_0\}$ 均衡时，上下游结构可以实现纵向一体化利润。二是与供应商对下游零售商完全拥有市场力量的情形相比，当大零售商对供应商拥有市场力量时，消费者剩余不会降低，市场价格也不会上升。三是在 $U - D_0 - nD_i$ 市场结构中，由于供应商可以对小零售商提出合约，始终存在着获得 $U - nD_i$ 市场结构一体化利润 $\Pi_{U-nD_i}^v$ 的外部机会，所以供应商获得的利润并不会减少，其所得不小于在缺失大零售商的 $U - nD_i$ 市场结构下的垄断利润 $\Pi_{U-nD_i}^v$。至少在本节讨论的市场中，得不出进场费会"成为侵占厂商利润和盘剥消费者腰包的一个吸金黑洞"，是"物价上升的推手"等结论。四是大零售商收取进场费所得的利润来自 $U - D_0 - nD_i$ 结构中市场一体化利润与 $U - nD_i$ 市场结构下垄断利润的差值。由于大零售商的存在，市场效率得到了提高。从这个意义上讲，进场费可以视为大零售商为增加自己所得而挖掘市场效率的一种机制设计。五是就大零售商而言，在合约 $\{w_0\}$、$\{F_0, w_0\}$、$\{S_0, F_0, w_0\}$ 和 $\{E\}$ 的选择次序中，严格偏好于包含预付费的三部费合约 $\{S_0, F_0, w_0\}$。同时，社会福利与大零售商选择的合约以及小零售商的数量有关，并且市场中存在着一个小零售商数量的值，当超过这一数量值时，社会福利会高于一体化时的情形。六是从政策角度看，当大零售商有多种合约选择时，用单一禁止进场费来提高市场效率和社会福利的目标往往难以实现。与其简单地取消进场费，还不如把政策的着力点放在支持小零售商发展上更有效。

5.2　非对称信息下上下游企业的交互合约控制

本节继续在 5.1 节分析的框架上，在上下游企业非对称信息的情形下，考察上下游企业交互的合约控制问题，并分析下游企业选择合约的动机。

5.2.1　上下游市场参与者与交易过程

与迈克尔·里奥尔丹（Michael H. Riordan，1998）、陈智琦（Zhiqi Chen，2003）、董烨然（2012）的市场结构一致，考察由 1 个拥有完全买方力量的占优零售商 D_0 与 n 个相同的不拥有买方力量的小零售商 D_i 构成的零售市场，$n \in [1, \bar{n}] \in \mathbb{R}^+$，其中 $\bar{n}$ 表示小零售商数量的上界。占优零售商 D_0 与 n 个小零售商 D_i 都从同一家生产商 U 购买商品 A，并转售给消费者。

消费者对商品 X 的逆需求曲线为 $p = a - b(q_0 + \sum_{1}^{n} q_i)$，其中，$p$ 表示商品 X 的零售价格，q_0 表示占优零售商 D_0 的销售量，q_i 表示小零售商 D_i 的销售量，参数 a 和 b 分别表示商品 X 的市场容量和商品 A 的需求对价格的敏感程度（$a > 0$，$b > 0$）。

占优零售商 D_0 和小零售 D_i 的不同之处仍然是：小零售商销售少量商品时承担的成本较低，但是随着销售量的增加，边际成本上升较快；占优零售商销售少量商品时的边际成本较高，但是边际成本随着销售量的增加变化很小。由此，简单起见，假设占优零售商 D_0 销售商品只承担固定的边际成本 c，小零售商 D_i 销售商品的成本均为 $\frac{1}{2}dq_i^2$，其中 $c > d$，这表明当小零售商数量 n 在一定范围内，生产商 U 的商品同时由所有零售商销售比仅由部分零售商销售具有更高的市场效率。同时，假设生产商 U 生产或提供商品 A 只承担固定的边际成本 c_A。商品 A 的逆需求曲线、占优零售商 D_0、小零售商 D_i，以及生产商 U 的成本信息均是市场的共同知识。

假设小零售商 D_i 的数量 n 在事前（签约前）是生产商 U 的私人信息[①]，但是小零售商 D_i 数量的分布函数 $G(n)$ 与概率密度 $g(n)$ 是市场的共同知识，同时假设 $\frac{\mathrm{d}}{\mathrm{d}n}\left[\frac{G(n)}{g(n)}\right] \geq 0$。该假设使得本模型在迈克尔·里奥尔丹（Michael H. Riordan，1998）、陈智琦（2003）、董烨然（2012）等模型的基础上加入了上游生产商 U 与下游占优零售商 D_0 之间对于市场剩余需求的非对称信息。

假设占优零售商 D_0 对生产商 U 拥有完全的讨价还价能力，可以向 U 提出"要么接受—要么拒绝"的合约；生产商 U 对小零售商 D_i 拥有完全讨价还价力量，可以向 D_i 提出"要么接受—要么拒绝"的合约。假设合约在签订之后无法改变，换言之，假设改变已经签订的合约的成本是十分高昂的。同时假设在下游零售市场中，占优零售商 D_0 是价格领导者。

与格雷格·谢弗（1991）、马丁·拉里维埃和维·帕德马纳班（Martin A. Lariviere and V. Padmanabhan，1997）等文献相同，本节把通道费定义为与商品交易数量无关的一次性的固定支出。假设零售商与生产商的交易条款均为"批发价格 w_j + 固定费 F_j"形式，其中 $j = 0, i$，分别表示占优零售商 D_0 与生产商 U、小零售商 D_i 与生产商 U 之间交易条款。同时假设固定费只有在商品的交易数量严格大于零时才发生。由于占优零售商 D_0 在

[①] 生活中，生产商确实会拥有许多关于市场需求的私人信息（Liang Guo and Ganesh Iyer，2010）。

事前不了解小零售商 D_i 的数量，故此本书把占优零售商 D_0 向生产商 U 提出的合约一般化为一个连续菜单 $\{(w_0(n), F_0(n))\}$，其中 $w_0(n)$ 是批发价格，$F_0(n)$ 是固定费（通道费），$w_0(n)$ 和 $F_0(n)$ 都是小零售商 D_i 数量 n 的函数。当小零售商 D_i 的数量 n 是离散的两点分布（高数量状态 n^H 和低数量状态 n^L）时，连续菜单合约为 $\{(w_0^L, F_0^L), (w_0^H, F_0^H)\}$ 形式；在完全信息情形下，连续菜单合约 $\{(w_0(n), F_0(n))\}$ 退化为 $\{(w_0, F_0)\}$ 形式。由于 n 个小零售商 D_i 都是对称的，所以均衡时，生产商 U 向 n 个小零售商 D_i 提出的合约是相同的，均为 $\{(w_i, F_i)\}$。固定费 $F_0(n)$ 和 F_i 符号由均衡时内生决定，如果取正号，则表示占优零售商向生产商支付；如果取负号，则表示生产商向零售商支付。

占优零售商 D_0、n 个小零售商 D_i、生产商 U 之间的交易过程如下：第一阶段：占优零售商 D_0 向生产商 U 提出"要么接受—要么拒绝"的合约。第二阶段：生产商 U 选择是否接受 D_0 提出的合约，同时向 n 个小零售商 D_i 提出"要么接受—要么拒绝"的合约。第三阶段：三类市场主体按照合约完成商品的生产和销售，实现批发价格 $w_0(n)$、w_i，以及固定费 $F_0(n)$、F_i 的支付。显然，如果生产商 U 与占优零售商 D_0 和 n 个小零售商 D_i 都签订了合约，那么占优零售商 D_0 是零售市场的价格制定者，n 个小零售商 D_i 是零售市场的价格接受者；如果 U 只与 D_0 签订了合约，那么签约的 D_0 成为下游零售市场的垄断者；如果 U 只与 n 个 D_i 签订了合约，那么 n 个 D_i 完全竞争地把商品 A 销售给消费者。

占优零售商 D_0、小零售商 D_i、生产商 U 之间的讨价还价会形成 4 种商品 A 的销售情形：一是 U 拒绝 D_0 的合约，D_i 也都拒绝 U 提出的合约，此时市场中没有商品出售，所有企业的利润均为零；二是 U 接受 D_0 提出的合约，但 D_i 都拒绝 U 提出的合约，此时 D_0 独家销售商品 X；三是 U 拒绝 D_0 的合约，但 D_i 都接受 U 提出的合约，此时 n 个小零售商 D_i 竞争地销售商品 X；四是 U 接受 D_0 的合约，D_i 也都接受 U 提出的合约，此时 D_0 和 D_i 共同销售商品 X。

最后，假设企业在接受合约与不接受合约无差异时，会接受合约；企业在面对两个无差异的合约条款时，会接受合约提出方希望他接受的条款。基于子博弈纳什均衡的定义讨论零售商与生产商交易的市场均衡。

5.2.2 基准情形：完全信息情形

本部分在完全信息情形下，即小零售商 D_i 的数量 n 是共同知识的情形下，讨论占优零售商 D_0 向生产商 U 提出合约 $\{(w_0, F_0)\}$ 的均衡情形。

令 R_U 表示生产商 U 未向占优零售商 D_0 和小零售商 D_i 支付或收取固定费 F_0 和 F_i 的销售收益，即 $R_U = (w_0 - c_A)q_0 + n(w_i - c_A)q_i$；令 π_U 表示生产商 U 的利润，即 $\pi_U = (w_0 - c_A)q_0 + F_0 + n(w_i - c_A)q_i + nF_i$；令 R_{D_0} 和 R_{D_i} 分别表示占优零售商 D_0 和小零售商 D_i 未向生产商 U 支付或收取固定费 F_0 和 F_i 的销售收益，即 $R_{D_0} = (p - c - w_0)q_0$，$R_{D_i} = (p - w_1)q_i - \frac{1}{2}dq_i^2$；令 π_{D_0} 和 π_{D_i} 分别表示占优零售商 D_0 和小零售商 D_i 的利润，即 $\pi_{D_0} = (p - w_0)q_0 - F_0$，$\pi_{D_i} = (p - w_1)q_i - \frac{1}{2}dq_i^2 - F_i$。

令 R_{U-D_i} 表示市场均衡时生产商 U 和 n 个小零售商 D_i 的联合销售收益，即 $R_{U-D_i} = R_U + nR_{D_i}$；令 Π_{U-D_i} 表示市场均衡时生产商 U 与 n 个小零售商 D_i 的联合利润，即 $\Pi_{U-D_i} = R_U + nR_{D_i} + F_0$；令 $\Pi_{U-D_0-D_i}$ 表示市场均衡时生产商 U、占优零售商 D_0 和 n 个小零售商 D_i 三者的联合利润，即 $\Pi_{U-D_0-D_i} = R_U + R_{D_0} + nR_{D_i}$；令 $\overline{\Pi}_{U-D_1-D_i}$ 表示生产商 U、占优零售商 D_0 和 n 个小零售商 D_i 三者的一体化利润，$\overline{\Pi}_{U-D_i}$ 表示生产商 U 和 n 个小零售商 D_i 的一体化利润。

鉴于占优零售商 D_0 向在第一阶段提出的批发价格 w_0 会影响第二阶段生产商 U 对小零售商 D_i 提出合约中的批发价格 w_i，进而会影响第三阶段商品 A 市场价格 p，故此，用逆向归纳法求解三阶段博弈时，生产商 U 对小零售商 D_i 提出合约中的批发价格 w_i、生产商 U 和 n 个小零售商 D_i 的联合销售收益 R_{U-D_i}，以及生产商 U、占优零售商 D_0 和 n 个小零售商 D_i 三者的联合利润 $\Pi_{U-D_0-D_i}$，可以表示为 w_0 的函数，即

$$R_{U-D_i}(w_0) = R_U(w_0, w_i(w_0)) + nR_{D_i}(w_0, w_i(w_0))$$

$$\Pi_{U-D_0-D_i}(w_0) = R_U(w_0, w_i(w_0)) + R_{D_0}(w_0, w_i(w_0)) + nR_{D_i}(w_0, w_i(w_0))$$

令 w_0^{Δ} 和 w_0^* 分别表示使 $R_{U-D_i}(w_0)$ 和 $\Pi_{U-D_0-D_i}(w_0)$ 达到最大值的取值，即 $w_0^{\Delta}=\arg\underset{w_0}{\text{Max}}R_{U-D_i}(w_0)$，$w_0^*=\arg\underset{w_0}{\text{Max}}\Pi_{U-D_0-D_i}(w_0)$。

首先，生产商 U 与 n 个小零售商 D_i 的一体化利润 $\overline{\Pi}_{U-D_i}$，是生产商 U 仅通过 n 个小零售商 D_i 销售商品的最大联合利润。生产商 U 仅通过 n 个小零售商 D_i 销售商品 X 时，二者的联合利润为：

$$\Pi_{U-D_i}=(a-bQ)Q-c_AQ-n\frac{d}{2}\left(\frac{Q}{n}\right)^2$$

其中 Q 表示商品 X 的需求。经过计算可得生产商 U 生产商品 X 的数量为 $Q_{U-D_i}=\dfrac{n(a-c_A)}{d+2bn}$ 时，一体化利润 $\overline{\Pi}_{U-D_i}=\dfrac{n(a-c_A)^2}{2(d+2bn)}$。

其次，生产商 U 会通过占优零售商 D_0 和 n 个小零售商 D_i 共同销售商品 X 的必要条件为 $n\leqslant\dfrac{d(a-c-c_A)}{2bc}$。原因为：由于占优零售商 D_0 和 n 个小零售商 D_i 销售的是同质商品 X，故此，商品 X 无论通过占优零售商 D_0 和 n 个小零售商 D_i 销售，对于生产商 U、占优零售商 D_0 和 n 个小零售商 D_i 三者的联合边际收益是相同的。根据商品 A 的市场逆需求曲线 $p=a-bQ$ 可知，市场的边际收益曲线为 $MR=a-2bQ$。由小零售商 D_i 的边际成本 $MC_{D_i}=dq_i$ 可得 n 个小零售商 D_i 加总的边际成本为 $MC_{nD_i}=\dfrac{d}{n}q_i$。同时，占优零售商 D_0 的边际成本 $MC_{D_0}=c$。比较 MC_{D_0}、MC_{nD_i} 和 MR 可知，当 $n=\dfrac{d(a-c-c_A)}{2bc}$ 且 $Q=\dfrac{a-c-c_A}{2b}$ 时，$MC_{D_0}=MC_{nD_i}=MR$。$n>\dfrac{d(a-c-c_A)}{2bc}$ 时，MC_{nD_i} 等于 MR 的产量大于 MC_{D_0} 等于 MR 的产量，表明生产商 U、占优零售商 D_0 和 n 个小零售商 D_i 三者联合边际利润在仅通过 n 个小零售商商品 X 时更高，即 $\Pi_{U-D_1-D_i}<\overline{\Pi}_{U-D_i}$；$n\leqslant\dfrac{d(a-c-c_A)}{2bc}$ 时，MC_{nD_i} 等于 MR 的产量小于 MC_{D_0} 等于 MR 的产量，若商品 A 的销售量超过 $\dfrac{nc}{d}$，则 $MC_{D_0}\leqslant MC_{nD_i}$，表明从最大化生产商 U、占优零售商 D_0 和 n 个小零售商 D_i 三者的联合利润角度看，不超过数量 $\dfrac{nc}{d}$ 的商品 X 由 n 个小零售商销售，超过数量 $\dfrac{nc}{d}$ 的商品 X

由占优零售商 D_0 销售，优于所有商品 A 都通过 n 个小零售商 D_i 销售。再由当生产商 U 拥有对下游零售商完全讨价还价能力时，可以通过两部费合约获得纵向一体化利润 $\overline{\Pi}_{U-D_i}$。故此，仅当 $n \leqslant \dfrac{d(a-c-c_A)}{2bc}$ 时，生产商 U 才有可能同时通过占优零售商 D_0 和 n 个小零售商 D_i 销售商品 X。

最后，通过逆向归纳法可以求出生产商 U、占优零售商 D_0 和 n 个小零售商 D_i 三者联合利润 $\Pi_{U-D_0-D_i}$，且 $\Pi_{U-D_0-D_i} - \overline{\Pi}_{U-D_i} > 0$。

显然，当 $n \leqslant \dfrac{d(a-c-c_A)}{2bc}$ 时，只要占优零售商 D_0 向生产商 U 提出的合约能保证其得到大小不小于 $\overline{\Pi}_{U-D_i}$ 的利润，生产商 U 就会同时通过占优零售商 D_0 和 n 个小零售商 D_i 销售商品 X，且 $\Pi_{U-D_0-D_i} \geqslant \overline{\Pi}_{U-D_i}$。表明由于占优零售商 D_0 与小零售商 D_i 的边际成本不同，当小零售商 D_i 的数量 $n \leqslant \bar{n}$ 时，生产商 U 可以利用占优零售商 D_0 适合大规模销售商品和小零售商 D_i 少量销售商品边际成本较低的特征，调整通过占优零售商 D_0 与小零售商 D_i 销售商品 A 的数量，使得市场效率高于只通过部分零售商销售商品 A 时的市场效率；当小零售商 D_i 的数量 $n > \bar{n}$ 时，生产商 U 的所有商品 A 通过小零售商 D_i 销售的边际成本低于占优零售商 D_0 的边际成本，所以，生产商 U 的商品 A 由所有小零售商 D_i 销售时具有更高的市场效率，此时生产商 U 不会接受占优零售商 D_0 的合约。为了使分析具有意义，下面假设小零售商数量的上界 $\bar{n} = \dfrac{d(a-c-c_A)}{2bc}$。

进一步计算 $R_{U-D_i}(w_0)$、$\Pi_{U-D_0-D_i}(w_0)$，可以发现如下结论。一是 $\dfrac{d^2 R_{U-D_i}(w_0)}{dw_0^2} < 0$，$\dfrac{d^2 \Pi_{U-D_0-D_i}(w_0)}{dw_0^2} < 0$。二是当 $w_0 < w_0^\Delta$ 时，$\dfrac{d}{dn}\left[\dfrac{dR_{U-D_i}}{dw_0}\right] > 0$；当 $w_0 > w_0^\Delta$ 时，$\dfrac{d}{dn}\left[\dfrac{dR_{U-D_i}}{dw_0}\right] < 0$。当 $w_0 < w_0^*$ 时，$\dfrac{d}{dn}\left[\dfrac{d\Pi_{U-D_0-D_i}(w_0)}{dw_0}\right] > 0$；当 $w_0 > w_0^*$ 时，$\dfrac{d}{dn}\left[\dfrac{d\Pi_{U-D_0-D_i}(w_0)}{dw_0}\right] < 0$。三是 $\dfrac{d\left[R_{U-D_i}(w_0^\Delta) - \overline{\Pi}_{U-D_i}\right]}{dn} < 0$，$\dfrac{d\left[\Pi_{U-D_0-D_i}(w_0^*) - \overline{\Pi}_{U-D_i}\right]}{dn} < 0$。四是 $\dfrac{dw_0^*}{dn} > 0$，且 $w_0^* < w_0^\Delta$。

由此可知，在完全信息下，首先，生产商 U 和 n 个小零售商 D_i 的联合销售收益 R_{U-D_i}，以及生产商 U、占优零售商 D_0 和 n 个小零售商 D_i 三者的联合利润 $\Pi_{U-D_0-D_i}$ 都是批发价格 w_0 的凹函数，这保证了均衡的存在性和唯一性；其次，小零售商 D_i 的数量 n 越大，生产商 U 和 n 个小零售商 D_i 对批发价格 w_0 的边际联合销售收益也越大，生产商 U、占优零售商 D_0 和 n 个小零售商 D_i 三者对批发价格 w_0 的边际联合利润也越大；再次，与生产商 U 的商品只由小零售商 D_i 出售相比，小零售商 D_i 的数量 n 越少，生产商 U 的商品同时由占优零售商 D_0 和 n 个小零售商 D_i 出售后，联合销售收益 R_{U-D_i} 与 $\Pi_{U-D_0-D_i}$ 的增值越大；最后，使得 $\Pi_{U-D_0-D_i}$ 和 R_{U-D_i} 达到最大值的批发价格 w_0^Δ 和 w_0^* 是小零售商 D_i 的数量 n 的增函数。图 5 - 1 给出了生产商 U 和 n 个小零售商 D_i 的联合销售收益 R_{U-D_i}，以及生产商 U、占优零售商 D_0 和 n 个小零售商 D_i 三者的联合利润 $\Pi_{U-D_0-D_i}$ 随批发价格 w_0 变化关系的示意。

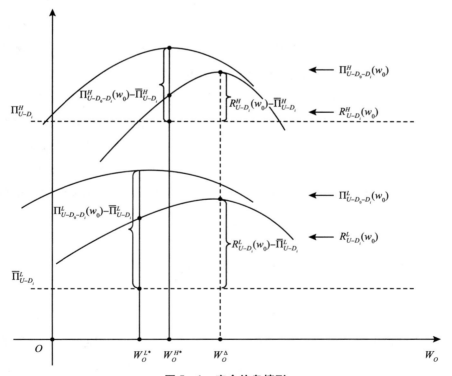

图 5 - 1　完全信息情形

最后，可以得出在完全信息下，小零售商 D_i 的数量 $n \leqslant \bar{n}$ 的纯策略 SPNE 为：占优零售商 D_0 向生产商 U 提出合约 $\{(w_0, F_0)\} = \{(w_0^*, -(R_{U-D_i}(w_0^*) - \overline{\Pi}_{U-D_i}))\}$，生产商 U 接受占优零售商 D_0 的合约并向小零售商 D_i 提出合约 $\{(w_i, F_i)\} = \{(w_i(w_0^*), R_{D_i}(w_i(w_0^*)))\}$，小零售商 D_i 接受生产商 U 的合约。占优零售商 D_0 的利润等于对市场的边际贡献，即 $\pi_{D_0} = \Pi_{U-D_0-D_i}(w_0^*) - \overline{\Pi}_{U-D_i}$；生产商 U 的利润等于自己和 n 个小零售商 D_i 的一体化利润，即 $\pi_U = \overline{\Pi}_{U-D_i}$；小零售商的利润 $\pi_{D_i} = 0$。

注意到占优零售商 D_0 向生产商 U 提出合约中的固定费（通道费）F_0 为负值，这表示市场均衡时，一定是生产商 U 向占优零售商 D_0 支付一笔固定的支付，且该支出是内生的。完全信息下的市场均衡是直观的，在图 5-1 中，如果生产商 U 在接受合约与不接受合约无差异时，会接受合约，那么占优零售商 D_0 向生产商 U 提出 $\{(w_0, F_0)\} = \{(w_0^*, -(R_{U-D_i}(w_0^*) - \overline{\Pi}_{U-D_i}))\}$ 合约，就可以保证 U 至少能获得 U 和 n 个小零售商 D_i 的一体化利润 $\overline{\Pi}_{U-D_i}$，此时 U 会接受 D_0 提出的合约，且 U 只获得和 n 个小零售商 D_i 的一体化利润 $\overline{\Pi}_{U-D_i}$。该结论与董烨然（2011）一致。

在占优零售商 D_0 向生产商 U 提出两部费合约的情形下，占优零售商 D_0 只能决定自己支付给生产商 U 的批发价格 w_0，但个小零售商 D_i 的批发价格 w_i 由上游企业 U 决定，由于占优零售商 D_0 和生产商 U 都只考虑自己的利润，最终由批发价格 w_0 和 w_i 决定的商品 A 的市场价格 p 无法使生产商 U 和零售商 D_0、n 个小零售商 D_i 的联合利润 $\Pi_{U-D_0-D_i}$ 达到纵向一体化利润 $\overline{\Pi}_{U-D_0-D_i}$。

5.2.3 不完全信息情形的市场均衡

下面首先在小零售商 D_i 的数量 n 只有两种状态（高数量 n^H 和低数量 n^L）的情形下讨论占优零售商 D_0 的菜单合约的显示机制原理，其次再把小零售商 D_i 的数量 n 推广到为连续分布情形，得出占优零售商 D_0 的直接显示性连续菜单合约。

1. 小零售商 D_i 数量 n 呈两点分布的情形

假设小零售商 D_i 的数量 n 是低状态 n^L 的概率为 λ，是高状态 n^H 的概率为 $1-\lambda$，$n^L < n^H$。概率 $\lambda \in [0, 1]$ 是市场的共同知识。

显然，在完全信息下，在小零售商 D_i 的数量 n 为高状态 n^H 时，占优零售商 D_0 的向生产商提出的最优两部费合约为 $\{(w_0^{H*}, F_0^{H*})\} = \{(w_0^{H*}, -(R_{U-D_i}^H(w_0^{H*}) - \overline{\Pi}_{U-D_i}^H))\}$；在小零售商 D_i 的数量为低状态 n^L 时，占优零售商 D_0 向生产商提出的最优两部费合约为 $\{(w_0^{L*}, F_0^{L*})\} = \{(w_0^{L*}, -(R_{U-D_i}^L(w_0^{L*}) - \overline{\Pi}_{U-D_i}^L))\}$，其中上标中的 H 和 L 分别表示小零售商 D_i 的数量 n 为高状态 n^H 和低状态 n^L。

在不完全信息下，如果占优零售商 D_0 向生产商 U 提出菜单合约 $\{(w_0^{L*}, F_0^{L*}), (w_0^{H*}, F_0^{H*})\}$，尽管可以保证小零售商 D_i 的数量在何种状态，生产商 U 都会接受合约，但是无法从生产商选择合约条款的行为分辨出小零售商 D_i 的数量在的状态。原因是：小零售商 D_i 的数量 n 越少，生产商 U 的商品同时由占优零售商 D_0 和 n 个小零售商 D_i 出售后，联合销售收益 R_{U-D_i} 的增值越大，所以可以得到 $\underset{w_0}{\text{Max}}[R_{U-D_i}^L(w_0) - \overline{\Pi}_{U-D_i}^L] > \underset{w_0}{\text{Max}}[R_{U-D_i}^H(w_0) - \overline{\Pi}_{U-D_i}^H]$，这表明在相同的批发价格 w_0 下，小零售商 D_i 的数量为低状态 n^L 时，生产商 U 相对于外部机会的销售收益增值更大，由此，面对占优零售商 D_0 的菜单合约 $\{(w_0^{L*}, F_0^{L*}), (w_0^{H*}, F_0^{H*})\}$，在小零售商 D_i 是数量是低状态 n^L 时，生产商 U 会接受并选择条款 (w_0^{H*}, F_0^{H*})，而不是 (w_0^{L*}, F_0^{L*})，此时生产商 U 的利润为 $I|(w_0^{H*}, F_0^{H*}) + \overline{\Pi}_{U-D_i}^L$，高于选择交易条款 (w_0^{L*}, F_0^{L*}) 获得的利润 $\overline{\Pi}_{U-D_i}^L$，其中 $I|(w_0^{H*}, F_0^{H*})$ 是生产商 U 拥有小零售商数量私人信息的信息租金，大小为 $[R_{U-D_i}^L(w_0^{H*}) - \overline{\Pi}_{U-D_i}^L] - [R_{U-D_i}^H(w_0^{H*}) - \overline{\Pi}_{U-D_i}^H]$。

如果占优零售商 D_0 向生产商 U 提出菜单合约 $\{(w_0^L, F_0^L), (w_0^H, F_0^H)\}$，希望生产商 U 在小零售商 D_i 的数量为高状态 n^H 时选择交易条款 (w_0^H, F_0^H)；在小零售商 D_i 的数量为低状态 n^L 时选择条款 (w_0^L, F_0^L)，那

么占优零售商 D_0 的最大化问题为：

$$\underset{(w_0^L, F_0^L),(w_0^H, F_0^H)}{\text{Max}} \lambda(\pi_{D_0}^L(w_0^L) - F_0^L) + (1-\lambda)(\pi_{D_0}^H(w_0^H) - F_0^H)$$

即

$$\underset{(w_0^L, F_0^L),(w_0^H, F_0^H)}{\text{Max}} \lambda[\Pi_{U-D_0-D_i}^L(w_0^L) - R_{U-D_i}^L(w_0^L) - F_0^L] + (1-\lambda)$$

$$[\Pi_{U-D_0-D_i}^H(w_0^H) - R_{U-D_i}^H(w_0^H) - F_0^H]$$

$$\text{s. t. } R_{U-D_i}^L(w_0^L) + F_0^L - \overline{\Pi}_{U-D_i}^L \geq 0$$

$$R_{U-D_i}^H(w_0^H) + F_0^H - \overline{\Pi}_{U-D_i}^H \geq 0$$

$$R_{U-D_i}^L(w_0^L) + F_0^L - \overline{\Pi}_{U-D_i}^L \geq R_{U-D_i}^L(w_0^H) + F_0^H - \overline{\Pi}_{U-D_i}^L$$

$$R_{U-D_i}^H(w_0^H) + F_0^H - \overline{\Pi}_{U-D_i}^H \geq R_{U-D_i}^H(w_0^L) + F_0^L - \overline{\Pi}_{U-D_i}^H$$

其中，前面两个式子为生产商 U 接受占优零售商 D_0 合约的参与约束，后面两个式子为生产商 U 接受占优零售商 D_0 合约的激励相容约束。

由 $R_{U-D_i}^L(w_0) - \overline{\Pi}_{U-D_i}^L > R_{U-D_i}^H(w_0) - \overline{\Pi}_{U-D_i}^H$，再由第二个式子和第三个式可知第一个式子一定取严格大于号；同时占优零售商 D_0 设计菜单合约 $\{(w_0^L, F_0^L), (w_0^H, F_0^H)\}$ 的目的是，避免生产商 U 在小零售商数量为低状态 n^L 时混同小零售商的数量为高状态 n^H 的选择，所以第四个式子不会成为紧的约束条件。由此，占优零售商 D_0 的最大化问题的约束条件为：

$$R_{U-D_i}^H(w_0^H) + F_0^H - \overline{\Pi}_{U-D_i}^H = 0$$

$$R_{U-D_i}^L(w_0^L) + F_0^L - \overline{\Pi}_{U-D_i}^L = R_{U-D_i}^L(w_0^H) + F_0^H - \overline{\Pi}_{U-D_i}^L$$

上面第一个式子表明均衡时生产商 U 在小零售商的数量为高状态 n^H 时接受占优零售商 D_0 交易条款后的利润等于外部机会。第二个式子表明均衡时生产商 U 在小零售商的数量为低状态 n^L 时选择占优零售商 D_0 菜单合约中的任何条款都是无差异的。

由此，占优零售商 D_0 只需要在菜单合约 $\{(w_0^{L*}, F_0^{L*}), (w_0^{H*}, F_0^{H*})\}$ 中保留交易条款 (w_0^{H*}, F_0^{H*})，调整交易条款 (w_0^{L*}, F_0^{L*}) 为 $(w_0^{L*}, F_0^{L*} + I|(w_0^{H*}, F_0^{H*}))$，并使生产商 U 在小零售商 D_i 的数量为低状态 n^L 时选择条款 $(w_0^{L*}, F_0^{L*} + I|(w_0^{H*}, F_0^{H*}))$ 也可以至少得到大小为 $I|(w_0^{H*}, F_0^{H*})$ 的收益，就可以在签约时区分出小零售商 D_i 的数量的状态。

给定生产商 U 在面对两个无差异的合约条款时，会接受占优零售商 D_0 希望其接受的合约。当小零售商 D_i 的数量为低状态 n^L 时，生产商 U 选择交易条款 $(w_0^L, F_0^L) = (w_0^{L*}, -(F_0^{L*} - I | (w_0^{H*}, F_0^{H*})))$，获得的利润为：

$$\pi_U^L(w_0^{L*}) = R_{U-D_i}^L(w_0^{L*}) - (F_0^{L*} - I | (w_0^{H*}, F_0^{H*}))$$
$$= R_{U-D_i}^L(w_0^{L*}) - [R_{U-D_i}^L(w_0^{L*}) - \overline{\Pi}_{U-D_i}^L]$$
$$+ [R_{U-D_i}^L(w_0^{H*}) - \overline{\Pi}_{U-D_i}^L] - [R_{U-D_i}^H(w_0^{H*}) - \overline{\Pi}_{U-D_i}^H]$$
$$= R_{U-D_i}^L(w_0^{H*}) - R_{U-D_i}^H(w_0^{H*}) + \overline{\Pi}_{U-D_i}^H$$

当小零售商 D_i 的数量为低状态 n^L 时，生产商 U 选择交易条款 $(w_0^H, F_0^H) = (w_0^{H*}, F_0^{H*})$，获得的利润为：

$$\pi_U^L(w_0^{H*}) = R_{U-D_i}^L(w_0^{H*}) + F_0^{H*}$$
$$= R_{U-D_i}^L(w_0^{H*}) - R_{U-D_i}^H(w_0^{H*}) + \overline{\Pi}_{U-D_i}^H$$

显然，$\pi_U^L(w_0^{L*}) \geqslant \pi_U^L(w_0^{H*})$，当小零售商 D_i 的数量为低状态 n^L 时，生产商 U 会选择交易条款 $(w_0^L, F_0^L) = (w_0^{L*}, -(F_0^{L*} - I | (w_0^{H*}, F_0^{H*})))$。

当小零售商 D_i 的数量为高状态 n^H 时，生产商 U 选择交易条款 $(w_0^H, F_0^H) = (w_0^{H*}, F_0^{H*})$，获得的利润为：

$$\pi_U^H(w_0^{H*}) = R_{U-D_i}^H(w_0^{L*}) - (R_{U-D_i}^H(w_0^{H*}) - \overline{\Pi}_{U-D_i}^H) = \overline{\Pi}_{U-D_i}^H$$

当小零售商 D_i 的数量为高状态 n^H 时，生产商 U 选择交易条款 $(w_0^L, F_0^L - I | (w_0^{H*}, F_0^{H*}))$，获得的利润为：

$$\pi_U^H(w_0^{L*}) = R_{U-D_i}^H(w_0^{L*}) - (F_0^{L*} - I | (w_0^{H*}, F_0^{H*}))$$
$$= R_{U-D_i}^H(w_0^{L*}) - [R_{U-D_i}^L(w_0^{L*}) - \overline{\Pi}_{U-D_i}^L]$$
$$+ [R_{U-D_i}^L(w_0^{H*}) - \overline{\Pi}_{U-D_i}^L] - [R_{U-D_i}^H(w_0^{H*}) - \overline{\Pi}_{U-D_i}^H]$$
$$= R_{U-D_i}^H(w_0^{L*}) - R_{U-D_i}^H(w_0^{H*}) - [R_{U-D_i}^L(w_0^{L*}) - R_{U-D_i}^L(w_0^{H*})] + \overline{\Pi}_{U-D_i}^H$$

由于 $R_{U-D_i}^H(w_0^{L*}) - R_{U-D_i}^H(w_0^{H*}) - [R_{U-D_i}^L(w_0^{L*}) - R_{U-D_i}^L(w_0^{H*})] < 0$，故此，$\pi_U^H(w_0^{L*}) < \overline{\Pi}_{U-D_i}^H = \pi_U^H(w_0^{H*})$。显然，当小零售商 D_i 的数量为高状态 n^H 时，生产商 U 会选择交易条款 $(w_0^H, F_0^H) = (w_0^{H*}, F_0^{H*})$。

由此，可以得出占优零售商 D_0 向生产商 U 提出菜单合约 $\{(w_0^L, F_0^L),$ $(w_0^H, F_0^H)\}$ 的市场均衡，其中，$(w_0^H, F_0^H) = (w_0^{H*}, F_0^{H*})$，$(w_0^L, F_0^L) =$

$(w_0^{L*},\ F_0^{L*}+I\mid(w_0^{H*},\ F_0^{H*}))$。当小零售商 D_i 的数量为低状态 n^L 时，生产商 U 选择交易条款 $(w_0^L,\ F_0^L)$；当小零售商 D_i 的数量为高状态 n^H 时，生产商 U 选择交易条款 $(w_0^H,\ F_0^H)$，其中 $I\mid(w_0^{H*},\ F_0^{H*})=[R_{U-D_i}^L(w_0^{H*})-\overline{\Pi}_{U-D_i}^L]-[R_{U-D_i}^H(w_0^{H*})-\overline{\Pi}_{U-D_i}^H]$。该结论是直观的。占优零售商 D_0 为了使生产商 U 在小零售商 D_i 的数量为低状态时选择交易条款 $(w_0^L,\ F_0^L)$，必须给予 U 混同在小零售商 D_i 的数量为低状态时行为所获得的信息租金，否则生产商 U 就会选择交易条款 $(w_0^H,\ F_0^H)$。

由于小零售商 D_i 的数量 n 越大，生产商 U 和小零售商 D_i 对批发价格 w_0 的边际联合收益越小，生产商 U、占优零售商 D_0 和小零售商 D_i 三者对批发价格 w_0 的边际联合利润也越小；与生产商 U 只把商品销售给小零售商 D_i 的一体化利润相比，小零售商 D_i 的数量越多，生产商 U 同时把商品销售给占优零售商 D_0 和小零售商 D_i 时的 $R_{U-D_i}(w_0)$ 与 $\Pi_{U-D_0-D_i}(w_0)$ 的增值越小。换言之，从相同的 w_0 开始，小零售商 D_i 的数量越多，w_0 每上升 1 单位时，生产商 U 和小零售商 D_i 的联合销售收益 $R_{U-D_i}(w_0)$ 上升的幅度也越小（见图 5-2）。故此，占优零售商 D_0 可以一方面提高菜单条款 $(w_0^H,\ F_0^H)$ 中的 w_0^H 和 F_0^H，另一方面同时降低给予生产商 U 在小零售商 D_i 数量为低状态情形下的信息租金 I。只要减少给予生产商 U 的信息租金大于因为提高菜单条款 $(w_0^H,\ F_0^H)$ 中的 w_0^{H*} 和 F_0^{H*} 而导致在小零售商 D_i 数量为高状态 n^H 情形下减少的利润，占优零售商 D_0 就可以通过提高菜单条款 $(w_0^H,\ F_0^H)$ 中的 w_0^H 和 F_0^H 来提高事前的预期利润（见图 5-3）。

假设当 w_0^{H*} 提高到 $\hat{w}_0^H$ 时，占优零售商 D_0 给予生产商 U 在小零售商 D_i 数量为低状态 n^L 情形下的信息租金为 $I\mid(\hat{w}_0^H,\ \hat{F}_0^H)$。在分离均衡时，$I\mid(\hat{w}_0^H,\ \hat{F}_0^H)$ 应满足：

$$I\mid(\hat{w}_0^H,\ \hat{F}_0^H)\geqslant[R_{U-D_i}^L(\hat{w}_0^H)-\overline{\Pi}_{U-D_i}^L]-[R_{U-D_i}^H(\hat{w}_0^H)-\overline{\Pi}_{U-D_i}^H]$$

显然，当生产商 U 在面对两个无差异合约时会接受占优零售商 D_0 希望他接受的合约的情况下，上式取等号，即

$$I\mid(\hat{w}_0^H,\ \hat{F}_0^H)=[R_{U-D_i}^L(\hat{w}_0^H)-\overline{\Pi}_{U-D_i}^L]-[R_{U-D_i}^H(\hat{w}_0^H)-\overline{\Pi}_{U-D_i}^H]$$

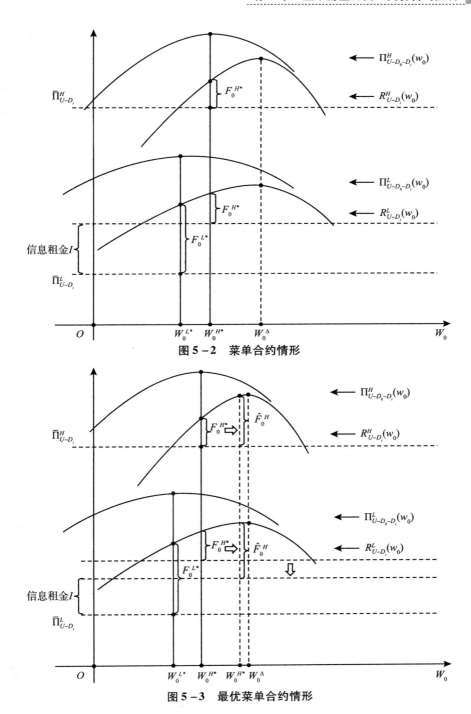

图 5 – 2 菜单合约情形

图 5 – 3 最优菜单合约情形

占优零售商 D_0 提高菜单条款 (w_0^H, F_0^H) 至 $(\hat{w}_0^H, \hat{F}_0^H)$，同时保持菜单条款 (w_0^L, F_0^L) 的 w_0^{L*} 不变，且使 $F_0^L = F_0^{L*} + I \,|\, (\hat{w}_0^H, \hat{F}_0^H)$ 后的预期利润为：

$$\lambda \left[R_{U-D_i}^L(w_0^{L*}) - \overline{\Pi}_{U-D_i}^L - I \,|\, (\hat{w}_0^H, \hat{F}_0^H) \right] + (1-\lambda) \left[R_{U-D_i}^H(\hat{w}_0^H) - \overline{\Pi}_{U-nD_i}^H \right]$$

与使用 $(w_0^H, F_0^H) = (w_0^{H*}, F_0^{H*})$，$(w_0^L, F_0^L) = (w_0^{L*}, F_0^{L*} + I \,|\, (w_0^{H*}, F_0^{H*}))$ 相比，占优零售商 D_0 增加的预期利润 $E\Delta\pi_{D_0}$ 为：

$$E\Delta\pi_{D_0} = \lambda \left[I \,|\, (w_0^{H*}, F_0^{H*}) - I \,|\, (\hat{w}_0^H, \hat{F}_0^H) \right]$$
$$+ (1-\lambda) \left[\Pi_{U-D_0-D_i}^H(\hat{w}_0^H) - \Pi_{U-D_0-D_i}^H(w_0^{H*}) \right]$$

把 $I \,|\, (\hat{w}_0^H, \hat{F}_0^H)$ 和 $I \,|\, (w_0^{H*}, F_0^{H*})$ 代入上式，可得：

$$E\Delta\pi_{D_0} = \lambda \left[R_{U-D_i}^L(w_0^{H*}) - R_{U-D_i}^H(w_0^{H*}) - R_{U-D_i}^L(\hat{w}_0^H) + R_{U-D_i}^H(\hat{w}_0^H) \right]$$
$$+ (1-\lambda) \left[\Pi_{U-D_0-D_i}^H(\hat{w}_0^H) - \Pi_{U-D_0-D_i}^H(w_0^{H*}) \right]$$

此时，占优零售商 D_0 选择菜单条款 $(\hat{w}_0^H, \hat{F}_0^H)$ 和给予生产商 U 信息租金 $I \,|\, (\hat{w}_0^H, \hat{F}_0^H)$ 的问题为 $\underset{\hat{w}_0^H}{\mathrm{Max}} E\Delta\pi_{D_0}$，即可得出存在占优零售商 D_0 向生产商 U 提出菜单合约 $\{(w_0^L, F_0^L), (w_0^H, F_0^H)\}$ 的子博弈纳什均衡，其中 $(w_0^H, F_0^H) = (\hat{w}_0^H, \hat{F}_0^H)$，$(w_0^L, F_0^L) = (w_0^{L*}, F_0^{L*} + I \,|\, (\hat{w}_0^H, \hat{F}_0^H))$。均衡时，当小零售商 D_i 数量为低状态 n^L 时，生产商 U 选择交易条款 (w_0^L, F_0^L)；当小零售商 D_i 数量为高状态 n^H 时，生产商 U 选择交易条款 (w_0^H, F_0^H)，其中，$I \,|\, (\hat{w}_0^H, \hat{F}_0^H) = (\Pi_{U-D_i}^L(\hat{w}_0^H) - \overline{\Pi}_{U-D_i}^L) - (\Pi_{U-D_i}^H(\hat{w}_0^H) - \overline{\Pi}_{U-D_i}^H)$。

2. 小零售商 D_i 的数量 n 在 $[1, \bar{n}]$ 上连续分布

给定小零售商 D_i 数量 n 的分布区间为 $[1, \bar{n}]$，分布函数和概率密度 $G(n)$ 和 $g(n)$ 是市场的共同信息，占优零售商 D_0 向生产商 U 提出一个连续菜单合约 $\{(w_0(n), F_0(n))\}$，希望当真实小零售商 D_i 数量为 n 时，生产商 U 的合约会选择 $(w_0(n), F_0(n))$。令生产商 U 会接受占优零售商 D_0 合约的小零售商 D_i 的最大数量为 n^*，显然 $n^* \leqslant \bar{n}$。

由前文基准情形的分析可知，小零售商 D_i 数量越多，占优零售商 D_0 为了使生产商 U 接受合约，向其收取的固定费就越低。如果占优零售商 D_0 的菜单合约不能准确地甄别出小零售商 D_i 的真实数量为 n，那么当 $n \leqslant n^*$

时，无论小零售商 D_i 数量是多少，生产商 U 都会选择占优零售商 D_0 希望其在小零售商 D_i 数量为 n^* 时接受的合约 $(w_0(n^*)$，$F_0(n^*))$；当 $n > n^*$ 时，生产商 U 会拒绝占优零售商 D_0 的合约。

如果生产商 U 选择的条款 $(w_0(n)$，$F_0(n))$ 是占优零售商 D_0 希望其在小零售商 D_i 数量为 n 时的选择，那么对于任意小零售商 D_i 数量 n 和 $\tilde{n}$，当 $n < \tilde{n} \leq n^*$ 时，连续菜单合 $\{(w_0(n)$，$F_0(n))\}$ 必须使得生产商 U 在小零售商 D_i 数量为 n 时选择的条款 $(w_0(n)$，$F_0(n))$ 的利润不小于选择条款 $(w_0(\tilde{n})$，$F_0(\tilde{n}))$ 的利润，即

$$\pi_U(w_0(n)，F_0(n)，n) \geq \pi_U(w_0(\tilde{n})，F_0(\tilde{n})，n)$$

其中，$(w_0(\tilde{n})$，$F_0(\tilde{n})$，$n)$ 表示小零售商 D_i 的数量为 n 时，生产商 U 选择了占优零售商 D_0 希望其在小零售商 D_i 的数量为 $\tilde{n}$ 时选择的合约。由于生产商 U 的利润为其和 n 个小零售商 D_i 的联合销售收入减去支付给占优零售商 D_0 的固定费，上式也可以写为：

$$R_{U-D_i}(w_0(n)，n) + F_0(n) \geq R_{U-D_i}(w_0(\tilde{n})，n) + F_0(\tilde{n})$$

由于假设当生产商 U 在面对两个无差异合约条款时，会接受占优零售商 D_0 希望其接受的合约，占优零售商 D_0 的最优化行为应使得上式取等号，即当 $n < \tilde{n} \leq n^*$ 时，有：

$$R_{U-D_i}(w_0(n)，n) + F_0(n) = R_{U-D_i}(w_0(\tilde{n})，n) + F_0(\tilde{n})$$

这是占优零售商 D_0 通过设计合约中的固定费 $F_0(n)$ 甄别出生产商 U 真实拥有 n 个小零售商 D_i 的必要条件。由此，当小零售商 D_i 的数量 n 有微小变化时，固定费 $F_0(n)$ 的变化为：

$$\frac{\mathrm{d}F_0(n)}{\mathrm{d}n} = -\frac{\partial R_{U-D_i}(w_0(n)，n)}{\partial w_0} \frac{\mathrm{d}w_0}{\mathrm{d}n}$$

进一步可得：

$$\frac{\mathrm{d}\pi_U(w_0(n)，F_0(n)，n)}{\mathrm{d}n} = \frac{\partial R_{U-D_i}(w_0(n)，n)}{\partial n}$$

对该式两边取积分，结合 $\pi_U(w_0(n^*)$，$F_0(n^*)$，$n^*) = \overline{\Pi}_{U-D_i}(n^*)$，可得：

$$\pi_U(w_0(n)，F_0(n)，n) = \overline{\Pi}_{U-D_i}(n^*) - \int_n^{n^*} \frac{\partial R_{U-D_i}(w_0(t)，t)}{\partial t}\mathrm{d}t$$

式中，$\int_n^{n^*} \dfrac{\partial R_{U-D_i}(w_0(t),\ t)}{\partial t} \mathrm{d}t$ 表示为了让拥有 n 个小零售商 D_i 的生产商 U 不选择其他条款，占优零售商 D_0 必须给生产商 U 的信息租金。该式给出了占优零售商 D_0 向真实拥有 n 个小零售商 D_i 的生产商 U 收取固定费 $F_0(n)$ 的大小与生产商 U 会接受占优零售商 D_0 合约的小零售商 D_i 的最大数量为 n^* 之间的关系。

占优零售商 D_0 用连续菜单合约 $\{(w_0(n),\ F_0(n))\}$ 成功甄别并使拥有 $n \leqslant n^*$ 个小零售商 D_i 的生产商 U 接受合约的预期利润为：

$$E\pi_{D_0} = \int_1^{n^*} (R_{D_0}(w_0(n),\ n) + R_{U-D_i}(w_0(n),\ n) - \pi_U(w_0(n),\ F_0(n),\ n))g(n)\mathrm{d}n$$

代入 $\pi_U(w_0(n),\ F_0(n),\ n)$ 式后，可得：

$$E\pi_{D_0} = \int_1^{n^*} (R_{D_0}(w_0(n),\ n) + R_{U-D_i}(w_0(n),\ n) - \overline{\Pi}_{U-D_i}(n^*)$$
$$+ \int_n^{n^*} \frac{\partial R_{U-D_i}(w_0(t),\ t)}{\partial t}\mathrm{d}t)g(n)\mathrm{d}n$$

进一步可得占优零售商 D_0 选择 $w_0(n)$ 的一阶条件为：

$$\frac{\partial R_{D_0}(w_0(n),\ n)}{\partial w_0} + \frac{\partial R_{U-D_i}(w_0(n),\ n)}{\partial w_0} = -\frac{G(n)}{g(n)}\frac{\partial^2 R_{U-D_i}(w_0(n),\ n)}{\partial w_0 \partial n}$$

上式两边对 n^* 求导可得：

$$\frac{\partial^2 \Pi_{U-D_0-D_i}(w_0(n^*))}{\partial w_0^2}\frac{\mathrm{d}w_0}{\mathrm{d}n^*} = -\frac{\mathrm{d}}{\mathrm{d}n^*}\left[\frac{G(n^*)}{g(n^*)}\right]\frac{\partial^2 R_{U-D_i}(w_0(n),\ n)}{\partial w_0 \partial n}$$

表明当 $\dfrac{\mathrm{d}}{\mathrm{d}n}\left[\dfrac{G(n)}{g(n)}\right] > 0$ 时，要求 $\dfrac{\mathrm{d}w_0(n)}{\mathrm{d}n} > 0$。

在设计菜单合 $\{(w_0(n),\ F_0(n))\}$ 时，占优零售商 D_0 面临着选择生产商 U 会接受占优零售商 D_0 合约的最大小零售商数量 n^* 的权衡。增加 n^*，尽管可以增加生产商 U 接受合约的概率，但是会降低从生产商 U 获得的固定费；反之，减小 n^*，尽管会增加从生产商 U 获得的固定费，但是会降低生产商 U 接受合约的概率。同时，改变生产商 U 会接受占优零售商 D_0 合约的小零售商 D_i 的最大数量后，对 $w_0(n)$ 对占优零售商 D_0 收入的边际变化等于 $w_0(n)$ 对生产商 U 与小零售商 D_i 边际联合收入的边际变化。

通过对 n^* 求导的式子即可解出 $w_0(n)$ 和 $F_0(n)$，进一步可得到 n^*，即可得到占优零售商 D_0 向生产商 U 提出菜单合约 $\{(w_0(n), F_0(n))\}$ 甄别出小零售商数量的预期利润 $E\pi_{D_0}$。

当占优零售商 D_0 向生产商 U 提出菜单合约无法甄别出小零售商数量时，生产商 U 只会选择占优零售商 D_0 愿意与最大数量为 n^* 的小零售商共同销售商品的合约条款 $(w_0(n^*), F_0(n^*))$。由于小零售商 D_i 的数量 n 越少，R_{U-D_i} 的增值越大，所以可知，$F_0(n^*)$ 越大，生产商 U 偏离的信息租金越小，故此给定 n^*，$w_0(n^*) = w_0^\Delta(n^*)$ 时，$F_0(n^*)$ 最大。进一步可得：

$$E\pi_{D_0}^\# = \int_1^{n^*} (R_{D_0}(w_0(n)) + F_0(n^*))g(n)\mathrm{d}n$$

通过后面的数值例子可以看出确实存在占优零售商 D_0 提出菜单合约 $\{(w_0(n), F_0(n))\}$ 甄别出小零售商数量，且 $E\pi_{D_0} > E\pi_{D_0}^\#$。

进而，存在占优零售商 D_0 向生产商 U 提出菜单合约 $\{(w_0(n), F_0(n))\}$ 的子博弈纳什均衡，可以计算出 $w_0(n)$ 和 $F_0(n)$。均衡时，占优零售商 D_0 愿意与数量为 $n \leqslant n^* < \bar{n}$ 的小零售商 D_i 共同销售商品 A，当小零售商 D_i 数量为 $n \leqslant n^*$ 时，生产商 U 选择合约条款 $(w_0(n), F_0(n))$，占优零售商 D_0 可以甄别出小零售商的数量。

显然，当小零售商的数量在签约前是生产商 U 私人信息的情形下，与占优零售商 D_0 共同销售商品 A 的小零售商数量 n^* 小于小零售商的最大数量 $\bar{n}$，这表明拥有较少数量小零售商的生产商 U 会模仿较多数量小零售商的生产商 U 选择合约条款的行为，迫使占优零售商 D_0 不得不减少共同销售商品 A 的小零售数量来提高事前的预期利润。

5.2.4　交易合约与社会福利比较

本部分在小零售商 D_i 的数量 n 为两点分布（高状态 n^H 和低状态 n^L）的情形下，给出纵向一体化、完全信息和非完全信息情形下企业利润、市场价格与消费者剩余的比较。

1. 市场价格与社会福利

纵向一体化下，令小零售商 D_i 数量为高状态 n^H 时，下游市场中商品 A 的价格为 $\bar{p}^H$；小零售商 D_i 数量为低状态 n^L 时，下游市场中商品 A 的价格为 $\bar{p}^L$。

完全信息下，均衡时，令小零售商 D_i 数量为高状态 n^H 时，下游市场中商品 A 的价格为 p^{H*}；小零售商 D_i 数量为高状态 n^H 时，下游市场中商品 A 的价格为 p^{L*}。

由此，非对称信息下，如果占优零售商 D_0 向生产商 U 提出合约 $\{(w_0^{H*}, F_0^{H*})\}$，均衡时，小零售商 D_i 数量为高状态 n^H 时，下游市场中商品 A 的价格为 p^{H*}；小零售商 D_i 数量为低状态 n^L 时，令下游市场中商品 A 的价格为 p^L。如果占优零售商 D_0 向生产商 U 提出合约 $\{(w_0^{L*}, F_0^{L*})\}$，小零售商 D_i 数量为低状态 n^L 时，下游市场中商品 A 的价格为 p^{L*}。如果占优零售商 D_0 向生产商 U 提出菜单合约 $\{(w_0^{L*}, F_0^{L*} + I \,|\, (w_0^{H*}, F_0^{H*})), (w_0^{H*}, F_0^{H*})\}$，均衡时，小零售商 D_i 数量为低状态 n^L 时，下游市场中商品 A 的价格为 p^{L*}；小零售商 D_i 数量为高状态 n^H 时，下游市场中商品 A 的价格为 p^{H*}。

非对称信息下，如果占优零售商 D_0 向生产商 U 提出菜单合约 $\{(w_0^{L*}, F_0^{L*} + I \,|\, (\hat{w}_0^H, \hat{F}_0^H)), (\hat{w}_0^H, \hat{F}_0^H)\}$，均衡时，小零售商 D_i 数量为低状态 n^L 时，下游市场中商品 A 的价格为 p^{L*}；小零售商 D_i 数量为高状态 n^H 时，下游市场中商品 A 的价格为 $\hat{p}^H$。在上述分析的基础上，简单计算，即可得到：

一是小零售商 D_i 数量为低状态 n^L 时，生产商 U 接受合约为两部费合约 $\{(w_0^{H*}, F_0^{H*})\}$ 或 $\{(w_0^{L*}, F_0^{L*})\}$、菜单合约中的交易条款 $(w_0^{L*}, F_0^{L*} + I \,|\, (w_0^{H*}, F_0^{H*}))$、菜单合约中的交易条款 $(w_0^{L*}, F_0^{L*} + I \,|\, (\hat{w}_0^H, \hat{F}_0^H)), (\hat{w}_0^H, \hat{F}_0^H))$ 等 4 种情形下，生产商 U 与占优零售商 D_0、n 个小零售

商 D_i 的联合利润的大小次序为：

$$\Pi_{U-D_0-D_i}^{L} \mid (w_0^{H*},\ F_0^{H*}) < \Pi_{U-D_0-D_i}^{L} \mid (w_0^{L*},\ F_0^{L*})$$

$$= \Pi_{U-D_0-D_i}^{L} \mid (w_0^{L*},\ F_0^{L*} + I \mid (w_0^{H*},\ F_0^{H*}))$$

$$= \Pi_{U-D_0-D_i}^{L} \mid (w_0^{L*},\ F_0^{L*} + I \mid (\hat{w}_0^{H},\ \hat{F}_0^{H}),\ (\hat{w}_0^{H},\ \hat{F}_0^{H})) < \overline{\Pi}_{U-D_0-D_i}^{L}$$

二是小零售商 D_i 数量为高状态 n^H 时，生产商 U 接受合约两部费合约 $\{(w_0^{H*},\ F_0^{H*})\}$、菜单合约中的交易条款 $(w_0^{H*},\ F_0^{H*})$、菜单合约中的交易条款 $(\hat{w}_0^{H},\ \hat{F}_0^{H})$ 3 种情形下，生产商 U 和占优零售商 D_0、n 个小零售商 D_i 的联合利润的大小次序为：

$$\Pi_{U-D_0-D_i}^{H} \mid (\hat{w}_0^{H},\ \hat{F}_0^{H}) < \Pi_{U-D_0-D_i}^{H} \mid (w_0^{H*},\ F_0^{H*}) < \overline{\Pi}_{U-D_0-D_i}^{H}$$

这表明，占优零售商 D_0 使用菜单合约时尽管最大化了自身的事前利润，但是降低了生产商 U 与占优零售商 D_0、n 个小零售商 D_i 的联合利润。

比较商品 X 的市场价格可以发现：当小零售商 D_i 数量为低状态 n^L 时，$p^{L*} = \bar{p}^L < p^L$；当小零售商 D_i 数量为高状态 n^H 时，$p^{H*} = \bar{p}^H < \hat{p}^H$。表明，占优零售商 D_0 使用菜单合约 $\{(w_0^{L*},\ F_0^{L*} + I \mid (w_0^{H*},\ F_0^{H*})),\ (w_0^{H*},\ F_0^{H*})\}$ 时商品 A 的市场价格最低。占优零售商 D_0 使用菜单合约 $\{(w_0^{L*},\ F_0^{L*} + I \mid (\hat{w}_0^{H},\ \hat{F}_0^{H})),\ (\hat{w}_0^{H},\ \hat{F}_0^{H})\}$ 时，如果小零售商 D_i 数量为高状态 n^H 时，那么商品 A 的价格会达到各种合约中的最高值；如果小零售商 D_i 数量为低状态 n^L 的，那么商品 A 的价格达到最低。

进一步可知，占优零售商 D_0 菜单合约 $\{(w_0^{L*},\ F_0^{L*} + I \mid (w_0^{H*},\ F_0^{H*})),\ (w_0^{H*},\ F_0^{H*})\}$ 时，事后的社会福利最大。占优零售商 D_0 使用菜单合约 $\{(w_0^{L*},\ F_0^{L*} + I \mid (\hat{w}_0^{H},\ \hat{F}_0^{H})),\ (\hat{w}_0^{H},\ \hat{F}_0^{H})\}$ 时，事前的社会福利的变化是不确定的，如果小零售商 D_i 数量为低状态 n^L 时，那么事前的社会福利最大；如果小零售商 D_i 数量为高状态 n^H 时，事前的社会福利取决于占优零售商 D_0 预期利润增加值与消费者剩余减少值的大小。

2. 数值例子

假设市场需求曲线为：$p = 100 - (q_0 + \sum_1^n q_i)$；生产商 U 生产 A 的边

际成本为 $c_A = 0$，占优零售商 D_0 的销售成本为 $5q_0$；小零售商 D_i 销售成本均为 $5q_i^2$。市场过程如第一部分所述。

（1）小零售商 D_i 数量 n 呈两点分布的情形。

假设小零售商 D_i 数量为高状态 $n^H = 9$ 的概率为 $\frac{1}{2}$，为低状态 $n^L = 3$ 的概率为 $\frac{1}{2}$。各种情形均衡时占优零售商 D_0 向生产商 U 提出的合约及各个企业利润如表 5-1 和表 5-2 所示。

表 5-1　　　各种情形均衡时占优零售商 D_0 向生产商 U 提出的两部费合约

完全信息情形	$\{(w_0^{L*},\ F_0^{L*})\}$	$\{(19.44,\ -147.70)\}$
	$\{(w_0^{H*},\ F_0^{H*})\}$	$\{(33.54,\ -139.20)\}$
不完全信息情形	$\{((w_0^{L*},\ F_0^{L*}+I\ \|\ (w_0^{H*},\ F_0^{H*})),$ $(w_0^{H*},\ F_0^{H*}))\}$	$\{\{19.44,\ 56.24\},$ $\{33.54,\ -139.20\}\}$
	$\{((w_0^{L*},\ F_0^{L*}+I\ \|\ (\hat{w}_0^{H},\ \hat{F}_0^{H})),$ $(\hat{w}_0^{H},\ \hat{F}_0^{H}))\}$	$\{\{19.44,\ 50.68\},$ $\{35.96,\ -179.63\}\}$

表 5-2　　　　　各种情形下均衡时各个企业的利润

情形	占优零售商 D_0 向生产商 U 提出的合约	$n^L = 3$ 第三阶段			$n^H = 9$ 第三阶段			第一阶段
		π_U	π_{D_0}	π_{D_i}	π_U	π_{D_0}	π_{D_i}	$E\pi_{D_0}$
完全信息情形	$\{(w_0^{L*},\ F_0^{L*})\}$	937.50	1171.54	0				
	$\{(w_0^{H*},\ F_0^{H*})\}$				1607.14	509.69	0	
不完全信息情形	$\{(w_0^{L*},\ F_0^{L*})\}$	937.50	1171.54	0	0	0	0	585.77
	$\{(w_0^{H*},\ F_0^{H*})\}$	1280.93	764.59	0	1607.14	509.69	0	637.14
	$\{((w_0^{L*},\ F_0^{L*}+I\ \|\ (w_0^{H*},$ $F_0^{H*})),\ (w_0^{H*},\ F_0^{H*}))\}$	1141.43	828.10	0	1607.14	509.69	0	668.90
	$\{((w_0^{L*},\ F_0^{L*}+I\ \|\ (\hat{w}_0^{H},$ $\hat{F}_0^{H})),\ (\hat{w}_0^{H},\ \hat{F}_0^{H}))\}$	1135.88	833.66	0	1607.14	507.18	0	670.42

显然，当占优零售商 D_0 在事前甄别出生产商 U 拥有的小零售商 D_i 数量时，其事前的预期利润高于无法甄别出生产商 U 拥有的小零售商 D_i 数量时的利润。

（2）小零售商 D_i 的数量 n 在 $[0, \bar{n}]$ 上连续分布状态。

可以计算出 $\bar{n} = 95$。假设小零售商 D_i 数量 n 在 $[0, 95]$ 上连续分布。如果占优零售商 D_0 不能区分出生产商 U 拥有 D_i 的数量，可以计算出占优零售商 D_0 的预期利润为：$E\pi^{\#}_{D_0} \approx 57.00$。

如果占优零售商 D_0 使用连续菜单合约区分出生产商 U 拥有 D_i 的数量，可计算出 $n^* \approx 9.69$，$\{(w_0(n), F_0(n))\}$ 为：

$$w_0(n) = \frac{19400 + n(1480 - n(82 + 3n))}{200 + 30n}$$

$$F_0(n) = 248.45 - \int_1^{9.69} \frac{10(95 - n)}{20 + 3n} dt$$

$$E\pi_{D_0} \approx 80.81$$

显然，$E\pi_{D_0} > E\pi^{\#}_{D_0}$。

由此，考察 $1 \times (1 + n)$ 的纵向结构，即由 1 个垄断生产商、1 个占优零售商和 n 个小零售商构成的纵向市场结构。n 个小零售商的数量信息在初始状态（企业之间签约前）是生产商的私人信息，无论小零售商 D_i 的数量是离散的还是连续的，当占优零售商 D_0 有能力向上游生产商 U 提出交易合约的时候，可以利用生产商 U 对自己所提合约的反应，即生产商 U 为选取最大利润交易合约的行为来甄别竞争对手小零售商 D_i 的数量和市场剩余需求信息。上面给出了下游企业向上游企业提出菜单合约的动机是鉴别竞争对手私人需求信息的正式解释，同时也讨论了纵向交易合约中使用混合菜单合约的问题。

3. 模型拓展

本节模型可以拓展到下游由 1 个拥有完全买方力量的占优下游企业 D_1、1 个拥有部分买方力量的非占优下游企业 D_2，以及 1 个上游供应商 U 构成的纵向市场结构。在尽管占优企业 D_1 不了解竞争对手 D_2 的市场需求信息，但是与自己交易的上游企业 U 了解 D_2 的市场需求信息的情形下，

解释当 D_1 有能力向上游企业 U 提出交易合约的时候，可以利用上游企业 U 对合约接受与否和对合约条款的选择行为，来甄别竞争对手 D_2 的市场需求信息。

（1）上下游市场参与者。

考虑两个差异化的寡头企业 D_1 和 D_2 都从同一家上游企业（供应商）U 购买商品 X，并转售给消费者的市场结构。假设 D_1 拥有完全买方力量，但 D_2 拥有部分买方力量。商品 X 经由 D_1 和 D_2 销售时，在下游市场形成两种替代商品，分别记为 X_1 和 X_2。简单起见，假设 U 生产或提供商品 X 只承担固定的边际成本 c_X，D_1 和 D_2 销售商品均不需承担任何成本。

消费者对商品 X_1 和 X_2 的需求曲线分别为 $q_1(p_1, p_2; a_1, \theta)$ 和 $q_2(p_1, p_2; a_2, \theta)$，其中，$p_i$ 表示商品 X_i 的零售价格（$i = 1, 2$）；a_i 和 θ 是外生参数，a_i 表示商品 A_i 的市场需求容量（$i = 1, 2$），θ 表示替代商品 A_1 和 A_2 的差异化程度，$\theta \in [0, 1]$。简单起见，假设除了 a_i，$q_1(p_1, p_2; a_1, \theta)$ 和 $q_2(p_1, p_2; a_2, \theta)$ 是对称的，同时假设 $q_1(p_1, p_2; a_1, \theta)$ 和 $q_2(p_1, p_2; a_2, \theta)$ 满足最大化利润对需求曲线的基本假设。由此，市场容量 a_i 刻画了商品 A_1 和 A_2 的需求信息。

假设 D_1 和 D_2 对彼此的需求信息是非对称的，即商品 X_1 的市场容量 a_1 是市场的共同知识，D_1 和 U、D_2 都了解 a_1 的大小，但是商品 X_2 的市场需求容量 a_2 只被 U 和 D_2 了解，D_1 只了解商品 X_2 的市场容量 a_2 是高需求 a_2^H 的概率为 λ，是低需求 $a_2^L (a_2^L < a_2^H)$ 的概率为 $1 - \lambda (0 \leq \lambda \leq 1)$，假设概率 λ 是市场的共同知识。

具有完全买方力量的 D_1 对 U 拥有完全的讨价还价能力，可以向 U 提出"要么接受—要么拒绝"的合约，完全获得双方联合利润增加值的全部[①]。具有部分买方力量的 D_2 对 U 只拥有部分讨价还价能力，D_2 与 U 经

---

① 联合利润等于交易双方的利润之和，等于交易双方的外部机会加上由于双方交易而产生的双方利润的增加值之和，例如，下游企业 D_i 与上游企业 U 的因交易而产生的联合利润，等于 D_i 的利润与 U 的利润的和，也等于 D_i 与 U 没有发生交易时各自的外部机会加上由于交易而增加的 D_i 与 U 的利润。该定义与一般文献中的定义一致，例如 John Nash（1953），Ehud Kalai and Meir Smorodinsky（1975），Andreu Mas – Colell, Michael D. Whinston and Jerry R. Green（1995）。

过讨价还价决定是否签订合约，以及合约的条款。简单起见，假设如果 D_2 与 U 讨价还价签约成功，那么结果为双方按比例 γ 分配因交易而产生的联合利润的增加值[①]，即 D_2 获得与 U 的联合利润增加值的份额为 γ，U 获得与 D_2 的联合利润增加值的份额为 $1-\gamma$，其中 $\gamma \in [0, 1]$。γ 可以用来测度 D_2 与 U 之间讨价还价力量的大小关系，如果 $\gamma = 1$，则表示 U 对 D_2 拥有完全的讨价还价能力；如果 $\gamma = 0$，则表示 D_2 对 U 拥有完全的讨价还价能力。

（2）市场交易过程。

下游企业 D_1、D_2 与上游供应商 U 对合约的讨价还价和交易过程如下。

第一阶段：下游企业 D_1 向 U 提出"独家销售条款 + 共同销售条款"的菜单合约。

第二阶段：U 决定是否接受 D_1 的合约。由于此时 U 还没有与下游企业 D_2 完成讨价还价，所以此时 U 只决定是否接受合约，并不选择交易条款。

第三阶段：在了解上游企业 U 是否接受了下游企业 D_1 的合约的前提下，下游企业 D_2 与上游企业 U 讨价还价交易的合约条款。

第四阶段：如果第二阶段 U 接受了 D_1 的合约，那么 U 选择合约中具体的交易条款（如果第三阶段 U 与 D_2 讨价还价成功，那么 U 选择 D_1 合约中的"共同销售条款"，如果第三阶段 U 与 D_2 讨价还价失败，那么 U 选择 D_1 合约中的"独家销售条款"）；如果第二阶段 U 没有接受 D_1 的合约，那么直接进入下一阶段。

第五阶段：下游企业 D_1、D_2 与上游企业 U 是否达成合约，以及合约内容成为公共信息。如果上游企业 U 与下游企业 D_1 和 D_2 都签订了合约，那么 D_1 和 D_2 同时按合约完成商品购买，并同时进行 Bertrand 价格竞争，把商品销售给消费者；如果 U 只与 D_1 或 D_2 签订了合约，那么签约的 D_1 或 D_2 按合约完成商品的购买和销售；如果 U 与 D_1 和 D_2 的讨价还价都失败，那么市场中没有交易发生。

---

① 对下游企业 D_2 对上游企业 U 讨价还价结果的假设与文献中常用的讨价还价解是一致的，例如 John Nash（1953），Ehud Kalai and Meir Smorodinsky（1975），Andreu Mas - Colell，Michael D. Whinston and Jerry R. Green（1995）。

下游企业 D_1、D_2 与上游企业 U 的讨价还价结果有 4 种可能情形：一是 U 拒绝 D_1 提出的合约，且与 D_2 讨价还价破裂，此时市场中没有商品出售，所有企业的利润均为零；二是 U 拒绝 D_1 的合约，但与 D_2 讨价还价成功，此时 D_2 独家销售商品 X；三是 U 接受 D_1 的合约，但与 D_2 讨价还价破裂，此时 D_1 独家销售商品 X；四是 U 接受 D_1 的合约，且与 D_2 讨价还价成功，此时 D_1 和 D_2 共同销售商品 X。

（3）纵向交易合约。

假设下游 D_1 可以使用"两部费"（w_1^k，F_1^k）或"三部费"（S_1^k，w_1^k，F_1^k）作为菜单合约的交易条款，其中 w_1、F_1 和 S_1 分别表示 D_1 与 U 交易的批发价格、固定费和预付费；$k = E$，C，带有上标 E 的交易条款表示独家销售商品 A 时 D_1 与 U 的交易条件，带有上标 C 的交易条款表示 D_1 与 D_2 共同销售商品 A 时 D_1 与 U 的交易条件。例如，当 D_1 向 U 提出合约 $\{(w_1^E, F_1^E), (w_1^C, F_1^C)\}$，如果 U 接受合约，并选择交易条款 (w_1^E, F_1^E)，那么表示 U 仅从 D_1 销售商品，交易的批发价格为 w_1^E，固定费为 F_1^E；如果 U 接受合约，并选择交易条款 (w_1^C, F_1^C)，那么 U 将同时向 D_1 和 D_2 销售商品，且与 D_1 交易的批发价给为 w_1^C，固定费为 F_1^C。

下面对下游企业 D_1 与上游企业 U 交易时的固定费与预付费的支付方式假设与莱斯利·马克思和格雷格·谢弗（2007），珍妮·米克洛斯—塔尔、帕特里克·雷和蒂博德·韦尔盖（2011）相同。具体而言，无论下游企业 D_1 使用何种形式的合约，上游企业 U 接受合约且选择两部费交易条款时，下游企业 D_1 与上游企业 U 的交易额 $T_1(q_1)$ 为：

$$T_1(q_1) = \begin{cases} 0, & \text{如果 } q_1 = 0 \\ w_1 q_1 + F_1, & \text{如果 } q_1 > 0 \end{cases}$$

上游企业 U 接受下游企业 D_1 合约且选择三部费交易条款时，下游企业 D_1 与上游企业 U 的交易额为：

$$T_1(q_1) = \begin{cases} S_1, & \text{如果 } q_1 = 0 \\ S_1 + w_1 q_1 + F_1, & \text{如果 } q_1 > 0 \end{cases}$$

预付费 S_1 与固定费 F_1 的区别在于：预付费 S_1 在第四阶段 U 选择交易条款的时候发生；固定费 F_1 在第五阶段 D_1 与 U 进行商品买卖时发生。预付费与固定费的符号在均衡时内生决定，如果取正号，则表示下游企业 D_i 向上游企业 U 支付；如果取负号，则表示上游企业 U 向下游企业 D_i 支付，$i = 1$，2。

U 与 D_2 讨价还价在 D_1 向 U 提出合约后进行，如果 U 与 D_2 达成协议，那么 D_2 将销售 U 的商品，此时 U 与 D_2 只需使用批发价格 w_2 和固定费 F_2 就可以实现双方最大化的联合利润和联合利润的分配[①]。因此，假设 U 与 D_2 讨价还价的合约为两部费合约 $\{(w_2，F_2)\}$，其中固定费的支付方式与 U 与 D_1 交易时固定费的支付方式相同。

最后，假设企业在接受合约与不接受合约无差异时，会接受合约；企业在面对两个无差异合约时，会接受合约提出方希望他接受的合约。

（4）市场均衡与社会福利。

与前面的分析相同，可以得到纵向一体化、完全信息和非完全信息情形下的市场均衡。市场均衡中，D_1 在合约中使用的两部费单一"共同销售条款"为 $(w_1^{H*}，F_1^{H*})$ 和 $(w_1^{L*}，F_1^{L*})$，在合约中使用的两部费菜单式"共同销售条款"为 $((w_1^{L*}，F_1^{L*})，(w_1^{H*}，F_1^{H*} - I \mid (w_1^{L*}，F_1^{L*})))$ 和 $((\hat{w}_1^L，\hat{F}_1^L)，(w_1^{H*}，F_1^{H*} - I \mid (\hat{w}_1^L，\hat{F}_1^L)))$，在合约中使用的混合式"共同销售条款"为：$((w_1^{L*}，F_1^{L*})，(\tilde{S}_1^H，\tilde{w}_1^H，\tilde{F}_1^H))$。其中，其中 $I \mid (\cdot)$ 表示当企业 U 接受合约并选择"共同销售条款"$(\cdot)$ 时，U 和 D_2 获得的信息租金 I。

纵向一体化下，商品 X_2 是高需求时，商品 X_1 和 X_2 的均衡价格分别记为 $\bar{p}_1^H$ 和 $\bar{p}_2^H$；商品 X_2 是低需求时，商品 X_1 和 X_2 的均衡价格分别记为 $\bar{p}_1^L$ 和 $\bar{p}_2^L$。

完全信息下，商品 X_2 是高需求时，商品 X_1 和 X_2 的均衡价格分别记为 p_1^{H*} 和 p_2^{H*}；商品 X_2 是低需求时，商品 X_1 和 X_2 的均衡价格分别记为 p_1^{L*} 和 p_2^{L*}。

非对称信息下，如果 D_1 向 U 提出两部费单一"共同销售条款"

[①] 可以参见第3章的分析。当上游企业拥有讨价还价能力的时候，"批发价格＋固定费"合约就可以实现纵向一体化利润（Jean Tirole，1988）。

$(w_1^{H^*}, F_1^{H^*})$，商品 X_1 和 X_2 的均衡价格分别为 $p_1^{H^*}$ 和 $p_2^{H^*}$，如果 D_1 向 U 提出两部费单一"共同销售条款"$(w_1^{L^*}, F_1^{L^*})$，商品 X_2 是低需求时，商品 X_1 和 X_2 的均衡价格分别为 $p_1^{L^*}$ 和 $p_2^{L^*}$；商品 X_2 是高需求时，商品 X_1 和 X_2 的均衡价格分别记为 p_1^H 和 p_2^H。

非对称信息下，如果 D_1 向 U 提出两部费菜单式"共同销售条款"$((w_1^{L^*}, F_1^{L^*}), (w_1^{H^*}, F_1^{H^*} - I \mid (w_1^{L^*}, F_1^{L^*})))$，商品 X_2 是高需求时，商品 X_1 和 X_2 的均衡价格分别为 $p_1^{H^*}$ 和 $p_2^{H^*}$；商品 A_2 是低需求时，商品 X_1 和 X_2 的均衡价格分别为 $p_1^{L^*}$ 和 $p_2^{L^*}$。

非对称信息下，如果 D_1 向 U 提出两部费菜单式"共同销售条款"$((\hat{w}_1^L, \hat{F}_1^L), (w_1^{H^*}, F_1^{H^*} - I \mid (\hat{w}_1^L, \hat{F}_1^L)))$，商品 X_2 是高需求时，商品 X_1 和 X_2 的均衡价格分别为 $p_1^{H^*}$ 和 $p_2^{H^*}$；商品 X_2 是低需求时，商品 X_1 和 X_2 的均衡价格分别为 $\hat{p}_1^L$ 和 $\hat{p}_2^L$。

非对称信息下，如果 D_1 向 U 提出混合式"共同销售条款"$((w_1^{L^*}, F_1^{L^*}), (\tilde{S}_1^H, \tilde{w}_1^H, \tilde{F}_1^H))$，商品 X_2 是高需求时，商品 X_1 和 X_2 的均衡价格分别为 $\bar{p}_1$ 和 $\bar{p}_2$；商品 A_2 是低需求时，商品 X_1 和 X_2 的均衡价格分别记为 $\hat{p}_1^L$ 和 $\hat{p}_2^L$。

分析和比较纵向一体化、完全信息和非完全信息情形下的市场均衡，可以得出：

一是下游企业 D_1 对各种"共同销售条款"的偏好次序为：混合式"共同销售条款"$((w_1^{L^*}, F_1^{L^*}), (\tilde{S}_1^H, \tilde{w}_1^H, \tilde{F}_1^H))$，两部费菜单式"共同销售条款"$((\hat{w}_1^L, \hat{F}_1^L), (w_1^{H^*}, F_1^{H^*} - I \mid (\hat{w}_1^L, \hat{F}_1^L)))$，两部费菜单式"共同销售条款"$((w_1^{L^*}, F_1^{L^*}), (w_1^{H^*}, F_1^{H^*} - I \mid (w_1^{L^*}, F_1^{L^*})))$，两部费单一"共同销售条款"$(w_1^{H^*}, F_1^{H^*})$ 和 $(w_1^{L^*}, F_1^{L^*})$。

二是下游企业 D_1 合约中的"共同销售条款"分别为两部费单一"共同销售条款"$(w_1^{H^*}, F_1^{H^*})$、$(w_1^{L^*}, F_1^{L^*})$，两部费菜单式"共同销售条款"$((w_1^{L^*}, F_1^{L^*}), (w_1^{H^*}, F_1^{H^*} - I \mid (w_1^{L^*}, F_1^{L^*})))$、$((\hat{w}_1^L, \hat{F}_1^L), (w_1^{H^*}, F_1^{H^*} - I \mid (\hat{w}_1^L, \hat{F}_1^L)))$，混合式"共同销售条款"$((w_1^{L^*}, F_1^{L^*}), (\tilde{S}_1^H, \tilde{w}_1^H,$

$\tilde{F}_1^H$））时，当商品 A_2 是高需求时，企业 U 与 D_1、D_2 的事后联合利润的大小次序为：

$$\Pi_{U-D_1-D_{2H}}^{(w_1^{H*},F_1^{H*})} \leqslant \Pi_{U-D_1-D_{2H}}^{(w_1^{L*},F_1^{L*})} < \Pi_{U-D_1-D_{2H}}^{(w_1^{H*},F_1^{H*}-I\,|\,(w_1^{L*},F_1^{L*}))}$$

$$= \Pi_{U-D_1-D_{2H}}^{(w_1^{H*},F_1^{H*}-I\,|\,(\hat{w}_1^{L},\hat{F}_1^{L}))} < \Pi_{U-D_1-D_{2H}}^{(\tilde{s}_1^{H},\tilde{w}_1^{H},\tilde{F}_1^{H})} = \overline{\Pi}_{U-D_1-D_{2H}}$$

当商品 A_2 是低需求时，企业 U 与 D_1、D_2 的事后联合利润的大小次序为：

$$\Pi_{U-D_1-D_{2L}}^{(\hat{w}_1^{L},\hat{F}_1^{L})} < \Pi_{U-D_1-D_{2L}}^{(w_1^{L*},F_1^{L*})} < \overline{\Pi}_{U-D_1-D_{2L}}$$

即企业 D_1 使用混合式"共同销售条款"时上下游企业的联合利润最高，其次是两部费菜单式"共同销售条款"（（$\hat{w}_1^{L}$，$\hat{F}_1^{L}$），（w_1^{H*}，$F_1^{H*}-I\,|\,(\hat{w}_1^{L}$，$\hat{F}_1^{L}$））），再次是两部费菜单式"共同销售条款"（（$\hat{w}_1^{L}$，$\hat{F}_1^{L}$），（$w_1^{H*}$，$F_1^{H*}-I\,|\,(w_1^{L*}$，$F_1^{L*}$））），最后是两部费单一"共同销售条款"：（$w_1^{L*}$，$F_1^{L*}$）和（$w_1^{H*}$，$F_1^{H*}$）。

三是在商品 X_1 和 X_2 为线性需求时，当商品 A_2 是高需求时，

$$p_1^H < p_1^{H*} = \overline{p}_1^H, \quad p_2^H < p_2^{H*} < \overline{p}_2^H$$

当商品 A_2 是低需求时，

$$\hat{p}_1^L < p_1^{L*} = \overline{p}_1^L, \quad \hat{p}_2^L < p_2^{L*} < \overline{p}_2^L$$

显然，在线性需求下，企业 D_1 使用两部费菜单式"共同销售条款"（（$\hat{w}_1^{L}$，$\hat{F}_1^{L}$），（w_1^{H*}，$F_1^{H*}-I\,|\,(\hat{w}_1^{L}$，$\hat{F}_1^{L}$）））时商品 A_1 和 A_2 的市场价格最低，其次是两部费菜单式"共同销售条款"（（$\hat{w}_1^{L}$，$\hat{F}_1^{L}$），（w_1^{H*}，$F_1^{H*}-I\,|\,(w_1^{L*}$，F_1^{L*}）））时商品 X_1 和 X_2 的市场价格。企业 D_1 使用混合式"共同销售条款"，如果商品 X_2 是高需求的，那么 X_1 和 X_2 的价格会达到各种合约中的最高值；如果商品 A_2 是低需求的，那么 X_1 和 X_2 的价格最低。

四是下游企业 D_1 使用各种形式"共同销售条款"的时，社会福利的大小是不确定的，如果商品 X_2 是低需求的，那么 D_1 使用混合式"共同销售条款"时事前的社会福利最大；如果商品 X_2 是高需求的，那么与两部费单一"共同销售条款"相比，D_1 使用混合式"共同销售条款"时事前的社会福利取决于第五阶段下游企业 D_1 利润增加值与消费者剩余减少值的大小。

由此，上面的分析给出了下游企业向上游企业提出菜单合约的动机是鉴别竞争对手私人需求信息的正式解释，同时也讨论了纵向交易合约中使用混合菜单合约问题。在 1×2 的纵向结构中（1 个占优下游企业 D_1、1 个非占优的下游企业 D_2 和 1 个上游供应商 U），考察竞争的下游企业使用与上游企业的交易合约来甄别竞争对手私人信息的问题。下游企业所销售商品的市场需求信息在初始状态（企业之间签约前）是单边不对称的，但上游供应商 U 了解 D_2 的市场需求信息，当 D_1 有能力向 U 提出交易合约的时候，可以利用 U 对自己所提合约的反应，即 U 会选取最大化自己利润的交易条款的行为来甄别竞争对手 D_2 的市场需求信息。占优下游企业 D_1 不仅可以通过向供应商提出"独家销售条款 + 共同销售条款"的菜单合约甄别出竞争对手 D_2 的市场需求信息，而且还可以对多项"共同销售条款"进行设计，最大程度地获取更多的竞争对手的信息租金。在多种可能的菜单合约中，占优下游企业 D_1 最偏好由"批发价格 + 固定费"交易条款与"预付费 + 批发价格 + 固定费"交易条款组合的混合"共同销售条款"菜单合约。而且占优下游企业使用混合"共同销售条款"菜单合约时的社会福利变化取决于利润增加值与消费者剩余减少值的大小关系。

参 考 文 献

［1］董烨然：《大零售商逆纵向控制合约选择与零供企业收益比较》，载《管理世界》2012 年第 4 期。

［2］董烨然：《高级商业经济理论》，经济科学出版社 2011 年版。

［3］董烨然：《纵向交易合约理论研究进展》，载《经济学动态》2013 年第 10 期。

［4］Adam Smith. 1776. An Inquiry into the Nature and Causes of The Wealth of Nations（2005 Edition）. The Pennsylvania State University.

［5］Adrian Majumdar & Greg Shaffer. 2009. Market – Share Contracts with Asymmetric Information. *Journal of Economics & Management Strategy*, Vol. 18（2）, pp. 393 – 421.

［6］Allain Marie – Laure & Claire Chambolle. 2005. Loss – Leaders Banning Laws as Vertical Restraints. *Journal of Agricultural & Food Industrial Organization*, Vol. 3（1）, Article 5. pp. 1 – 23.

［7］Andreu Mas – Colell, Michael D. Whinston & Jerry R. Green. 1995. *Microeconomic Theory*. Oxford University Press.

［8］Arthur L. Bowley. 1924. *The Mathematical Groundwork of Economics: An Introductory Treatise*. Clarendon Press.

［9］Avinash Dixit. 1979. A Model of Duopoly Suggesting a Theory of Entry Barriers. *Bell Journal of Economics*, Vol. 10（1）, pp. 20 – 32.

［10］Benjamin Klein & Robert G. Crawford & Armen A. Alchian. 1978. Vertical Integration, Appropriable Rents, and the Competitive Contracting Process. *Journal of Law and Economics*, Vol. 21（2）, pp. 297 – 326.

［11］ Bernheim Douglas & Michael Whinston. 1985. Common Marketing Agency as a Device for Facilitating Collusion. *RAND Journal of Economics*, Vol. 16 （2）, pp. 269 - 281.

［12］ Bernheim Douglas & Michael Whinston. 1998. Exclusive Dealing. *Journal of Political Economy*, Vol. 106 （1）, pp. 64 - 103.

［13］ Bruce R. Lyons & Khalid Sekkat. 1991. Strategic Bargaining and Vertical Separation. *Journal of Industrial Economics*, Vol. 39 （5）, pp. 577 - 593.

［14］ Can Erutku. 2006. Rebates as Incentives to Exclusivity. *Canadian Journal of Economics*, Vol. 39 （2）, pp. 477 - 492.

［15］ Carl Menger. 1871. *Principles of Economics* （2019 Edition）. Ludwig von Mises Institute.

［16］ Chiara Fumagalli & Massimo Motta. 2006. Exclusive Dealing and Entry When Dealers Compete. *American Economic Review*, Vol. 96 （3）, pp. 785 - 795.

［17］ David Besanko & Martin K. Perry. 1993. Equilibrium Incentives for Exclusive Dealing in a Differentiated Products Oligopoly. *RAND Journal of Economics*, Vol. 24 （4）, pp. 646 - 667.

［18］ David Matimort. 1996. Exclusive Dealing, Common Agency, and Multiprincipals Incentive Theory. *RAND Journal of Economics*, Vol. 27 （1）, pp. 1 - 31.

［19］ David Mills. 2010. Inducing Downstream Selling Effort with Market Share Discounts. *International Journal of the Economics of Business*, Vol. 17 （2）, pp. 129 - 146.

［20］ Dennis W. Carlton. 1979. Vertical Integration in Competitive Markets under Uncertainty. *Journal of Industrial Economics*, Vol. 27 （3）, pp. 189 - 209.

［21］ Dong Yeran. 2010. A Model of Backward Vertical Control, 10th SAET Conference Working Paper, August.

［22］ Ehud Kalai & Meir Smorodinsky. 1975. Other Solutions to Nash's Bargaining Problem. *Econometrica*, Vol. 43 (3), pp. 513 – 518.

［23］ Eric B. Rasmusen, J. Mark Ramseyer & John S. Wiley, Jr. 1991. Naked Exclusion. *American Economic Review*, Vol. 81 (5), pp. 1137 – 1145.

［24］ Esther Gal – Or. 1999. Vertical Integration or Separation of the Sales Function as Implied by Competitive Forces. *International Journal of Industrial Organization*, Vol. 17 (5), pp. 641 – 662.

［25］ Francis Ysidro Edgeworth. 1881. *Mathematical Psychics*: *An Essay on the Application of Mathematics to the Moral Sciences* (2018 Edition). Franklin Classics.

［26］ Gerard Debreu. 1954. Representation of a Preference Ordering by a Numerical Function. in Robert McDowell Thrall, Clyde H. Coombs & Robert L. Davis Ed. *Decision Processes*. John Wiley & Sons.

［27］ Gerard Debreu. 1959. *Theory of Value*. Yale University Press.

［28］ G. Frank Mathewson & Ralph A. Winter. 1984. An Economic Theory of Vertical Restraints. *RAND Journal of Economics*, Vol. 15 (1), pp. 27 – 38.

［29］ Giacomo Bonanno & John Vickers. 1988. Vertical Separation. *Journal of Industrial Economics*, Vol. 36 (3), pp. 257 – 265.

［30］ Greg Shaffer. 1991. Slotting Allowances and Resale Price Maintenance: A Comparison of Facilitating Practices. *RAND Journal of Economics*, Vol. 22 (1), pp. 120 – 136.

［31］ Howard Smith & John Thanassoulis. 2012. Upstream Uncertainty and Countervailing Power. *International Journal of Industrial Organization*, Vol. 30 (6), pp. 483 – 495.

［32］ Ilya R. Segal and Michael D. Whinston. 2000. Naked Exclusion: A Comment. *American Economic Review*, Vol. 90 (1), pp. 296 – 309.

［33］ Jeanine Miklós – Thal, Patrick Rey & Thibaud Vergé. 2010. Vertical Relations. *International Journal of Industrial Organization*, Vol. 28 (4), pp. 345 – 349.

［34］ Jeanine Miklós – Thal, Patrick Rey & Thibaud Vergé. 2011. Buyer

Power and Intrabrand Coordination. *Journal of the European Economic Association*, Vol. 9 (4), pp. 721 – 741.

[35] Jean Tirole. 1988. *The Theory of Industrial Organization*, The MIT Press.

[36] John C. Harsanyi & Reinhard Selten. 1992. *A General Theory of Equilibrium Selection in Games*. MIT Press.

[37] John Kenneth Galbraith. 1952. *American Capitalism: The Concept of Countervailing Power*, Boston: Houghton Mifflin.

[38] John Nash. 1953. Two – Person Cooperative Games. *Econometrica*, Vol. 21 (1), pp. 128 – 140.

[39] John von Neumann & Oskar Morgenstern. 1944. *Theory of Games and Economic Behavior*. Princeton University Press.

[40] Joseph Farrell & Matthew Rabin. 1996. Cheap Talk. *Journal of Economic Perspectives*, Vol. 10 (3), pp. 103 – 118.

[41] Joseph J. Spengler. 1950. Vertical Integration and Antitrust Policy. *Journal of Political Economy*, Vol. 58 (4), pp. 347 – 352.

[42] Kenneth J. Arrow. 1974. *The Limits of Organization*. W. W. Norton & Company.

[43] Kenneth J. Arrow. 1975. Vertical Integration and Communication. *Bell Journal of Economics*, Vol. 6 (1), pp. 173 – 183.

[44] K. Sridhar Moorthy. 1987. Managing Channel Profits: Comment. *Marketing Science*, Vol. 6 (4), pp. 375 – 379.

[45] Leslie M. Marx & Greg Shaffer. 2004. Opportunism in Multilateral Vertical Contracting: Nondiscrimination, Exclusivity, and Uniformity: Comment. *American Economic Review*, Vol. 94 (3), pp. 796 – 801.

[46] Leslie M. Marx & Greg Shaffer. 2007. Upfront Payments and Exclusion in Downstream Markets. *RAND Journal of Economics*, 2007, Vol. 38 (3), pp. 823 – 843.

[47] Leslie M. Marx & Greg Shaffer. 2010. Slotting Allowance and Scarce

Shelf Space. *Journal of Economics & Management Strategy*, Vol. 19 (3), pp. 575 – 603.

[48] Lester G. Telser. 1960. Why Should Manufacturers Want Fair Trade? *Journal of Law and Economics*, Vol. 3, pp. 86 – 105.

[49] Liang Guo, Ganesh Iyer. 2010. Information Acquisition and Sharing in a Vertical Relationship. *Marketing Science*, Vol. 29 (3), pp. 483 – 506.

[50] Léon Walras. 1874. *Elements of Theoretical Economics* (2019 Edition). Cambridge University Press.

[51] Marco Pagnozzi & Salvatore Piccolo. 2011. Vertical Separation with Private Contracts. *Economic Journal*, Vol. 122 (559), pp. 173 – 207.

[52] Martin A. Lariviere & V. Padmanabhan & V. Padmanabhan. 1997. Slotting Allowances and New Product Introductions. *Marketing Science*, Vol. 16 (2), pp. 112 – 128.

[53] Mary W. Sullivan. 1997. Slotting Allowances and the Market for New Products. *Journal of Law and Economics*, Vol. 40 (2), pp. 461 – 494.

[54] Michael H. Riordan. 1998. Anticompetitive Vertical Integration by a Dominant Firm. *American Economic Review*, Vol. 88 (5), pp. 1232 – 1248.

[55] Michael L. Katz. 1989. Vertical Contractual Relations, in Handbook of Industrial Organization, edited by Richard Schmalensee and Robert Willig. Vol. 1, pp. 655 – 721, North – Holland.

[56] Michael Spence. 1976. Product Differentiation and Welfare. *American Economic Review*, Vol. 66 (2), pp. 407 – 414.

[57] Nicholas Economides. 1999. Quality Choice and Vertical Integration. *International Journal of Industrial Organization*, Volume 17 (6), pp. 903 – 914.

[58] Ö. Bedre – Defolie. 2012. Vertical Coordination Through Renegotiation. *International Journal of Industrial Organization*, Vol. 30 (6), pp. 553 – 563.

[59] Olive Hart & Jean Tirole. 1990. Vertical Integration and Market Foreclosure. Brooking Papers on Economic Activity. *Microeconomics*, pp. 205 – 286.

［60］ Oliver E. Williamson. 1971. The Vertical Integration of Production: Market Failure Considerations. *American Economic Review*, Vol. 61 （2）, pp. 112 – 123.

［61］ Oliver E. Williamson. 1979. Transaction – Cost Economics: The Governance of Contractual Relations. *Journal of Law and Economics*, Vol. 22 （2）, pp. 233 – 261.

［62］ Oliver E. Williamson. 1983. Credible Commitments: Using Hostages to Support Exchange. *American Economic Review*, Vol. 73 （4）, pp. 519 – 540.

［63］ Oz Shy. 2013. 2014. Window Shopping. Working Paper.

［64］ Patrick Bolton & Giacomo Bonanno. 1988. Vertical Restraints in a Model of Vertical Differentiation. Quarterly Journal of Economics, Vol. 103 （3）, pp. 555 – 570.

［65］ Patrick Bolton & Michael D. Whinston. 1993. Incomplete Contracts, Vertical Integration, and Supply Assurance. *Review of Economic Studies*, Vol. 60 （1）, pp. 121 – 148.

［66］ Patrick Rey & Jean Tirole. 1986. The Logic of Vertical Restraints. *American Economic Review*, Vol. 76 （5）, pp. 921 – 939.

［67］ Patrick Rey & Joseph Stiglitz. 1995. The Role of Exclusive Territories in Producers' Competition. *RAND Journal of Economics*, Vol. 26 （3）, pp. 431 – 451.

［68］ Patrick Rey & Thibaud Vergé. 2008. *Economics of Vertical Restraints, in Handbook* of Antitrust Economics, edited by Paolo Buccirossi, The MIT Press.

［69］ Patrick Rey & Thibaud Vergé. 2010. Resale Price Maintenance and Interlocking Relationships. *Journal of Industrial Economics*, Vol. 63 （4）, pp. 928 – 961.

［70］ Patrick Rey and Joseph Stiglitz. 1988. Vertical Restraints and Producers' Competition. *European Economic Review*, Vol. 32 （2 – 3）, pp. 561 – 568.

［71］ Paul Samuelson. 1947. *Foundations of Economic Analysis.* Harvard

University Press.

[72] Paul W. Dobson & Michael Waterson. 1997. Countervailing Power and Consumer Prices. *Economic Journal*, Vol. 107 (441), pp. 418 – 430.

[73] Paul W. Dobson & Michael Waterson. 2007. The Competition Effects of Industry – WideVertical Price Fixing in Bilateral Oligopoly. *International Journal of Industrial Organization*, Vol. 25 (5), pp. 935 – 962.

[74] Philippe Aghion & Patrick Bolton. 1987. Contracts as a Barrier to Entry. *American Economic Review*, Vol. 77 (3), pp. 388 – 401.

[75] Rajeev K. Tyagi. 2005. Do Strategic Conclusions Depend on How Price is Defined in Models of Distribution Channel? *Journal of Marketing Research*, Vol. 42 (2), pp. 228 – 232.

[76] Ralph A. Winter. 1993. Vertical Control and Price Versus Nonprice Competition. *Quarterly Journal of Economics*, Vol. 108 (1), pp. 61 – 76.

[77] Robert Gibbons & John Roberts. 2013. *Handbook of Oragnizational Economics*. Princeton University Press.

[78] Roman Inderst and Greg Shaffer. 2010. Market – Share Contracts as Facilitating Practices. *RAND Journal of Economics*, Vol. 41 (4), pp. 709 – 729.

[79] Ronald H. Coase. 1937. The Nature of the Firm. Economica, Vol. 4 (16), pp. 386 – 405.

[80] Salvatore Piccolo & Jeanine Miklós – Thal. 2012. Colluding Through Suppliers. *RAND Journal of Economics*, Vol. 43 (3), pp. 492 – 513.

[81] Sanford J. Grossman & Oliver D. Hart. 1986. The Costs and Benefits of Ownership: A Theory of Vertical and Lateral Integration. *Journal of Political Economy*, Vol. 94 (4), pp. 691 – 719.

[82] Sanjit Dhami. 2016. *The Foundations of Behavioral Economic Analysis*. Oxford University Press.

[83] Sara Fisher Ellison & Christopher M. Snyder. 2010. Countervailing Power in Wholesale Pharmaceuticals. *Journal of Industrial Economics*, Vol. 58 (1), pp. 32 – 53.

［84］ Sergio Currarini & Francesco Feri. 2018. *Information Sharing in Oligopoly*. In Handbook of Game Theory and Industrial Organization, Vol. 1, edited byLuis C. Corchón & Marco A. Marini. Edward Elgar. pp. 520 – 536.

［85］ Sreya Kolay, Greg Shaffer & Janusz A. Ordover. 2004. All – Units Discounts in Retail Contracts. *Journal of Economics Management Strategy*, Vol. 13 （3）, pp. 429 – 459.

［86］ Steffen Ziss. 1995. Vertical Separation and Horizontal Mergers. *Journal of Industrial Economics*, Vol. 43 （1）, pp. 63 – 75.

［87］ Thomas von Ungern – Sternberg. 1996. Countervailing Power Revisited. *International Journal of Economics*, Vol. 14 （4）, pp. 507 – 520.

［88］ Vilfredo Pareto. 1906. *Manual of Political Economy* （2020 Edition）. Oxford University Press.

［89］ William Novshek & Hugo Sonnenschein. 1982. Fulfilled Expectations Cournot Duopoly with Information Acquisition and Release. *Bell Journal of Economics*, Vol. 13 （1）, pp. 214 – 218.

［90］ Williams Comanor & Patrick Rey. 2000. Vertical Restraints and the Market Power of Large Distributors. *Review of Industrial Organization* Vol. 17 （1）, pp. 135 – 153.

［91］ William Stanley Jevons. 1871. The Theory of Political Economy. Macmillan and Co.

［92］ Xavier Vives. 1984. Duopoly Information Equilibrium: Cournot and Bertrand. *Journal of Economic Theory*. Vol. 34 （1）. pp. 71 – 94.

［93］ Yongmin Chen. 2005. Vertical Disintegration. *Journal of Economics & Management Strategy*, Vol. 14 （1）. pp. 209 – 229.

［94］ Zhiqi Chen. 2003. Dominant Retailers and the Countervailing Power Hypothesis. *RAND Journal of Economics*, Vol. 34 （4）, pp. 612 – 625.

［95］ Zhiqi Chen. 2004. Monopoly and Product Diversity: The Role of Retailer Countervailing Power. Carleton Economic Papers, Carleton University, pp. 4 – 19.